Trainingsunterlagen

lohn+gehalt

Impressum

ISBN 3-89814-590-5   Bestell-Nr. 09002-0041

© 2004, Lexware GmbH & Co. KG
Postanschrift: Postfach 112, 79001 Freiburg
Hausanschrift: Jechtinger Str. 8, 79111 Freiburg
Telefon 089 89517-0, Telefax 089 89517-250
Internet: http://www.lexware.de
Lektorat: Cornelia Rüping
Redaktion: Jasmin Jallad

Alle Rechte, auch die des auszugsweisen Nachdrucks, der fotomechanischen Wiedergabe (einschließlich Mikrokopie) sowie der Auswertung durch Datenbanken oder ähnliche Einrichtungen vorbehalten.

Satz + Layout: WerbeAgentur S6 GmbH, 82166 Gräfelfing
Druck: Schätzl Druck, 86609 Donauwörth

Inhaltsverzeichnis

	Einführung und Überblick	**5**
	Grundlegendes zu lohn + gehalt im Überblick	**17**
	Auswahl von Funktionen/Navigation im Programm	17
	Mehrere Firmen/Mandanten	18
	Drucken/Druckvorschau/Ablage in Datei	18
	eService Personal nutzen	19
	Informationssuche in der know-how-box	25
1	**So erfassen Sie die Firmendaten**	**27**
1.1	Allgemeine Angaben zur Firma	28
1.2	Angaben zum Betriebsstättenfinanzamt	31
1.3	Die Daten zur Firmenkrankenkasse	33
1.4	Basisdaten für die Berufsgenossenschaft	46
1.5	Einstieg im laufenden Jahr	48
1.6	Angaben zur Hauswährung	49
1.7	Übersicht über die Firmendaten im Firmenstammblatt	50
2	**So erfassen Sie die Personaldaten**	**55**
2.1	Persönliche Angaben zum Mitarbeiter	56
2.2	Organisatorische Einordnung des Mitarbeiters	59
2.3	Angaben zum Umfang der Beschäftigung (Status)	63
2.4	Angaben für die Meldungen an die Sozialversicherungen	68
2.5	Beitragspflicht zu den Sozialversicherungen	71
	2.5.1 Sozialversicherungspflichtige Beschäftigung	73
	2.5.2 Geringfügig entlohnte Beschäftigung	82
	2.5.3 Kurzfristige Beschäftigung	85
	2.5.4 Versicherungsfreie Beschäftigung	86
2.6	Steuerliche Merkmale des Mitarbeiters	88
	2.6.1 Mitarbeiter arbeitet auf Lohnsteuerkarte	88
	2.6.2 Pauschal versteuerte Beschäftigung (Aushilfe)	92
	2.6.3 Mitarbeiter ist Grenzgänger	95
	2.6.4 Keine Steuererhebung	96
2.7	Angaben zur Arbeitszeit	97
2.8	Urlaubsanspruch und Gefahrentarif	100
2.9	Eintritt während des Kalenderjahres – Vorträge Fremdfirmen	102
3	**So bereiten Sie die Lohnabrechnung vor**	**110**
3.1	Einrichten neuer Lohnbestandteile – Verwaltung der Lohnarten	111
3.2	Einteilen der Lohnarten in Lohnartenklassen	112

3.3	Anlegen einer Lohnart in der Klasse „Laufendes Arbeitsentgelt"	115
	3.3.1 Manuelles Anlegen einer neuen Lohnart	116
	3.3.2 Neuanlage durch Kopie einer bestehenden Lohnart	124
	3.3.3 Anpassen bestehender Lohnarten	126
3.4	Zuweisung von Buchhaltungskonten zu Lohnarten	128
3.5	Einrichten des Lohnabrechnungsfensters	131

4 So führen Sie die Lohnabrechnung durch ... **137**

4.1	Erfassen der Bezüge und sonstiger Angaben	138
	4.1.1 Eingabe der Bruttobezüge	138
	4.1.2 Erfassen von Kürzungen	146
	4.1.3 Erfassen von Zeitdaten	148
	4.1.4 Erfassen abrechnungsrelevanter Fehlzeiten	150
	4.1.4 Genommenen Urlaub erfassen	164
	4.1.5 Drucken der Arbrechnungsunterlagen	165
4.2	Die monatliche Abrechnung mit dem Abrechnungs-Assistenten	168

5 Zahlungsverkehr und Verwaltung der Finanzkonten ... **179**

5.1	Firmenkontenverwaltung	180
5.2	Erstellen von Zahlungsträgern	184
	5.2.1 Schritte zur Erstellung von Überweisungsträgern	185
	5.2.2 Erstellen von Schecks im Zahlungsverkehr	191
	5.2.3 Lohnzahlung per Datenträger	193
	5.2.4 Online-Banking (plus)	197

6 Monatswechsel und Korrekturen in Vormonaten ... **203**

6.1	Wie lässt sich der Monatswechsel durchführen?	204
6.2	Korrekturen in abgeschlossenen Monaten	210
	6.2.1 Korrektur von Stammdaten	212
	6.2.2 Korrektur von Lohnangaben	215

Lösungen ... **227**

Lösung zu Übung 1	227
Lösung zu Übung 2	233
Lösung zu Übung 3	255
Lösung zu Übung 4	263
Lösung zu Übung 5	274
Lösung zu Übung 6	278

Stichwortregister ... **283**

Einführung und Überblick

Die Lexware lohn + gehalt Trainingsunterlage eignet sich hervorragend als Grundlage für einen Kurs wie auch zum Selbststudium am eigenen PC. Die Beispiele und Übungsaufgaben sind praxisnah und bauen aufeinander auf. Die Trainingsunterlage berücksichtigt den Funktionsumfang von

> **Lexware lohn + gehalt**
> **Lexware lohn + gehalt *plus***
> **Lexware lohn + gehalt im financial *office***
> **Lexware lohn + gehalt im financial *office plus***

Neben den Funktionen von Lexware lohn + gehalt ist der erweiterte Funktionsumfang von Lexware lohn + gehalt *plus* berücksichtigt. Anwender der *plus*-Version werden über das Symbol „LEXWARE *PLUS*" gezielt auf die Unterschiede aufmerksam gemacht. Abweichende Funktionen in der Version financial *office* sind durch das Symbol „Lexware *FINANCIAL OFFICE*" gekennzeichnet.

Beim Umstieg von einem anderen Abrechnungssystem auf Lexware lohn + gehalt/*plus* oder bei einem Neuanfang müssen Sie zunächst die abrechnungsrelevanten Daten zu Ihrem Unternehmen, zu den Krankenkassen und Ihren Mitarbeitern erfassen. An dieser Systematik orientieren sich sowohl das Programm als auch diese Seminarunterlage.

Die Angaben zu Ihrem Unternehmen und Ihren Mitarbeitern bestimmen wesentlich das Ergebnis der Lohnabrechnung und bedürfen entsprechender Sorgfalt. Aus diesem Grund sind die Eingabemöglichkeiten in den ersten beiden Kapiteln ausführlich erläutert. Für die Datenerfassung bieten alle Versionen von Lexware lohn + gehalt so genannte Erfassungsassistenten. Die Assistenten sind Dialoge zur Dateneingabe, die in logischer Reihenfolge miteinander verkettet wurden und eine vollständige Informationserfassung gewährleisten.

Vor einer Durchführung der eigentlichen Lohn- und Gehaltsabrechnung müssen Sie in der Regel eigene Entlohnungsbestandteile anlegen und die Schnittstelle zur Finanzbuchhaltung einrichten. Darüber hinaus haben Sie die Möglichkeit, den Abrechnungsdialog für eine effiziente Abrechnung auf die Bedürfnisse in Ihrem Unternehmen anzupassen. Im dritten Kapitel sind diese vorbereitenden Aufgaben beschrieben und an Beispielen erläutert. Neue Lohnarten und das Customizing der Bruttoansicht sind, wie die Stammdaten, einmalige Eingaben und bleiben dann in der Regel über mehrere Abrechnungsperioden konstant.

Nachdem Sie die Stammdaten und Lohnarten erfasst haben, können Sie die erste Lohn- und Gehaltsabrechnung durchführen. Die Lexware-Lohnprogramme unterstützen die Entgeltabrechnung mit einem Assistenten. Der Abrechnungsassistent ermöglicht die vollständige Abrechnung inklusive Stammdatenpflege und aller benötigten Ausdrucke während des Rechnungslaufs. Eine vollständige Lohnabrechnung in fünf Schritten ist in Kapitel 4 ausführlich dargestellt.

Einführung und Überblick

Die Lohn- und Gehaltsabrechnung wird mit dem Zahlungslauf zur Erstellung von Zahlungsträgern vervollständigt. Neben den klassischen Zahlungsträgern wie Überweisungsformular oder DTA-Diskette ist die Durchführung von Online-Banking möglich. Im Anschluss an die Abrechnung und den Zahlungslauf können die Lohn- und Gehaltsabrechnung abgeschlossen und, wenn nötig, zurückliegende Monate korrigiert werden. Die Durchführung des Zahlungsverkehrs und des Monatswechsels inklusive Korrekturen ist in den Kapiteln 5 und 6 erläutert.

Die Trainingsunterlage kann Ihnen den Einstieg oder Umstieg in die Lexware-Lohnprogramme wesentlich erleichtern. Grundlegende steuer- und sozialversicherungsrechtliche Kenntnisse sollten jedoch vorhanden sein. Als Ergänzung für die steuer- und SV-rechtlichen Hintergründe bietet sich das Buch „Schnelleinstieg in die Lohn- und Gehaltsabrechnung" aus der Haufe Praxisreihe an.

Zusatzfunktionen in Lexware financial *office*

Nutzen Sie Lexware lohn + gehalt im Rahmen von Lexware financial *office*, stehen Ihnen zusätzlich eine Benutzerverwaltung, eine zentrale Steuereinheit – das Control Panel – und einige weitere nützliche Tools zur Verfügung. Die wesentlichen Unterschiede zu den Versionen Lexware lohn + gehalt bzw. Lexware lohn + gehalt *plus* liegen in der Firmenstammdatenverwaltung und im Bereich der Verwaltung der Buchhaltungskonten.
In diesem einführenden Kapitel sollen zunächst das Control Panel und der Einstieg in Lexware lohn + gehalt mit financial *office* erläutert werden.

Lexware financial *office* besteht aus den Modulen buch*halter*, lohn + gehalt und Lexware faktura + *auftrag*. Die Programme sind in Lexware financial *office* zu einer Einheit zusammengefügt. Neben den Programmmodulen beinhaltet financial *office* die Funktion financial *facts*, ein Postleitzahlen-Verzeichnis, den vollständigen deutschen Bankenstamm und einen Ratgeber für viele inhaltliche und technische Fragen.

Wurde vor der Installation von Lexware financial *office* bereits mit einem oder mehreren Einzelversionen der Programme Lexware buch*halter*, Lexware faktura + *auftrag* oder Lexware lohn + gehalt gearbeitet, werden die Programme und Daten nach der Installation in Lexware financial *office* integriert und die Firmen bzw. Mandanten der einzelnen Module synchronisiert. Der Synchronisierungsassistent kopiert alle Datenverzeichnisse der Einzelprogramme in das bei der Installation gewählte Datenverzeichnis von Lexware financial *office*. Die ursprünglichen Datenverzeichnisse der Einzelprogramme bleiben erhalten.

Auswahl der Module und Navigation im Programm

Nach der Installation von Lexware financial *office* lässt sich das Programm über die Schaltfläche „Start" und Auswahl der Menüpunkte „Alle Programme/Lexware financial *office*" aufrufen. Nach Auswahl des Menüpunkts per Mausklick wird das Lexware Control Panel gestartet, das zum Aufruf der einzelnen Module, zur Anlage von neuen Firmen und zum Start von Unterstützungstools dient. Wenn Sie Lexware financial *office* zum ersten Mal starten, wird zusätzlich die „Willkommen-Seite" dargestellt und eine mit dem Programm ausgelieferte „Musterfirma" im Hintergrund bereitgestellt.

Zusatzfunktionen in Lexware financial office

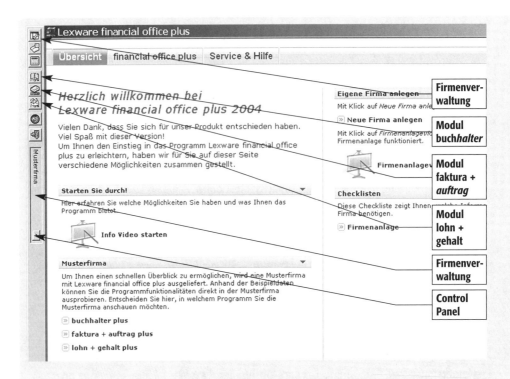

Auf der „Willkommen-Seite" erhalten Sie zahlreiche Hinweise und die Möglichkeit, über Aufrufe (Links) in den Rubriken „Musterfirma", „Eigene Firma anlegen" und „Checklisten" den Umgang mit Lexware financial *office* zu üben. Zum Einrichten einer neuen Firma/eines neuen Mandanten klicken Sie auf die Schaltfläche „Einstellungen". Über den Menüpfad „FIRMENVERWALTUNG/FIRMA NEU" besteht die Möglichkeit, eine neue Firma für die Module buchhalter, faktura + *auftrag* und lohn + gehalt anzulegen. Zusätzlich können Sie über die Schaltfläche „financial *office*" bzw. „financial *office plus*" in die Firmenverwaltung zu verzweigen. Die in der allgemeinen Firmenverwaltung hinterlegten Firmenangaben stehen nach dem Speichern in allen Modulen zur Verfügung und müssen in den einzelnen Anwendungen nur um anwendungsspezifische Angaben ergänzt werden.

Funktionen des Control Panels

Das Control Panel ist die Regiezentrale von Lexware financial *office*. Das Panel bietet die Möglichkeit, Programmgruppen zu bilden oder Einzelprogramme zum direkten Start in die Leiste aufzunehmen. Wird das Panel mit der Maus angeklickt und halten Sie die Maustaste gedrückt, lässt es sich durch Ziehen an jeder beliebigen Stelle der Bildschirmseite verankern.

Alle wichtigen Funktionen, die das Control Panel selbst betreffen, lassen sich über die Schaltfläche „Einstellungen" aufrufen.

Zusatzfunktionen in Lexware financial office

Hier werden alle programmrelevanten Einstellungen wie Firmen- und Benutzerverwaltung sowie die Passwortvergabe vorgenommen. Auch die Einstellungen und das Aussehen des Control Panels lassen sich hier einrichten. Außerdem finden Sie hier die ausführliche Programmhilfe und die Statusinformationen.

Anpassen des Control Panels

Über die Menüfunktion „Anpassen" besteht die Möglichkeit, das Control Panel zu verändern. Neue Schaltflächen können in die Steuerleiste aufgenommen oder bestehende aus der Leiste entfernt werden. Per Mausklick auf den Karteikartenreiter „Schaltflächen" lassen sich weitere Programme in das Control Panel einbinden. Um ein Symbol im Control Panel darzustellen, aktivieren Sie es über das Kontrollkästchen.

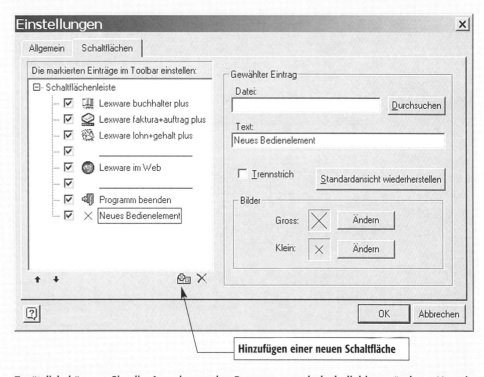

Hinzufügen einer neuen Schaltfläche

Zusätzlich können Sie die Anordnung der Programmsymbole beliebig verändern. Um ein neues Programm in das Control Panel aufzunehmen, wählen Sie zunächst die Schaltfläche „Neuer Eintrag" und tragen auf der rechten Seite im Eingabefeld „Datei" die für den Programmaufruf benötigte Befehlszeile ein. Im Feld „Text" ist die Bezeichnung für die neue Programmfunktion zu hinterlegen.

Zusatzfunktionen in Lexware financial office

> *Wählen Sie bei einem von Ihnen angelegten Programm oder einer Programmgruppe die Option „Trennstrich", so werden diese Einträge durch einen Trennstrich ersetzt.*

Die Schaltfläche „Standardansicht wiederherstellen" ermöglicht es die Grundeinstellungen per Mausklick einzustellen. Alle zusätzlich vorgenommenen Einstellungen, die Sie festgelegt haben, gehen damit verloren.

Firmenverwaltung

Über die Menüfunktion „Firmenverwaltung" lassen sich die modulübergreifenden Stammdaten für eine Firma bzw. einen Mandanten anlegen. Die Firmenverwaltung lässt sich über den Menüpfad „EINSTELLUNGEN/FIRMENVERWALTUNG" aufrufen. Mit Auswahl der Menüfunktion „Firma neu" startet der Firmenassistent.

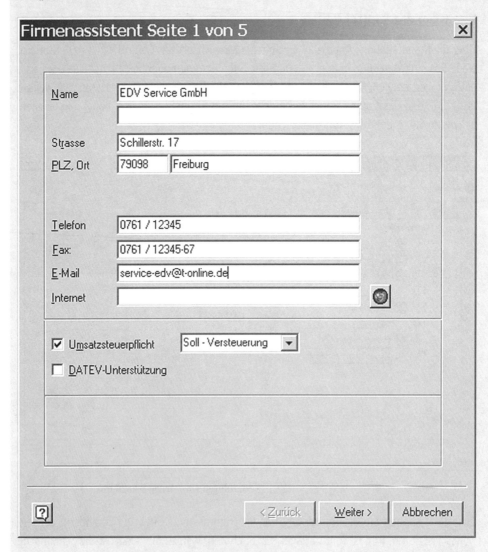

Im ersten Dialog des Firmenassistenten können neben der Anschrift und den Kommunikationsverbindungen die Umsatzsteuerpflicht und die Unterstützung der DATEV-Schnittstelle bestimmt werden.

Zusatzfunktionen in Lexware financial office

Umsatzsteuerpflicht

Mit der Option „Umsatzsteuerpflicht" wird festgelegt, ob das Unternehmen verpflichtet ist, Umsatzsteuer für seine Waren und Leistungen zu erheben. Kleinunternehmen sind nicht verpflichtet, Umsatzsteuer auf den Rechnungen auszuweisen. Im Gegenzug ist ohne den Ausweis der Umsatzsteuer ein Vorsteuerabzug nicht möglich. Kleinunternehmen im steuerrechtlichen Sinne sind Unternehmen, die:

1. im Vorjahr nicht mehr als 16.620 € hatten und
2. voraussichtliche im laufenden Kalenderjahr nicht mehr als 50.000 € Umsatz erzielen werden.

Sind beide Bedingungen erfüllt, ist keine Umsatzsteuerpflicht gegeben. Wird die Option „Umsatzsteuerpflicht" gewählt, ist festzulegen, ob die Umsatzsteuer bereits mit der Rechnungsstellung an das Finanzamt abgeführt werden muss (Sollversteuerung) oder erst, wenn sie vom Kunden vereinnahmt worden ist (Istversteuerung). Die Istversteuerung kann gewählt werden, wenn:

- der Steuerpflichtige Freiberufler ist oder
- das Unternehmen im vorangegangenen Jahr nicht mehr als 125.000 € Gesamtumsatz hatte oder
- das Unternehmen nicht dazu verpflichtet ist, Bücher zu führen (Einnahme-Überschuss-Rechnung).

DATEV

Lexware financial *office* stellt eine Funktion zum Datenexport im DATEV-Format zur Verfügung Mit der Option „DATEV-Unterstützung" aktivieren Sie einen weiteren Dialog in der Firmenverwaltung für die DATEV-Angaben. Ohne die Eintragung der Berater- und Mandantennummer ist ein Datenaustausch mit dem Rechenzentrum der DATEV nicht möglich. Diese Option ist nur zu wählen, wenn Sie die Buchungsdaten von Lexware lohn + gehalt bzw. Lexware buch*halter* mit einem Steuerberater austauschen wollen, der den Service des DATEV-Rechenzentrums nutzt.

Über die Schaltfläche „Weiter" gelangen Sie in den zweiten Dialog des Firmenassistenten.

Einzusetzende Komponenten

Im zweiten Dialog des Firmenassistenten legen Sie fest, welche Module von Lexware financial *office* Sie einsetzen möchten.

Zusatzfunktionen in Lexware financial office

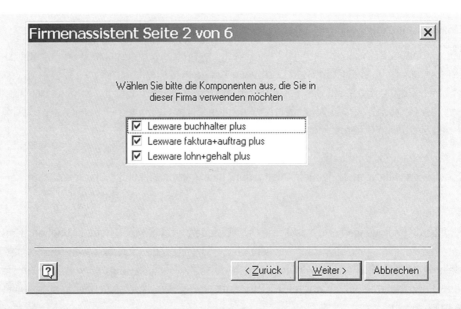

Es empfiehlt sich, auch wenn Sie beispielsweise nicht mit Lexware faktura + auftrag arbeiten möchten, die Komponente dennoch mit vorzubereiten. Die Auswahl der einzusetzenden Module kann über die Firmenverwaltung jederzeit geändert werden.

Bei der Komponentenauswahl sollte immer die Option „Lexware buchhalter" gewählt werden, auch wenn die Buchführung nicht mit financial office durchgeführt wird. Das Modul buchhalter stellt zentrale Funktionen wie den Kontenplan und die Steuersätze zur Verfügung. Diese Angaben werden in Lexware faktura + auftrag sowie in Lexware lohn + gehalt benötigt. Bei Neuanlage einer Firma empfliehlt es sich deshalb auch, als Erstes mit dem Modul buchhalter zu starten.

Umsatzsteuer Finanzamt

Für das Modul buch*halter* und faktura + *auftrag* sind die Angaben zum Finanzamt, an welches die Umsatzsteuer zu entrichten ist, erforderlich. Neben den allgemeinen Angaben wie Anschrift und Telefon ist die Auswahl des Bundeslandes erforderlich. Die Angabe dient zur Einstellung des Steuernummer-Formats.

Bankverbindung

Für die regelmäßigen Abführung der Umsatzsteuer-Vorauszahlung ist die Bankverbindung des Finanzamtes zu hinterlegen. Ist die Bankleitzahl nicht bekannt, können Sie diese über die „Infobase Banken" ermitteln.

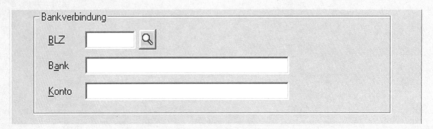

Zusatzfunktionen in Lexware financial office

Per Mausklick auf die Schaltfläche „Infobase" (Lupe) starten Sie die Bankenverwaltung. Über die Eingabe des Banknamens im entsprechenden Feld und der Bestätigung über die Schaltfläche „Filter setzen" lässt sich die Bankleitzahl zum Banknamen ermitteln. Die Angaben zur Bankverbindung sollten auch hinterlegt werden, wenn mit dem Finanzamt eine Einzugsermächtigung vereinbart wurde. Die Zahlungsabwicklung mit dem Lexware-Zahlungsverkehr ist nur dann möglich, wenn die erforderlichen Angaben in den Firmenstammdaten hinterlegt wurden.

Nach der Bestätigung der Angaben über die Schaltfläche „Weiter" erreichen Sie die vierte Seite des Dialogs im Firmenassistenten.

Lohnsteuer-Finanzamt

Von den Lohnzahlungen einbehaltene Lohn- und Kirchensteuer sowie der einbehaltene Solidaritätszuschlag müssen regelmäßig dem Betriebsstättenfinanzamt gemeldet und diesem überwiesen werden. Die Angaben zum Finanzamt werden für die automatische Erstellung der Lohnsteueranmeldung benötigt. Das Betriebsstättenfinanzamt ist auch auf der Lohnsteuerkarte des Arbeitnehmers bzw. der Lohnsteuerbescheinigung anzugeben.

Ist das Finanzamt, an welches die Lohnsteuer entrichtet wird, identisch mit dem Finanzamt, an welches die Umsatzsteuer gemeldet wird, können die Daten über die Schaltfläche „Daten aus USt.-Finanzamt" aus dem dritten Dialog des Firmenassistenten übernommen werden.

Zusatzfunktionen in Lexware financial office

Firmenbankkonto

Für Zahlungen an Mitarbeiter, das Finanzamt, die Krankenkassen und die Träger der Vermögensbildung sowie der Altersvorsorge ist mindestens die Angabe einer Bankverbindung mit einem Firmenkonto erforderlich. Arbeiten Sie mit mehreren Banken bzw. Firmenkonten, können Sie unter Bankverbindung 2 eine weitere Bankverbindung anlegen. Alternativ besteht die Möglichkeit, über die Verwaltung der Firmenbankkonten weitere Bankverbindungen anzulegen.

IBAN/BIC

Lexware financial *office* bietet die Möglichkeit, die IBAN-Nr. (international banking account number) anzugeben. Bei der IBAN handelt es sich um eine weltweit gültige Nummer für ein Girokonto. Sie soll zukünftig die bisherige Kombination aus Kontonummer und Bankleitzahl ersetzen. Die IBAN ist eine von der ISO (International Organization for Standardization) und dem ECBS (European Committee for Banking Standards) genormte Kenngröße die unter anderem die Abwicklung der grenzüberschreitenden Transaktionen erleichtern soll. Die Angabe der IBAN ist nur erforderlich, wenn Sie Zahlungstransaktionen ins Ausland ausführen.

Der Bank Identifier Code (BIC) ist der internationale standardisierte Bank-Code. Der BIC (oftmals auch als SWIFT-Code bezeichnet) wird neben der IBAN als zweites Identifikationsmerkmal für die Weiterleitung von grenzüberschreitenden Zahlungen benötigt. Mit dem BIC können weltweit Kreditinstitute eindeutig identifiziert werden. IBAN und BIC tragen dazu bei, dass Überweisungen aus dem oder in das europäische Ausland automatisiert bis zum Konto des Begünstigten durchgeleitet werden können. IBAN und BIC sind für Sie von Vorteil, wenn Sie regelmäßig Überweisungen ins europäische Ausland tätigen oder Gutschriften aus dem europäischen Ausland erhalten. Grenzüberschreitende Zahlungen mit IBAN und BIC können schnell und kostengünstig ausgeführt werden.

Angaben zur DATEV-Schnittstelle

Der sechste Dialog mit den Angaben zur DATEV-Schnittstelle wird nur zur Verfügung gestellt, sofern im ersten Dialog des Firmenassistenten die Option „DATEV-Unterstützung" gewählt wurde.

Sollen die Buchungsdaten einem Steuerberater übergeben werden oder soll der Steuerberater die Erstellung der Bilanz übernehmen, können Sie die Daten aus Lexware financial *office* in einem Format zur Verfügung stellen, welches der Steuerberater an DATEV übermitteln kann. Im Modul buch*halter* steht für den Export über den Menüpfad „DATEI/EXPORT/DATEV ..." eine entsprechende Schnittstelle zur Verfügung. Eine weitere Voraussetzung für die Zusammenarbeit mit dem Steuerberater bzw. DATEV ist die Verwendung eines der DATEV-Standardkontenrahmen. Die Angaben zu Beraternummer und Beratername müssen Sie mit dem Steuerberater klären, der die Daten aus Lexware financial *office* erhalten soll. Diese Angaben sind vor dem Export der Daten bei den Firmendaten zu hinterlegen.

Sind die Daten zum Zeitpunkt der Anlage der Firma nicht bekannt, können sie zu einem späteren Zeitpunkt über die Firmendatenverwaltung nachgepflegt werden. Der Aufruf der Firmendatenverwaltung erfolgt über die Schaltfläche „Einstellungen". Über den Menüpfad „FIRMENVERWALTUNG/FIRMA BEARBEITEN" lassen sich fehlende Daten ergänzen oder Änderungen an den Firmendaten vornehmen.

Zusatzfunktionen in Lexware financial office

KNE

[Dialogfeld: Angaben zu Datev – Beraternummer: 10000, Beratername: Berater, Mandantennummer: 1, ☑ Kontonummernerweiterung (KNE)]

Arbeitet der Steuerberater nicht mit den Standardkontennummern, sondern hat er den Kontenrahmen erweitert, müssen diese Erweiterungen mit dem DATEV-Rechenzentrum abgesprochen werden. Besteht eine entsprechende Kontonummererweiterung kann die entsprechende Option im Dialog zur DATEV-Schnittstelle gewählt werden.

Mit der Bestätigung der Firmenangaben über die Schaltfläche „Speichern" werden die allgemeinen Angaben zur neu angelegten Firma gesichert. Bei dem nächsten Aufruf des Moduls lohn + gehalt werden Sie aufgefordert, die für die Entgeltabrechnung zusätzlich benötigten Firmenangaben zu ergänzen. Lexware lohn + gehalt im Rahmen des financial *office* startet automatisch den Firmenassistenten und fordert Sie auf, die fehlenden Angaben einzutragen.

Wechsel zwischen den Firmen

Lexware financial *office* ist mandantenfähig. Das heißt, es besteht die Möglichkeit, mehrere Firmen anzulegen und zu verwalten. Für jede Firma können alle drei Module oder nur einzelne Module genutzt werden. Der benötigte Funktionsumfang wird beim Anlegen der Firma festgelegt. Zwischen den Firmen kann über die Firmenauswahl im Control Panel gewechselt werden.

[Screenshot: Firmenauswahl-Dropdown mit Einträgen: EDV Service GmbH, EDV Service GmbH (office), ITG Internet Service, Musterfirma. Darunter Übersicht „financial office", Stammdaten: » Firma neu anlegen, » Firma bearbeiten]

Per Mausklick auf die Firmenauswahl lassen sich alle in financial *office* angelegten Firmen darstellen. Nach Auswahl des Firmennamens per Mausklick wird die Firma für alle drei Mo-

Zusatzfunktionen in Lexware financial office

dule gewechselt. Es ist nicht möglich, zur gleichen Zeit im Modul buch*halter* an den Daten der Firma A und im Modul lohn + gehalt Abrechnungen für die Firma B durchzuführen.

Heute zu tun

„Heute zu tun" ist die zentrale Kommunikationsinstanz zwischen den Programmmodulen. Über die Funktion „Heute zu tun" lassen sich die Daten zwischen Lexware lohn + gehalt und Lexware buch*halter* bzw. zwischen Lexware faktura + *auftrag* und Lexware buch*halter* austauschen.

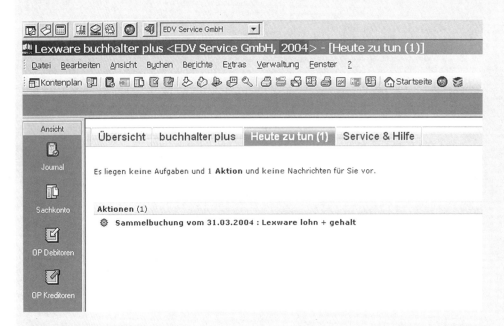

Die Funktion „Heute zu tun" kann über die Startseite in jeder Applikation (buch*halter*, lohn + gehalt und faktura + *auftrag*) aufgerufen werden. Per Mausklick auf die Schaltfläche lassen sich die auszuführenden Aktivitäten darstellen.

Die Aufgaben in „Heute zu tun" müssen manuell durchgeführt werden. Aus diesem Grund lässt sich die Funktion nicht deaktivieren. Aufträge in „Heute zu tun" können nicht gelöscht werden, da Löschungen zu inkonsistenten Datenbeständen führen könnten. Die Aufgaben in „Heute zu tun" lassen sich per Mausklick auf die Aktionen durchführen.

PRAXIS-TIPP

Die Funktion „Heute zu tun" wird häufiger durch neue Aufgaben aktualisiert und sollte deshalb nach dem Ausführen der Aufträge immer wieder geschlossen werden.

Grundlegendes zu lohn + gehalt im Überblick

Auswahl von Funktionen/Navigation im Programm

Sowohl Lexware lohn + gehalt wie auch Lexware lohn + gehalt *plus* bieten eine Programmnavigation über die Menüleiste und die Auswahlleiste am linken Bildrand.

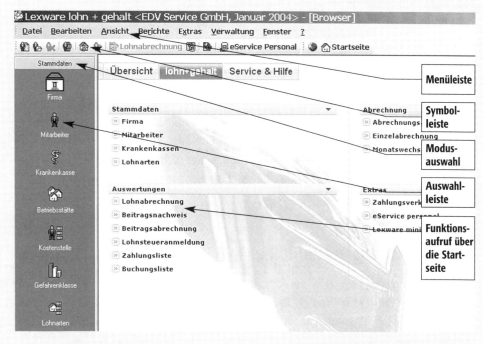

Alle Programmfunktionen sind über die Menüleiste erreichbar. In der Lexware lohn + gehalt/*plus* Trainingsunterlage ist deshalb der Funktionsaufruf zunächst über den Menüpfad dargestellt (z. B. „DATEI/MITARBEITER ÖFFNEN..."). Sind alternative Funktionsaufrufe über die Symbolleiste oder die Auswahlleiste möglich, sind diese durch Angabe des Symbols im Menüaufruf verdeutlicht.

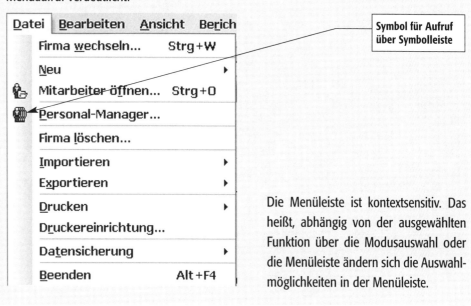

Die Menüleiste ist kontextsensitiv. Das heißt, abhängig von der ausgewählten Funktion über die Modusauswahl oder die Menüleiste ändern sich die Auswahlmöglichkeiten in der Menüleiste.

Grundlegendes zu lohn + gehalt im Überblick

Mehrere Firmen/Mandanten

Alle Lexware-Lohnprogramme sind mandantenfähig, d. h., es können mehrere Firmen verwaltet werden. Über die Menüfunktion „DATEI/NEU/FIRMA" besteht die Möglichkeit, eine neue bzw. weitere Firmen anzulegen. Ein Wechsel zwischen mehreren Firmen oder Mandanten ist über die Menüfunktion „DATEI/FIRMA WECHSELN ..." möglich. Sie erhalten eine Auswahl aller angelegten Firmen. Auch wenn Sie die Mitarbeiter einer einzelnen Firma abrechnen, sollte immer zusätzlich eine Testfirma anlegt werden, in welcher Datenänderungen und Abrechnungen simuliert werden können.

PRAXIS-TIPP

> *Über die Menüfunktion „DATEI/DRUCKEN/PERSONALSTAMMBLATT ..." lassen sich die Stammdaten von bereits angelegten Mitarbeitern in der „produktiven Firma" exportieren. Über die Karteikarte „Einstellungen" besteht die Möglichkeit, die Funktion „Export" in Datei zu wählen, um damit die Personalstammdaten in einer Textdatei abzulegen. Nach dem Firmenwechsel über die Menüfunktion „DATEI/FIRMA WECHSELN ..." lassen sich die Stammdaten über die Menüfunktion „DATEI/IMPORTIEREN/ASCII ... /MITARBEITER" in eine Testfirma importieren. Über den Ex- und Import sparen Sie sich das doppelte Anlegen der Stammsätze.*

Drucken/Druckvorschau/Ablage in Datei

LEXWARE*PLUS*

Lexware lohn + gehalt/*plus* stellt drei Ausgabemöglichkeiten zur Verfügung. Über die Menüfunktion „DATEI/DRUCKEN" bzw. „BERICHTE" lassen sich alle Ausgaben erstellen. Nach Auswahl des Berichts (z. B. Lohnkonto) oder der Liste (z. B. Personalliste) ist das Ausgabemedium festzulegen.

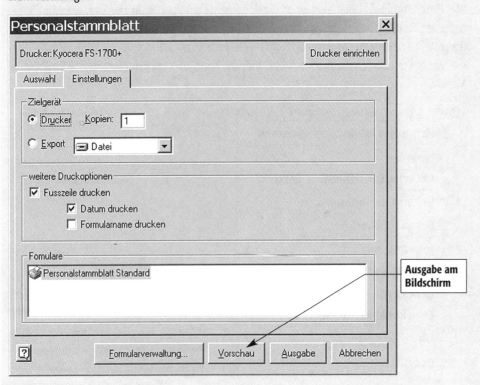

Ausgabe am Bildschirm

Grundlegendes zu lohn + gehalt im Überblick

Als Standard-Ausgabemedium ist der Drucker voreingestellt. Sind mehrere Drucker z. B. über ein Netzwerk angeschlossen, können Sie über die Schaltfläche „Drucker einrichten" einen alternativen Drucker auswählen.

Bei Auswahl der Option „Vorschau" erfolgt die Ausgabe zunächst am Monitor und kann anschließend über die Schaltfläche „Drucken" auf den Drucker ausgegeben werden.

Über die Option „Export" lassen sich die Berichte und Listen im ASCII-Format (Textformat) in einer Datei speichern. Die Datei können Sie in eine beliebige andere Anwendung wie z. B. Microsoft Word einlesen und weiterbearbeiten. Alternativ besteht die Möglichkeit, die Daten in einer Microsoft-Excel-Tabelle abzulegen. Bei Auswahl der Option „Export/MS Excel" und Bestätigung über die Schaltfläche „Ausgabe" wird automatisch Microsoft Excel geöffnet und die Daten in eine vorbereitete Tabelle ausgegeben.

Das Muster für die Ausgabe eines Berichts oder einer Liste ist in so genannten Formulardateien hinterlegt. Über einen im System enthaltenen Formular-Editor lassen sich z. B. Firmenlogos oder zusätzliche Texte in die Berichte aufnehmen. Über die Schaltfläche „Formularverwaltung ..." können Sie den Formular-Editor aufrufen. Sollen die von Ihnen durchgeführten Änderungen rückgängig gemacht werden, lassen sich alle Änderungen über die Schaltfläche „Formulardatei wiederherstellen ..." zurücksetzen.

Die Druckvorlagen (Formulare) sind mit einer von Lexware entwickelten Programmiersprache erstellt. Anpassungen in Formularen sollten nur von Anwendern mit Programmiererfahrung durchgeführt werden. Über die Schaltfläche „?" lässt sich im Formular-Editor eine Online-Hilfe und Syntax-Erläuterung starten.

eService Personal nutzen

eService Personal ist ein Internet-gestütztes Modul, das Dokumente, Checklisten und tagesaktuelle Informationen rund um das Thema Personal zur Verfügung stellt. Unter anderem besteht die Möglichkeit, über den eService die aktuellen Beitragssätze aller im Unternehmen vertretene Krankenkassen automatisch zu übernehmen.

Grundlegendes zu lohn + gehalt im Überblick

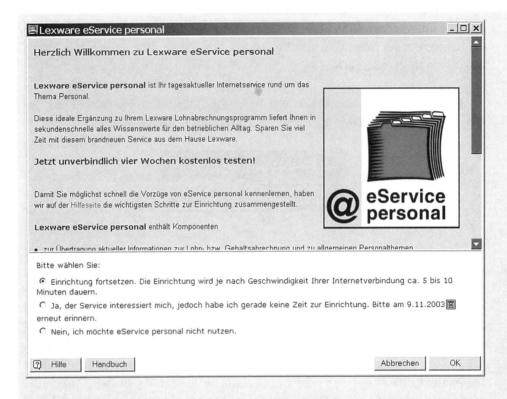

Beim erstmaligen Start von Lexware lohn + gehalt wird eService Personal automatisch gestartet. Es besteht die Option, Lexware eService Personal sofort einzurichten oder die Nutzung auf einen späteren Zeitpunkt zu verschieben. Die Installation des Zugangs kann jederzeit über die Menüfunktion „EXTRAS/eSERVICE PERSONAL ..." durchgeführt werden. Mit der Option „Einrichtung fortsetzen" und der Bestätigung über die Schaltfläche „OK" wird der Zugang eingerichtet. Voraussetzung für die Nutzung ist, dass der Rechner, auf dem Lexware lohn + gehalt/*plus* installiert ist, über einen Internet-Zugang verfügt. Außerdem muss auf dem Rechner der Internet Explorer von Microsoft in der Version 5.01 oder höher installiert sein.

> *eService Personal ist ein gebührenpflichtiger Dienst der Haufe Unternehmensgruppe. Voraussetzung für die Nutzung dieses Dienstes ist eine Anmeldung bzw. die Bestellung des eService.*

Nach der Bestätigung der AGBs und einem Verbindungstest zu Lexware müssen Sie Ihren Benutzernamen und das Passwort eingeben. Diese Daten erhalten Sie von Lexware bei der Registrierung.

Grundlegendes zu lohn + gehalt im Überblick

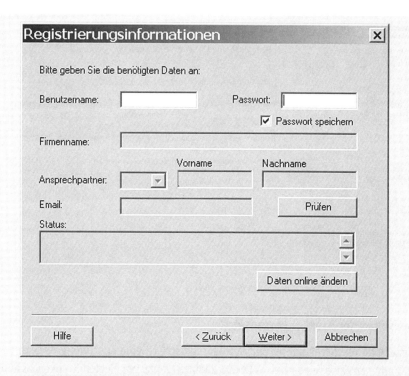

Sobald die Registrierung erfolgreich bestätigt wurde, kann die Verbindung zu Lexware und die Datenübernahme mit der Schaltfläche „Daten übertragen" aufgebaut werden.

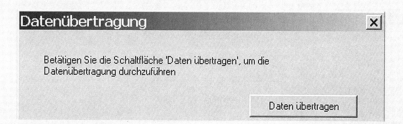

Bei der Datenübertragung werden die aktuellen Informationen von Lexware via Internet auf den Rechner mit Lexware lohn + gehalt heruntergeladen. Im Anschluss an den Download zeigt der eService Personal den Umfang der übernommenen Daten an.

Grundlegendes zu lohn + gehalt im Überblick

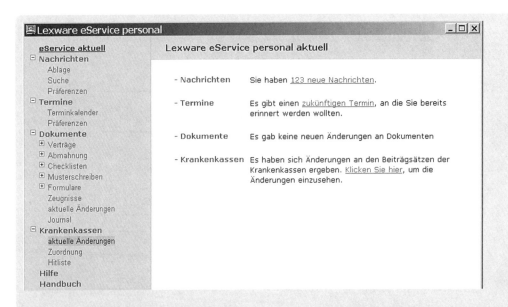

Aktualisieren der Krankenkassensätze

Voraussetzung für die Aktualisierung der Beitragssätze ist eine Zuordnung der von Lexware übernommenen Angaben zu den in Lexware lohn + gehalt angelegten Krankenkassen. Über die Option „Krankenkassen/Zuordnung" im eService muss einmalig eine eindeutige Zuordnung vorgenommen werden.

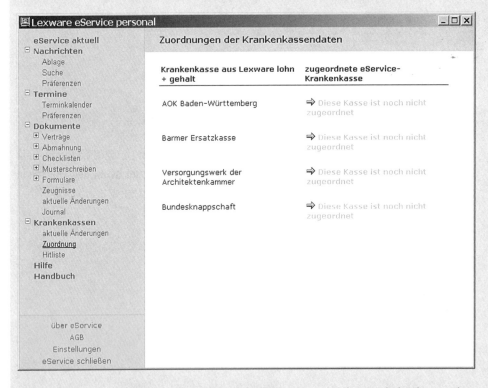

Nach Auswahl der Option „Zuordnung" werden alle in Lexware lohn + gehalt/*plus* angelegten Krankenkassen dargestellt. Den in Lexware lohn + gehalt/*plus* angelegten Krankenkassen ist eine aus dem Internet übernommene Krankenkasse zuzuordnen. Welche Krankenkasse noch keine entsprechende Zuordnung aufweist, ist im Dialog dargestellt. Für die Zuordnung

Grundlegendes zu lohn + gehalt im Überblick

ist die gewählte Krankenkasse in der Spalte „Krankenkasse aus Lexware lohn + gehalt" per Mausklick auszuwählen.

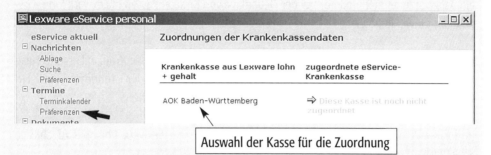

Auswahl der Kasse für die Zuordnung

Es öffnet sich ein Dialog, in dem die aus dem Internet übernommenen Krankenkassen auflistet werden.

Wählen Sie aus der Liste aller aufgeführten Krankenkassen die Kasse, die der von Ihnen in Lexware lohn + gehalt angelegten Krankenkasse zugeordnet werden soll. Nach der Auswahl ist die Zuordnung über die Schaltfläche „Zuordnen" zu bestätigen.

> *Bei den Allgemeinen Ortskrankenkassen (AOK) sind die Beitragssätze für alle örtlichen Kassen eines Bundeslandes identisch. Wählen Sie bei der Zuordnung einer Allgemeinen Ortskrankenkasse die AOK in dem Bundesland aus, in dem das Unternehmen seinen Firmensitz hat bzw. aus dem die Mitarbeiter stammen, die bei dieser Kasse krankenversichert sind.*

PRAXIS-TIPP

Grundlegendes zu lohn + gehalt im Überblick

LEXWARE*PLUS*

Nach einer Zuordnung der aus dem Internet übernommenen Krankenkassen zu den in Ihrem System angelegten Kassen kann ein Abgleich der Beitragssätze erfolgen. Die Zuordnung ist einmalig vorzunehmen und nur bei der Neuanlage von Krankenkassen in Lexware lohn + gehalt/*plus* zu wiederholen.

Eine Aktualisierung der Beitragssätze aller Krankenkassen ist in der Krankenkassenverwaltung möglich. Die Kassenverwaltung lässt sich nach der Erfassung der Grunddaten einer Firma über den Menüpfad „VERWALTUNG/KRANKENKASSEN ..." starten.

In der Krankenkassenverwaltung lässt sich der eService von Lexware über die zugehörige Schaltfläche starten.

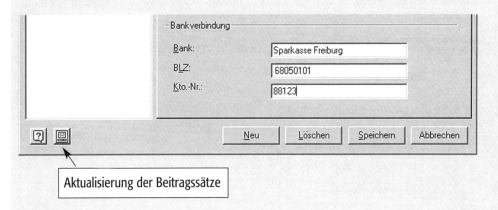

Aktualisierung der Beitragssätze

Ist der eService gestartet, kann die Option „Krankenkasse Krankenkassendaten" per Mausklick gewählt werden. Der eService zeigt alle aktuellen Änderungen an.

Durch Auswahl der Krankenkassendaten lassen sich die aktuellen Änderung auswählen. Per Mausklick auf eine bestimmte Information lassen sich die uasgewählten Daten in den Krankenkassenstamm übernehmen. In der Abbildung haben sich beispielsweise die Krankenkassensätze geändert. Diese können übernommen werden.

Grundlegendes zu lohn + gehalt im Überblick

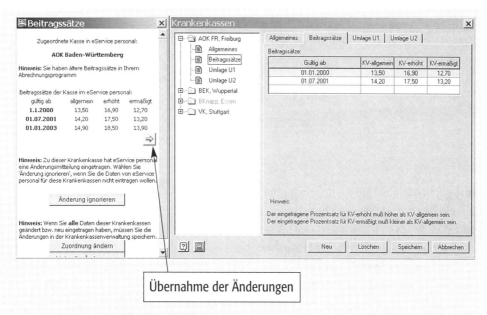

Übernahme der Änderungen

Mit der Schaltfläche „Datenübernahme" lassen sich die angezeigten Änderungen in die zugehörige Krankenkasse übernehmen. Nach Übernahme der geänderten Beitragssätze kann über die Schaltfläche „Liste aller Änderungen" in die Übersicht zurückverzweigt werden.

Informationssuche in der know-how-box

Die Lexware know-how-box Personal ist eine der zusätzlichen Funktionen, die in Lexware lohn + gehalt *plus* enthalten sind. Die know-how-box bietet neben Fachbeiträgen zur Personalverwaltung und Entgeltabrechnung zahlreiche Checklisten, Musterverträge, Adressen und Berechnungsmodule für A wie Abfindungen bis P wie Pfändungsrechner. Die know-how-box lässt sich aus dem Startmenü durch einen Mausklick auf die Option „Lexware know how box personal" unter „Extras" starten.

LEXWARE*PLUS*

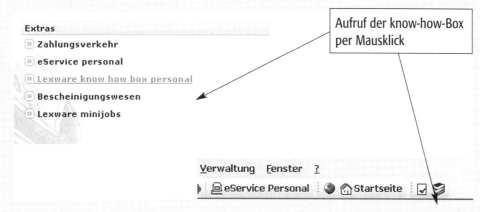

Aufruf der know-how-Box per Mausklick

Alternativ besteht die Möglichkeit, die Funktion über die Schaltfläche in der Symbolleiste aufzurufen. Nach dem Aufruf per Mausklick öffnet sich die know how box Personal mit der Einteilung Ämter, Mitarbeiter, Abrechnung. Über die Menüleiste lassen sich die Lexikon-Funktion, die Fachbeiträge, die Fakten und die Arbeitshilfen starten.

Grundlegendes zu lohn + gehalt im Überblick

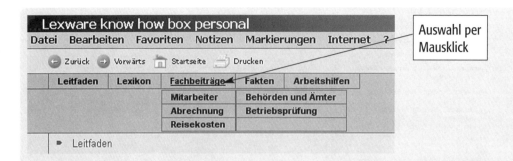

Im Leitfaden können Sie die Rubriken Ämter, Mitarbeiter, Abrechnung durch einen Mausklick auf die darunter stehenden Stichworte weiter aufteilen. Dieses so genannte Drill-down-Verfahren lässt sich so lange fortsetzen, bis Sie in den Anzeigebereich gelangen. Der Anzeigebereich schließt sich unterhalb der Navigationsleiste an. Dabei handelt es sich um den größten und zugleich variabelsten Bildschirmbereich. Sein Erscheinungsbild richtet sich nach der gewählten Untergruppe und der jeweiligen Suchfunktion.

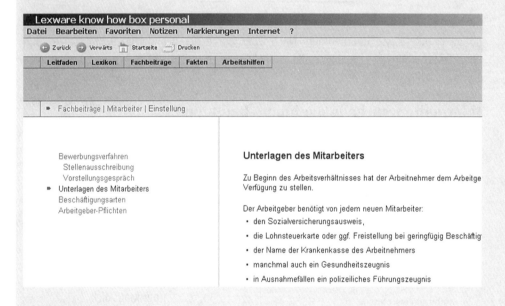

Unterhalb des Anzeigebereichs steht Ihnen der Aktionsbereich zur Verfügung. Die Elemente der linken Bereichshälfte dienen dem Zugriff auf die Volltextsuch, während Sie in der rechten und mittleren Bereichshälfte gegebenenfalls kontextabhängige Funktionen finden. Die wichtigsten Befehle, wie beispielsweise Such-, Druck- oder Kopierfunktionen, erreichen Sie über das Kontextmenü. Klicken Sie einfach mit der rechten Maustaste, um das Kontextmenü zu öffnen. Welche Befehle es enthält, richtet sich nach dem aktuellen Kontext. Beachten Sie, dass Kontextmenüs nicht in allen Ansichten und Programmsituationen zur Verfügung stehen. Ebenso wie die Menüs in der Menüleiste können auch die Kontextmenüs mehrere Ebenen aufweisen.

1 So erfassen Sie die Firmendaten

✓ Lernziele des Kapitels

In diesem Kapitel lernen Sie den Firmen-Assistenten und die Firmenverwaltung von Lexware lohn + gehalt kennen. Am Ende dieses Kapitels sollten Sie in der Lage sein,

- die Stammdaten Ihrer Firma zu erfassen,

- mehrere Firmen zu verwalten und zwischen den „Mandanten" zu wechseln,

- die Daten zum Finanzamt, zur Firmenkrankenkasse und zur Berufsgenossenschaft zu pflegen,

- Niederlassungen oder Tochterunternehmen als Betriebsstätten anzulegen,

- die Firmenstammblätter zu erstellen,

- mit dem Lexware MediaBook umzugehen,

- die Funktionen der rechten Maustaste zu nutzen.

So erfassen Sie die Firmendaten

1.1 Allgemeine Angaben zur Firma

Für die Lohnabrechnung werden zahlreiche firmenbezogene Daten wie beispielsweise die Bankverbindung, die Steuernummer oder die Betriebsnummer benötigt. Aus diesem Grund fordert Sie Lexware lohn + gehalt beim erstmaligen Programmstart zur Eingabe der Firmendaten auf. Um die weiteren Funktionen des Programms nutzen zu können, müssen Sie mindestens eine Firma anlegen.

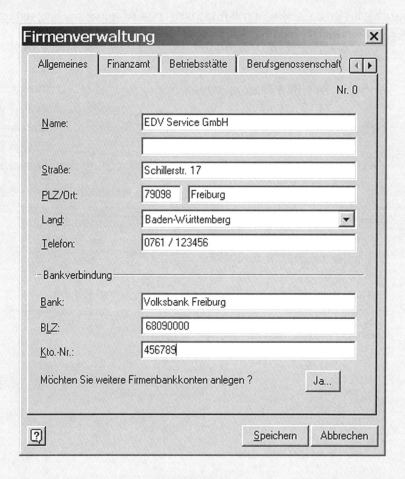

Beim erstmaligen Programmstart wird der Firmenassistent aufgerufen, der Schritt für Schritt durch die notwendigen Angaben zum Unternehmen führt. Wurde bereits eine Firma angelegt, können Sie über die Menüfunktion „DATEI/NEU .../ FIRMA ..." weitere Firmen anlegen.

In Lexware financial office werden die übergreifenden Firmenangaben wie Name des Unternehmens, Anschrift, Bankverbindung etc. in der übergreifenden Firmenverwaltung hinterlegt. Die Firmenverwaltung lässt sich über das Icon „Einstellungen" und anschließender Auswahl der Funktion „Firmenverwaltung" auswählen.

So erfassen Sie die Firmendaten

In der Firmenverwaltung können Sie über die Auswahl „Firma neu" die Firmenangaben für die Applikationen buch*halter*, lohn + gehalt und faktura + *auftrag* erfassen. Im zweiten Dialog des Firmenassistenten legen Sie die Module fest, mit denen Sie arbeiten möchten. Beachten Sie, dass wenn nicht alle Module ausgewählt werden, bei späterer Nutzung eines Moduls eine Firmensynchronisation durchgeführt werden muss. Auch wenn Sie nicht mit allen Komponenten für die neu anzulegende Firma arbeiten möchten, empfiehlt es sich dennoch alle Komponenten für die Firmenanlage auszuwählen.

DATEV

Lexware financial *office* stellt eine Funktion zum Datenexport im DATEV-Format zur Verfügung Mit der Option „DATEV-Unterstützung" aktivieren Sie einen weitere Dialog in der Firmenverwaltung für die DATEV-Angaben. Ohne die Eintragung der Berater- und Mandantennummer ist ein Datenaustausch mit dem Rechenzentrum der DATEV nicht möglich. Diese Option ist nur zu wählen, wenn Sie die Buchungsdaten von Lexware lohn + gehalt bzw. Lexware buch*halter* mit einem Steuerberater austauschen wollen, der den Service des DATEV-Rechenzentrums nutzt.

Es empfiehlt sich, neben der produktiven Firma eine „Testfirma" mit einigen Muster-Arbeitnehmern einzurichten. Die Arbeitnehmerstammdaten lassen sich aus der Produktivfirma exportieren und in die Testfirma importieren (siehe Kapitel 2).

Die Angaben zur Firma wirken sich auf die steuerliche und beitragsrechtliche Behandlung der Mitarbeiter aus. Die erforderlichen Eingaben sind in diesem Kapitel kurz beschrieben.

Land/Bundesland

Tragen Sie zunächst Name und Anschrift der Firma ein. Geben Sie unter „Land" an, in welchem Bundesland Ihr Unternehmen seinen Firmensitz hat. Diese Angabe hat Bedeutung für

So erfassen Sie die Firmendaten

die Berechnung der Kirchensteuer und der sozialversicherungsrechtlichen Abzüge bei der Lohn- und Gehaltsabrechnung.

Die bundeslandspezifischen Angaben wie Kirchensteuersatz, Bemessungsgrenzen der Sozialversicherung (SV) und Pauschalsteuersätze werden in die Entgeltabrechnung einbezogen. Die jeweils gültigen Werte können unter „VERWALTUNG/BUNDESLÄNDER …" eingesehen und ggf. anpasst werden.
In Lexware financial *office* ist die Angabe des Bundeslandes im Dialog „Finanzamt Umsatzsteuer" bzw. „Finanzamt Lohnsteuer" vorzunehmen.

Bankverbindung

Für Zahlungen an Mitarbeiter, das Finanzamt und die Krankenkassen ist mindestens die Angabe einer Bankverbindung mit einem Firmenkonto erforderlich. Arbeiten Sie mit mehreren Banken bzw. Firmenkonten, können Sie über die Schaltfläche „Ja …" in die Bankenverwaltung verzweigen. Alternativ besteht die Möglichkeit, über den Menüpunkt „VERWALTUNG/ FIRMENBANKKONTEN …" weitere Bankverbindungen zu erfassen. Über die Schaltfläche „Neu" lassen sich ebenfalls neue Bankverbindungen anlegen.

IBAN/BIC

In Lexware financial *office* besteht die Möglichkeit, die IBAN-Nr. (international banking account number) anzugeben. Bei der IBAN handelt es sich um eine weltweit gültige Nummer für ein Girokonto. Sie soll zukünftig die bisherige Kombination aus Kontonummer und Bankleitzahl ersetzen. Die IBAN ist eine von der ISO (International Organization for Standardization) und dem ECBS (European Committee for Banking Standards) genormte Kenngröße die unter anderem die Abwicklung der grenzüberschreitenden Transaktionen erleichtern soll. Die Angabe der IBAN ist nur erforderlich, wenn Sie Zahlungstransaktionen ins Ausland durchführen.

Der Bank Identifier Code (BIC) ist der internationale standardisierte Bank-Code. Der BIC (oftmals auch als SWIFT-Code bezeichnet) wird neben der IBAN als zweites Identifikationsmerkmal für die Weiterleitung von grenzüberschreitenden Zahlungen benötigt. Mit dem BIC können weltweit Kreditinstitute eindeutig identifiziert werden. IBAN und BIC tragen dazu bei, dass Überweisungen aus dem oder in das europäische Ausland automatisiert bis zum Konto des Begünstigten durchgeleitet werden können. IBAN und BIC sind für Sie von Vorteil, wenn Sie regelmäßig Überweisungen ins europäische Ausland tätigen oder Gutschriften aus dem europäischen Ausland erhalten. Grenzüberschreitende Zahlungen mit IBAN und BIC können schnell und kostengünstig ausgeführt werden.

LEXWARE FINANCIAL OFFICE

In Lexware financial *office* können die allgemeinen Daten zur Firma wie Firmenbezeichnung, Anschrift und Bankverbindung nicht im Modul lohn + gehalt gepflegt werden. Eine Änderung oder Anpassung ist über die Schaltfläche „Einstellungen" im Control Panel oder über die Option „Firma bearbeiten" auf der Startseite möglich. Analoges gilt für die Angaben zum Finanzamt. Diese Daten sind bis auf Rhythmus der Lohnsteueranmeldung im Dialog „Finanzamt Lohnsteuer" der übergreifenden Firmenangaben zu pflegen.

So erfassen Sie die Firmendaten

1.2 Angaben zum Betriebsstättenfinanzamt

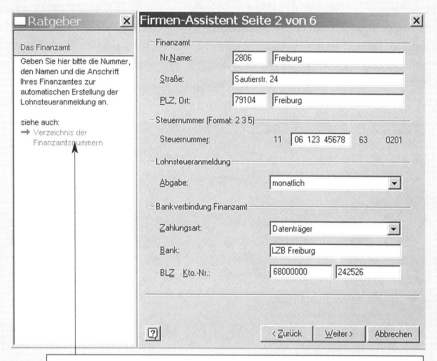

Per Mausklick lässt sich das Verzeichnis der Finanzamtsnummer aufrufen

Von den Lohnzahlungen einbehaltene Lohn- und Kirchensteuer sowie der einbehaltene Solidaritätszuschlag müssen regelmäßig dem Betriebsstättenfinanzamt gemeldet und diesem überwiesen werden. Die Angaben zum Finanzamt werden für die automatische Erstellung der Lohnsteueranmeldung benötigt. Das Betriebsstättenfinanzamt ist auch auf der Lohnsteuerkarte des Arbeitnehmers bzw. der Lohnsteuerbescheinigung anzugeben. Außerdem ist die Bankverbindung des Finanzamtes und der Zahlungsweg (Zahlungsart) festzulegen.

> *In der Version Lexware lohn + gehalt plus steht unter Zahlungsart zusätzlich die Option „Online" zur Verfügung. Mit dem Online-Banking-Modul können Zahlungen per BTX oder via Internet vorgenommen werden.*
>
> *Soll die Überweisung der Lohn- und Kirchensteuern mit einem Online-Banking-Programm der Hausbank durchgeführt werden, wählen Sie die Option „Datenträger". Im Kapitel Zahlungslauf und Verwaltung der Finanzkonten wird erläutert, wie die Zahlungen an ein Onling-Banking-Programm übergeben werden können.*

Finanzamtsnummer

Seit 1998 ist auf den Lohnsteuerkarten bzw. Lohnsteuerbescheinigungen die Finanzamtsnummer anzugeben. Aus diesem Grund sollten Sie zunächst die Nummer des für Ihr Unternehmen zuständigen Finanzamts angeben. Eine Liste aller Finanzamtsnummern ist im Ratgeber von Lexware lohn + gehalt hinterlegt. Bei Anlage einer neuen Firma wird in der Stan-

So erfassen Sie die Firmendaten

LEXWAREPLUS

dard- und *plus*-Version neben dem Firmendialog ein Unterstützungsdialog – der Lexware Ratgeber – dargestellt. Wenn Sie das Eingabefeld hinter Finanzamt „Nr. Name" mit dem Mauszeiger anklicken, ändert sich der Inhalt des Unterstützungsdialogs. Positionieren Sie die Maus auf den Text „Verzeichnis der Finanzamtsnummern" und klicken Sie diesen doppelt an. Es öffnet sich das Lexware MediaBook mit dem Ratgeber lohn + gehalt und dem Nummernverzeichnis. Befinden Sie sich nicht im Firmen-Assistenten, lässt sich der Ratgeber über den Menüpfad „?/Ratgeber" starten.

Im Ratgeber können Sie durch Eingabe des Schlüsselworts „Finanzamtsnummern" unter Suche eine Volltextsuche durchführen.

LEXWAREPLUS

In Lexware lohn + gehalt *plus* ist der Ratgeber fester Bestandteil der Lexware know-how-box personal.

PRAXIS-TIPP

Der Ratgeber kann über die Menüfunktion „?/Ratgeber" erst geöffnet werden, nachdem die Firmendaten vollständig erfasst sind. Sollte der Ratgeber nicht gestartet sein, besteht die Möglichkeit, über die Schaltfläche „Online Hilfe" oder mit der rechten Maustaste diese Funktion aufzurufen. Mit der rechten Maustaste können Sie auf einen beliebigen Begriff im Dialog klicken und dann die Option „Ratgeber" wählen.

Steuernummer

Die Steuernummer des Unternehmens muss auf der Lohnsteueranmeldung vermerkt sein. Das Format der Steuernummer ist von Bundesland zu Bundesland unterschiedlich. Lexware lohn + gehalt/*plus* stellt das Eingabefeld für die Steuernummer so ein, dass die entsprechen-

LEXWAREPLUS

So erfassen Sie die Firmendaten

den Zahlen direkt und fortlaufend eingegeben werden können. Der vom Bundesland unabhängige Teil der Steuernummer ist mit festen Stellen außerhalb des Eingabefeldes dargestellt. Die gesamte Steuernummer – sowohl der feste als auch der variable Teil – wird auf das Formular Lohnsteueranmeldung übernommen.

Lohnsteueranmeldung

Der Rhythmus, in dem die Lohnsteuer dem Finanzamt gemeldet und abgeführt werden muss, ist abhängig von der Höhe des Lohnsteueraufkommens Ihres Betriebs. Liegt das gesamte Lohnsteueraufkommen pro Jahr bis 800 € ist eine jährliche Lohnsteueranmeldung möglich. Bewegt sich die im vergangenen Jahr oder voraussichtlich im laufenden Jahr entstehende Lohnsteuer zwischen 801 € und 3.000 €, muss die Lohnsteuer pro Quartal gemeldet werden. Bei einem Lohnsteueraufkommen über 3.000 € pro Jahr ist eine monatliche Lohnsteueranmeldung erforderlich.

Über die Option „Lohnsteueranmeldung" legen Sie fest, ob die Lohnsteueranmeldung monatlich, als Quartals- oder Jahresmeldung vom Programm generiert werden soll.

> *Bei Quartals- oder Jahresmeldung können nur korrekte Meldungen erstellt werden, wenn der gesamte Abrechnungszeitraum mit Lexware lohn + gehalt erfasst wurde. Die Quartalsmeldungen können in den Abrechnungszeiträumen März, Juni, September und Dezember ausgedruckt werden, die Jahresmeldung steht nur im Abrechnungsmonat Dezember zur Verfügung.*

Zahlungsart

Unter Zahlungsart legen Sie fest, wie die Lohnsteuer dem Finanzamt zufließen soll. Soll die Zahlung per Scheck oder mit einem Überweisungsformular erfolgen, wählen Sie die entsprechenden Optionen. „Datenträger" ist zu wählen, wenn eine Diskette mit den Zahlungen erstellt oder wenn die Zahlungen per Online-Banking durchgeführt werden.

> *In der Version plus steht zusätzlich die Option „Online" zur Verfügung. Wird diese Option gewählt, können die Zahlungen an das Finanzamt mit dem Online-Banking-Modul durchgeführt werden. Voraussetzung ist, dass bei der Installation das Online-Banking-Modul mit eingerichtet wurde.*

1.3 Die Daten zur Firmenkrankenkasse

Auf den Seiten 3 und 4 des Firmen-Assistenten werden die Angaben zur Firmenkrankenkasse, zum Meldewesen und zu möglichen Betriebsstätten hinterlegt. In diesem Dialog legen Sie fest, ob Meldungen zur Sozialversicherung auf Datenträger oder in Papierform erstellt werden und ob die Gesamtheit der Meldungen oder nur die Jahresmeldung per Datenträger erfolgen soll.

So erfassen Sie die Firmendaten

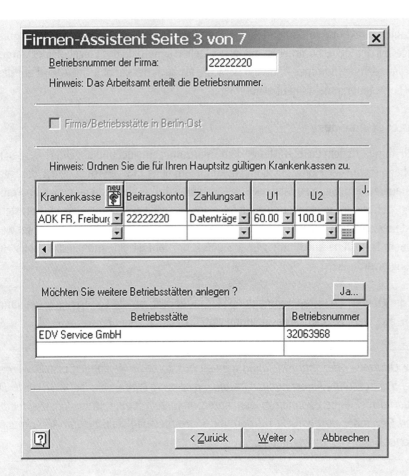

Betriebsnummer

Unter „Betriebsnummer" ist die vom Arbeitsamt vergebene Betriebsnummer des Unternehmens anzugeben. Hierbei handelt es sich um eine Pflichtangabe, die einer Plausibilitätsprüfung unterliegt. Die Betriebsnummer wird auf die Beitragsnachweise an die Krankenkassen übernommen und steht die Identifikationsnummer des Unternehmens für die Sozialversicherungsträger dar.

Ohne Angabe der Betriebsnummer können die Firmendaten nicht gespeichert werden. Ist Ihnen die Betriebsnummer nicht bekannt, können Sie diese bei der Betriebsnummernstelle des örtlichen Arbeitsamtes erfragen.

Firma Berlin (Ost)

Für Firmen oder Betriebsstätten in Ostberlin besteht eine Besonderheit in der Renten- und Arbeitslosenversicherung. Liegt der Firmensitz in Ostberlin, gilt die Beitragsbemessungsgrenze für die neuen Bundesländer. In der Kranken- und Pflegeversicherung gibt es seit 2002 keine abweichenden Bemessungsgrenzen mehr. In der Renten- und Arbeitslosenversicherung liegt die Grenze für die neuen Bundesländer unter der für die alten Bundesländer.

So erfassen Sie die Firmendaten

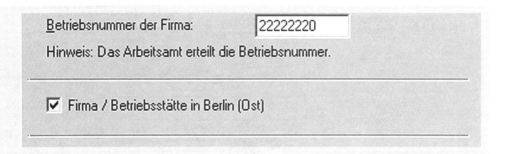

Die Option „Firma/Betriebsstätte in Berlin (Ost)" ist nur dann freigegeben, sofern im Dialog 1 – Allgemeines – das Bundesland „Berlin" gewählt wurde. Durch Auswahl der Option „Firma/Betriebsstätte in Berlin (Ost)" wird für die Renten- und Arbeitslosenversicherung die Beitragsbemessungsgrenze für die neuen Bundesländer angewandt. Ist die Option nicht gesetzt, geht Lexware lohn + gehalt von einem Firmensitz in Westberlin mit den Beitragsbemessungsgrenzen West aus.

Krankenkassen

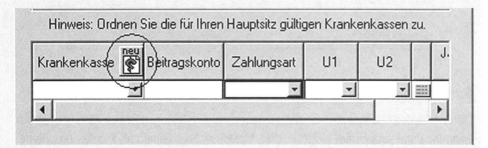

Krankenkassen stehen in Lexware lohn + gehalt/*plus* firmenübergreifend zur Verfügung. Dies bedeutet: Wird im Programm eine Krankenkasse angelegt, steht diese bei allen in Lexware lohn + gehalt eingerichteten Firmen/Mandanten zur Auswahl. Eine Krankenkasse kann zentral für alle Firmen im System gepflegt werden. Nur für die Krankenkassen, die der Firma zugeordnet sind, können Beitragsnachweise erstellt werden.

Beim erstmaligen Einrichten einer Firma in Lexware lohn + gehalt/*plus* stehen die Krankenkassen der Musterfirma zur Auswahl. Befindet sich die Firmenkrankenkasse nicht in der Wertehilfe, muss die Krankenkasse neu angelegt und der Firma zugeordnet werden. Die Zuordnung mindestens einer Krankenkasse ist Voraussetzung, damit Sie die Firmendaten speichern können. Über die Schaltfläche „Krankenkassen" rufen Sie den Krankenkassen-Assistenten auf, der Sie durch die vollständige Datenerfassung führt.

LEXWARE*PLUS*

So erfassen Sie die Firmendaten

Betriebsnummer der Krankenkasse/Kassenart

Die Angabe der Krankenkassenbetriebsnummer und der Kassenart ist nur dann erforderlich, wenn Ihr Unternehmen am elektronischen Meldeverfahren teilnimmt. Werden An-, Abmeldungen, Unterbrechungsmeldungen, Jahresmeldungen etc. per Formular erstellt, kann das Feld der Betriebsnummer frei bleiben und unter Kassenart „Sonstige Krankenkasse" gewählt werden.

Diese Betriebsnummer der Krankenkasse ist nicht identisch mit der Betriebsnummer des Unternehmens oder der Beitragskontonummer bei einer Ersatzkasse. Die Betriebsnummer kann direkt bei der jeweiligen Krankenkasse erfragt werden.

Zur Pflege der Daten oder Beitragssätze einer bestehenden Krankenkasse können Sie über den Menüpfad „VERWALTUNG/KRANKENKASSEN ..." alle angelegten Kassen zur Bearbeitung öffnen.

Bankverbindung/eService

Die Angabe einer Bankverbindung zur Krankenkasse ist immer erforderlich. Eine Ausnahme besteht, wenn Sie mit der Kasse Lastschrifteinzug vereinbart haben. Die Zahlungsart (z. B. per Datenträger) wird nicht bei der Krankenkasse, sondern bei den Firmendaten im Dialog „Betriebsstätte" hinterlegt. Somit können Sie bei jeder Firma/jedem Mandanten einen anderen Zahlweg für ein und dieselbe Krankenkasse hinterlegen.

So erfassen Sie die Firmendaten

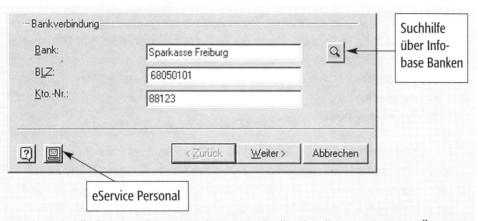

Mit der Schaltfläche „eService Personal" starten Sie die Aktualisierungsfunktion. Über den eService lassen sich vor jeder Entgeltabrechnung die Beitragssätze der Krankenkassen automatisch aktualisieren. Neben den Krankenkassendaten stellt der Dienst aktuelle Informationen zum Personalwesen und gesetzliche Änderungen zur Verfügung. Für die Nutzung ist eine zusätzliche Registrierung bei Lexware erforderlich.

> *In Lexware financial office steht für die Auswahl der Bankverbindung zusätzlich die Schaltfläche Infobase Banken zur Verfügung. Über den Namen der Bank lässt sich die Bankleitzahl ermitteln. Diese Funktion ist bei lohn + gehalt Standard und lohn + gehalt plus nicht integriert.*

PRAXIS-TIPP

Beitragssätze

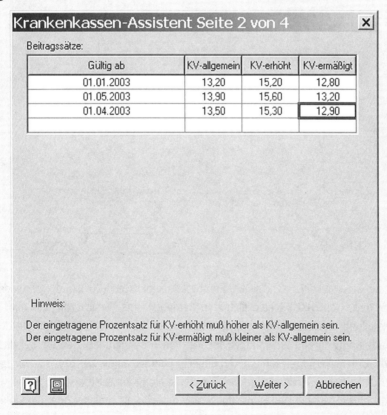

So erfassen Sie die Firmendaten

LEXWARE*PLUS* Lexware lohn + gehalt/*plus* erwartet die Eingabe aller Beitragssätze (allgemein, erhöht, ermäßigt) und prüft die Verhältnismäßigkeit der Beitragssätze zueinander. Das Datum unter „Gültig ab" sollte auf den 1. Januar des jeweiligen Abrechnungsjahres lauten. Sinnvollerweise sind auch die gültigen Beitragssätze des letzen Abrechnungszeitraums des Vorjahres anzugeben, da diese eventuell bei der Beitragsberechnung von Einmalzahlungen („Märzklausel") herangezogen werden müssen.

PRAXIS-TIPP
> *Das Gültigkeitsdatum und die Beitragssätze dürfen nicht überschrieben werden, da sonst bei Korrekturen von zurückliegenden Monaten falsche Beitragssätze zur Berechnung herangezogen würden. Benutzen Sie bei Änderung der Beitragssätze während des Jahres immer eine neue Zeile, in die Sie auch das Gültigkeitsdatum eintragen.*

Falsche Beitragssätzen oder Datumsangaben können durch einfaches Anklicken mit der Maus und anschließendes Drücken der Taste „Entf" gelöscht werden.

Umlagesätze

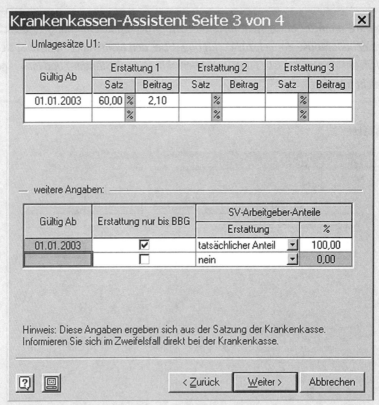

Allgemeine Ortskrankenkassen (AOK), Innungskrankenkassen (IKK) und verschiedene Betriebskrankenkassen (BKK) bieten kleineren Betrieben eine Versicherung für den Fall der Lohnfortzahlung bei Erkrankung von Mitarbeitern an. Eine zweite Versicherung deckt die Lohnfortzahlung während der Mutterschutzfrist von Arbeitnehmerinnen ab. Bei diesem so genannten Umlageverfahren zahlt der Arbeitgeber Beiträge an die U1- bzw. U2-Umlagekasse, um bei Krankheit bzw. Mutterschutz die Lohnfortzahlung teilweise erstattet zu bekommen. Die Krankenkasse, die die Umlagen entgegennimmt, wird als Umlage- oder Firmenkranken-

So erfassen Sie die Firmendaten

kasse bezeichnet. Am Umlageverfahren teilnehmen müssen alle gewerblichen Betriebe mit bis zu 20 Arbeitnehmern. Die Satzung der Krankenkasse kann die Umlagepflicht bis auf 30 Arbeitnehmer erweitern. Bei diesen Höchstgrenzen werden Auszubildende, Heimarbeiter, Rentner sowie Wehr- und Zivildienstleistende nicht berücksichtigt.

> *Für geringfügig und kurzfristig beschäftigte Arbeitnehmer sind die Umlagen an die Bundesknappschaft in Essen zu entrichten. Die Bundesknappschaft hat als Grenze für die Umlagepflicht 30 Arbeitnehmer festgelegt. Somit sind Umlagen für Aushilfen auch dann zu entrichten, wenn das Unternehmen wegen Überschreitens der Mitarbeitergrenze an die Firmenkrankenkasse keine Umlagen entrichtet.*

Umlage 1

Das Umlageverfahren besteht aus zwei Teilen: der so genannten U1- und der U2-Umlage. Die U1-Kasse ersetzt die Aufwendungen des Arbeitgebers für Entgeltfortzahlung bei Arbeitsunfähigkeit (z. B. wegen Krankheit) von Arbeitern und Auszubildenden. Die Umlagekassen bieten zum Teil unterschiedliche Erstattungsoptionen aus der Umlagekasse. Häufig wird eine Erstattung des fortgezahlten Arbeitsentgelts zwischen 50 % und 80 % angeboten. Abhängig von der Höhe der Erstattungsleistung bemisst sich der Beitragssatz zur Umlagekasse. Tragen Sie in die Felder unter „Erstattung 1", „Erstattung 2" bzw. „Erstattung 3" den von der Krankenkasse vorgegebenen Erstattungssatz (Satz) und den zugehörigen Beitragssatz (Beitrag) in Prozent ein. Wie bei den Beitragssätzen zur Krankenversicherung so ist auch bei den Umlagesätzen darauf zu achten, dass das Gültigkeitsdatum immer mit dem 01.01. des laufenden Abrechnungsjahres oder früher beginnt. Sollten sich im Laufe des Jahres die Umlagesätze geändert haben, muss eine zusätzliche Zeile angelegt werden. Das Gültigkeitsdatum darf bei Änderungen nicht überschrieben werden.

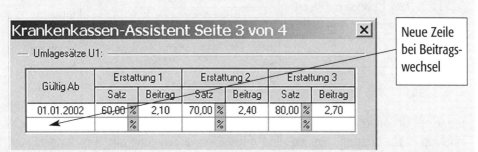

Neue Zeile bei Beitragswechsel

Wird von der Krankenkasse nur ein Erstattungssatz angeboten, können die Felder unter Erstattung 2 bzw. Erstattung 3 frei bleiben.

> *Auch wenn die Krankenkasse mehrere Erstattungsoptionen bietet, gilt für ein Unternehmen nur ein Erstattungssatz und der zugehörige Beitrag. Rechnen Sie mit Lexware lohn + gehalt oder Lexware lohn + gehalt plus mehrere Firmen (Mandanten) ab, empfiehlt es sich, alle von der Krankenkasse gebotenen Erstattungssätze zu pflegen. In diesem Fall besteht die Möglichkeit, dass ein Mandant eine Erstattung von 60 % und ein zweiter Mandant eine Erstattung von 80 % wählt. Die gleiche Krankenkasse kann für mehrere Mandanten genutzt werden.*

So erfassen Sie die Firmendaten

Wie bei den Beitragssätzen zur Krankenversicherung gilt auch für die Umlagesätze, dass bei Änderungen eine neue Zeile mit dem Datum „Gültig Ab" zu erfassen ist.

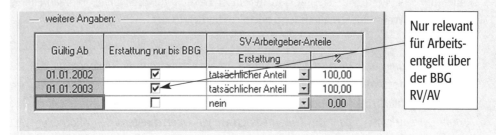

Neben der Höhe des Erstattungsanspruchs (z. B. 60 %, 70 %, 80 %) beschränken die meisten Krankenkassen die Erstattung des fortgezahlten Entgelts auf die Beitragsbemessungsgrenze in der Renten- und Arbeitslosenversicherung. Sieht die Satzung der Krankenkasse eine entsprechende Begrenzung vor, ist die Option „Erstattung nur bis BBG" per Mausklick auszuwählen. Bei Auswahl der Option wird beispielsweise bei einem Erstattungssatz von 80 % maximal 4.120 € (80 % von 5.150 € BBG RV West) pro Mitarbeiter im Monat erstattet. Die Option greift nur, wenn das an den Mitarbeiter fortgezahlte Entgelt die Beitragsbemessungsgrenze (5.150 €/Monat in 2004) übersteigt. Wird die Option nicht gewählt, berechnet Lexware lohn + gehalt bzw. lohn + gehalt *plus* die Erstattung auch aus Entgelten über 5.150 € pro Monat.

§ 10 Lohnfortzahlungsgesetz (LFZG) sieht neben der Erstattung des fortgezahlten Arbeitslohns an Arbeiter und gewerbliche Auszubildende auch die Erstattung des Arbeitgeberanteils zu den Sozialversicherungen für den Zeitraum der Krankheit vor.

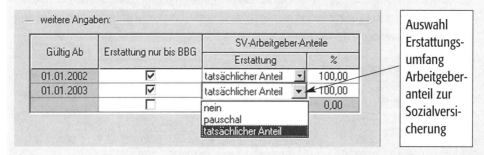

Auch diese Option ist nicht einheitlich für jede Krankenkasse. Für die Erstattung des Arbeitgeberanteils zur Kranken-, Renten- und Arbeitslosenversicherung aus dem fortgezahlten Entgelt ist die Option „pauschal" oder „tatsächlicher Anteil" zu wählen. Im Feld „%" ist der Erstattungssatz für den Arbeitgeberanteil festzulegen. Wird der Arbeitgeberanteil vollständig erstattet, ist die Option „tatsächlicher Anteil" und „100,00" einzutragen.

Umlage 2

Die Umlagekasse U2 ersetzt den Zuschuss, den der Arbeitgeber nach den Vorschriften des Mutterschutzgesetzes an die Arbeitnehmerin zahlt. Dabei handelt es sich um die Differenz zwischen dem Mutterschaftsgeld von der Krankenkasse (13 € täglich) und dem durchschnittlichen kalendertäglichen Netto-Arbeitsentgelt. Der Zuschuss ist grundsätzlich für sechs Wochen vor und für acht Wochen nach der Entbindung zu zahlen. Bei Früh- und Mehrlingsgeburten verlängert sich die Frist auf zwölf Wochen, bei Frühgeburten zusätzlich um den Zeit-

So erfassen Sie die Firmendaten

raum, der wegen der zu früh erfolgten Geburt von der Wöchnerin als Zeit eines Beschäftigungsverbots nicht in Anspruch genommen werden konnte. Arbeitnehmerinnen, die keiner gesetzlichen Krankenkasse angehören, erhalten vom Bundesversicherungsamt als Mutterschaftsgeld einen Pauschbetrag in Höhe von 210 € für die Dauer der Schutzfristen. Auch in diesen Fällen besteht Anspruch auf den Arbeitgeberzuschuss und die Erstattung durch die Ausgleichskasse. Die Berechnung ist wie bei versicherten Frauen vorzunehmen, wobei eine Zahlung von Mutterschaftsgeld in Höhe von 13 € kalendertäglich fiktiv unterstellt wird.

Krankenkassen-Assistent Seite 4 von 4

Umlagesätze U2:

Gültig Ab	Erstattung 1		Erstattung 2		Erstattung 3	
	Satz	Beitrag	Satz	Beitrag	Satz	Beitrag
01.01.2003	100,00 %	0,20	%		%	
01.01.2004	100,00 %	0,30	%		%	
		%		%		%

weitere Angaben:

Gültig Ab	Erstattung nur bis BBG	SV-Arbeitgeber-Anteile	
		Erstattung	%
01.01.2003	☑	nein	0,00
01.01.2004	☑	nein	0,00
	☐	nein	0,00

Hinweis: Diese Angaben ergeben sich aus der Satzung der Krankenkasse. Informieren Sie sich im Zweifelsfall direkt bei der Krankenkasse.

< Zurück | Speichern | Abbrechen

Aufwendungen, die der Arbeitgeber aufgrund des Mutterschutzgesetzes zu tragen hat, können aus der Ausgleichskasse U2 erstattet werden. Die Erstattung des fortgezahlten Entgelts erfolgt zu 100 %. Entsprechend ist im ersten Feld „Erstattung 1" immer 100,00 vorgegeben. Im Feld „Beitrag" ist der von der Krankenkasse vorgegebene Beitragssatz zur Umlage U2 zu erfassen. Im Regelfall gibt es keine von 100 % abweichenden Erstattungen, so dass keine Einträge in den Spalten „Erstattung 2" bzw. „Erstattung 3" vorzunehmen sind.

weitere Angaben:

Gültig Ab	Erstattung nur bis BBG	SV-Arbeitgeber-Anteile	
		Erstattung	%
01.01.2003	☑	nein	0,00
01.01.2004	☑	nein	0,00
	☐	nein	0,00

Hinweis: Diese Angaben ergeben sich aus der Satzung der Krankenkasse. Informieren Sie sich im Zweifelsfall direkt bei der Krankenkasse.

So erfassen Sie die Firmendaten

Wie bei der Ausgleichskasse U1 können die Krankenkassen die Erstattung auf die Beitragsbemessungsgrenze der Renten- und Arbeitslosenversicherung begrenzen. In diesem Fall ist die Option „Erstattung nur bis BBG" zu wählen.

Während der Mutterschutzfrist erhalten gesetzlich versicherte Arbeitnehmerinnen Mutterschaftsgeld von ihrer Krankenkasse. Liegt der tägliche Nettoarbeitslohn über 13 €, muss der Arbeitgeber einen Zuschuss zum Mutterschaftsgeld in Höhe der Nettodifferenz leisten. Dieser Zuschuss ist steuer- und sozialversicherungsfreies Arbeitsentgelt. Somit entsteht in der Regel kein Arbeigeberanteil zu den Sozialversicherungen. Für die Option „Erstattung – SV-Arbeitgeber-Anteil" ist in diesem Fall „nein" zu wählen. Ist der Zuschuss des Arbeitgebers sozialversicherungspflichtig und gewährt die Krankenkasse eine pauschale Abgeltung für den Aufwand, ist die Option „pauschal" zu wählen und in der Spalte „%" der pauschale Abgeltungssatz anzugeben. Ist das fortgezahlte Entgelt nicht sozialversicherungsfrei und erstattungsfähig, muss die Option „tatsächlicher Anteil" ausgewählt und der Prozentsatz 100,00 eingetragen werden.

PRAXIS-TIPP

> *Erstattungssätze oder die Beitragssätze zu den Umlagen U1/U2 sind nur für die Firmenkrankenkasse, in der Regel die örtliche AOK oder IKK, zu erfassen. Teilweise bieten auch Betriebskrankenkassen (BKKen) das Umlageverfahren an. In diesem Fall sind auch für die BKK die Umlagesätze zu pflegen.*

Nach dem Speichern der Krankenkassendaten verzweigt Lexware lohn + gehalt zurück in den Firmen-Assistenten. Die neu angelegte Krankenkasse ist automatisch der Firma zugeordnet.

Nimmt Ihre Firma am Ausgleichsverfahren teil, so müssen Sie im Firmen-Assistenten auf Seite 3 „Betriebsstätte allg." festlegen, welcher Erstattungs- und somit welcher Beitragssatz für die Firma gelten soll.

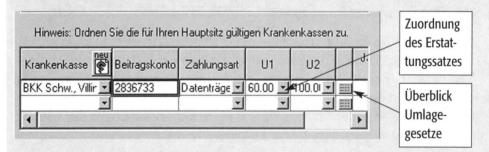

Durch Anklicken des Symbols „Übersicht" erhalten Sie einen Überblick über die Umlagesätze, ohne dass in die Krankenkassenverwaltung verzweigt werden muss. Diese Funktion steht jedoch erst nach Abschluss des Firmen-Assistenten zur Verfügung.

Nach Auswahl der Firmenkrankenkasse kann in den Spalten U1 bzw. U2 der Erstattungssatz und somit der Umlagesatz zugeordnet werden. Bei Abrechnung mehrerer Firmen/Mandanten müssen Sie die Krankenkasse nur einmal erfassen und können dann abhängig von der Höhe der gewählten Erstattung jeder Firma den entsprechenden Beitragssatz zuordnen. Die Angaben zu „Umlagen" müssen Sie jedoch nur dann erfassen, wenn die Firma am Umlageverfahren teilnimmt.

So erfassen Sie die Firmendaten

Haben Sie bereits mehrere Krankenkassen erfasst, müssen Sie unter Umständen für die neu anzulegende Firma keine weitere Kasse einrichten. In der Auswahlliste der Spalte „Krankenkasse" stehen alle bereits angelegten Kassen zur Wahl.

PRAXIS-TIPP

Der Firma sind alle Kassen zuzuordnen, an die Beiträge entrichtet werden müssen. Mit der Zuordnung der Krankenkassen wird außerdem festgelegt, für welche Kassen Beitragsnachweise beim Abrechnungslauf erstellt werden sollen.

Beitragskonto

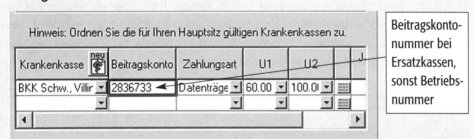

Beitragskontonummer bei Ersatzkassen, sonst Betriebsnummer

Einige Ersatzkassen führen für die Firma ein so genanntes Beitragskonto. Auf diesem Konto werden alle ein- und ausgehenden Zahlungen der Firma vermerkt. Entsprechend ist auf dem Beitragsnachweis an diese Kassen nicht die Betriebsnummer der Firma, sondern das Beitragskonto anzugeben. Bei einer AOK oder IKK kann das Feld frei bleiben oder es wird die vom Arbeitsamt vergebene Betriebsnummer eingetragen.

Jahresbeitragsnachweis

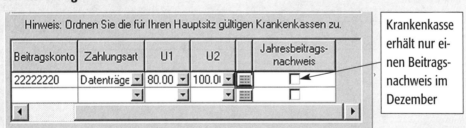

Krankenkasse erhält nur einen Beitragsnachweis im Dezember

Werden an die Firmenkrankenkasse nur die Umlagen und sonst keine Beiträge entrichtet, macht dies bei wenigen Arbeitnehmern nur einige Euro aus. Beträgt die Summe des abzuführenden Gesamtbeitrags an die Krankenkasse lediglich wenige Euro, kann auf Antrag nur ein Beitragsnachweis – der Jahresbeitragsnachweis – bei der Kasse eingereicht werden. Der Jahresbeitragsnachweis ist mit der jeweiligen Krankenkasse abzustimmen. Für diese Kasse ist die Option „Jahresbeitragsnachweis" im Dialog „Betriebsstätte allg." zu pflegen. Durch Setzen der Option werden die monatlichen Werte in einen Beitragsnachweis kumuliert. Dieser Beitragsnachweis steht nach dem Monatswechsel von November zum Dezember zur Verfügung.

So erfassen Sie die Firmendaten

Betriebsstätten

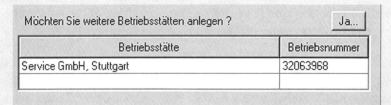

Der Begriff der Betriebsstätten ist vor allem von Bedeutung für die Frage, an welches Finanzamt die einbehaltene Lohnsteuer und an welche Krankenkassen die Sozialversicherungsbeiträge abzuführen sind. Hat ein Unternehmen mehrere Betriebsstätten, muss in der Regel nur eine konsolidierte Lohnsteueranmeldung erstellt werden. Im Sozialversicherungsrecht ist grundsätzlich der Ort maßgebend, an dem die Beschäftigung tatsächlich ausgeübt wird. Das heißt, Sie müssen der zuständigen Krankenkasse für jede Betriebsstätte gesonderte Beitragsnachweise mit der jeweiligen Betriebsnummer einreichen.

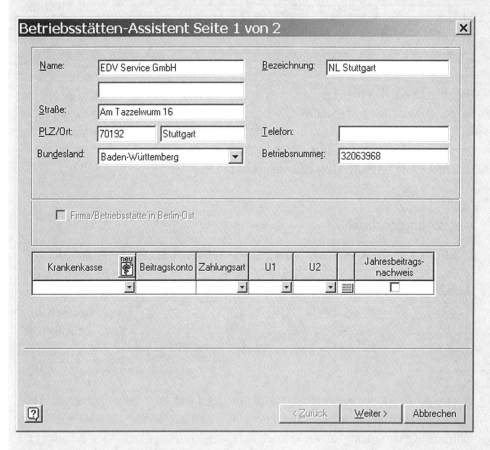

Sie können eine Betriebsstätte über die Schaltfläche „Ja …" im Dialog „Betriebsstätte allg." anlegen. Der Betriebsstätten-Assistent wird aufgerufen. In diesem Dialog sind die allgemeinen Informationen zur Betriebsstätte zu erfassen. Lexware lohn + gehalt/*plus* benötigt die Betriebsnummer der Betriebsstätte, die vom Arbeitsamt vergeben wird, für Meldungen an die Firmenkrankenkasse. In der Tabelle „Krankenkassen" müssen Sie der Betriebsstätte mindestens eine Krankenkasse zuordnen. Weitere Kassen können Sie auch noch zu einem späteren Zeitpunkt hinzufügen.

So erfassen Sie die Firmendaten

SV-Meldungen

Meldungen zur Sozialversicherung, wie beispielsweise Anmeldungen, Abmeldungen oder Unterbrechungsmeldungen, können bei den Krankenkassen in Papierform oder elektronisch auf einem Datenträger eingereicht werden. Im vierten Dialog des Firmen-Assistenten „Betriebsstätte SV" können Sie festlegen, ob die Meldungen zur Sozialversicherung in Form von Ausdrucken auf Blankopapier oder elektronisch auf einen Datenträger erstellt werden sollen.

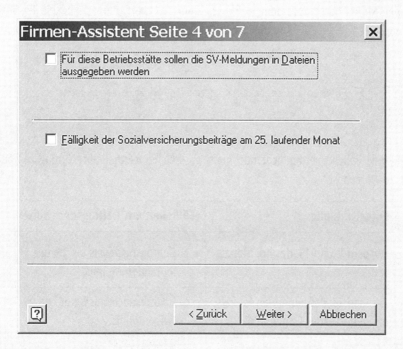

Voraussetzung für den Datenaustausch per Datenträger ist die Systemprüfung der ITSG. Diese konnte zur Auslieferung der Version 8.0 nicht fertig gestellt werden. Die Funktion wird im Rahmen eines Updates nachgereicht. Die Erstellung der „Meldung zur Sozialversicherung" auf Blankopapier ist ohne Probleme möglich.

Nach Auswahl der Option „Für diese Betriebsstätte sollen SV-Meldungen in Dateien ausgegeben werden" wird zunächst eine Hinweismeldung dargestellt. Diese entfällt mit dem Update bzw. mit der Version 8.5 von Lexware lohn + gehalt. Nach der Bestätigung des Hinweises erweitert sich der Dialog und Sie erhalten die Möglichkeit, alle Sozialversicherungsmeldungen oder nur die Jahresmeldung für alle Mitarbeiter auf Datenträger zu erstellen.

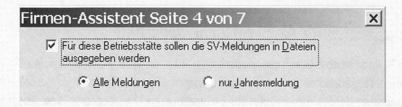

Mit dieser Option wird in den Firmenangaben das grundsätzliche Meldeverfahren festgelegt. Die Erstellung der Meldedateien auf einen Datenträger ist über die Menüfunktion „EXTRAS/SV-MELDE-DATEIEN/DATEIEN ERSTELLEN ..." möglich.

So erfassen Sie die Firmendaten

Sozialversicherungsbeiträge zum 25. des laufenden Monats

Wird die Entgeltabrechnung zwischen dem 1. und 15. des laufenden Monats durchgeführt, ist der Beitragsnachweis nicht bis zum 15. dieses Monats, sondern bis zum 25. des laufenden Monats der zuständigen Krankenkasse einzureichen. Bei einer Entgeltabrechnung nach dem 15. des laufenden Monats bis zum 10. des Folgemonats muss der Beitragsnachweis bis zum 15. des Folgemonats der Krankenkasse zugegangen sein. Wird die Entgeltabrechnung für den laufenden Monat bereits vor dem 15. durchgeführt, ist die Option „Fälligkeit der Sozialversicherungsbeiträge am 25. laufender Monat" auszuwählen.

☑ Fälligkeit der Sozialversicherungsbeiträge am 25. laufender Monat

Die folgende Tabelle verdeutlicht nochmals, zu welchem Entgeltabrechnungszeitraum die Option zu wählen ist.

Entgeltzahlung	Fälligkeit des Beitragsnachweises
zw. dem 1. und 15. des lfd. Monats	Beitragsnachweis bis 25. des laufenden Monats
zw. dem 16. des laufenden Monats und dem 10. des Folgemonats	Beitragsnachweis bis 15. des Folgemonats
zw. dem 11. und 15. des Folgemonats	Beitragsnachweis bis 15. des Folgemonats mit einer voraussichtlichen Höhe der Beiträge und einer Korrekur für den Vormonat

Die Option bewirkt keine besondere Beitragsberechnung, es werden jedoch die Beitragsnachweise an alle Krankenkassen entsprechend gekennzeichnet.

1.4 Basisdaten für die Berufsgenossenschaft

Es gibt 37 verschiedene Berufsgenossenschaften (BG), die von ihren Mitgliedern einmal jährlich einen so genannten Lohnnachweis verlangen. Zur Erstellung einer Berufsgenossenschaftshilfsliste werden die Angaben zur Berufsgenossenschaft benötigt. Diese Angaben aus der Hilfsliste können bei der Erstellung des Lohnachweises direkt übernommen werden.

So erfassen Sie die Firmendaten

Mitgliedsnummer

Die Mitgliedsnummer wird von der BG nach der Gewerbeanmeldung vergeben. Sie ist auf dem Formular „Lohnnachweis" anzugeben.

Entgelthöchstgrenze

Auf dem Lohnnachweis müssen Sie neben der Mitgliedsnummer die aufgelaufene Entgeltsumme über alle im Jahr beschäftigten Arbeitnehmer angeben. Einige BG begrenzen die Entgeltsumme, die pro Mitarbeiter in die Kumulation einfließt. Beispielsweise liegt das maximale Entgelt, das bei der Verwaltungsberufsgenossenschaft pro Mitarbeiter in die Jahreskumulation einfließt, bei 60.000 €. Liegt das Jahresentgelt eines Mitarbeiters über dem Höchstbetrag, fließt in die Kumulation der Entgelte aller Mitarbeiter maximal der angegebene Höchstbetrag ein.

> *Besteht bei der Berufsgenossenschaft eine Entgelthöchstgrenze, ist diese auf der Rückseite des Formulars „Lohnnachweis" von der BG vermerkt. Die Angabe hat keine Relevanz, wenn das jährliche Arbeitsentgelt der Mitarbeiter unter der Höchstgrenze liegt.*

PRAXIS-TIPP

Fehlzeiten

Neben dem Entgelt sind den Berufsgenossenschaften die geleisteten Arbeitsstunden des abgelaufenen Jahres zu melden. Bei den jährlich zu meldenden Stundenzahlen sind bei einigen Berufsgenossenschaften nur die tatsächlich geleisteten Stunden anzugeben. In diesem Fall

So erfassen Sie die Firmendaten

sind von den bezahlten Arbeitsstunden Fehlzeiten wie Krankheit, Urlaub etc. abzuziehen. Sollen die Fehlzeiten bei der automatischen Stundenermittlung nicht berücksichtigt werden, ist die Option „Ja" zu wählen.

Ob bei der Jahresmeldung an die Berufsgenossenschaft Entgelthöchstgrenzen zu beachten und ob bezahlte oder geleistete Arbeitsstunden zu melden sind, kann der Satzung der Berufsgenossenschaft oder der Rückseite des Formulars „Lohnnachweis" entnommen werden.

1.5 Einstieg im laufenden Jahr

Im sechsten Dialog „Sonstiges" ist der Monat anzugeben, ab welchem erstmalig Lohnabrechnungsdaten mit dem Programm Lexware lohn + gehalt bzw. Lexware lohn + gehalt *plus* erfasst werden sollen. Diese Einstellung ist unwiderruflich und kann nur durch Anlage einer neuen Firma wieder geändert werden.

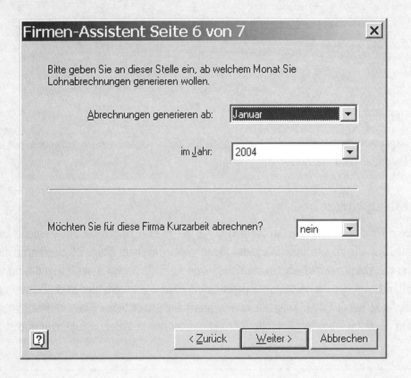

Prüfen Sie bei erstmaligem Einsatz von Lexware lohn + gehalt während des laufenden Kalenderjahres, ob die Daten für die zurückliegenden Monate des laufenden Kalenderjahres nacherfasst werden können. Nur wenn das gesamte Kalenderjahr mit Lexware lohn + gehalt bzw. Lexware lohn + gehalt plus abgerechnet wurde, können zum Jahresende alle benötigten Ausdrucke erstellt werden. Wurden während des laufenden Kalenderjahres bereits Einmalzahlungen geleistet, sollten Sie von einer Nacherfassung absehen.

So erfassen Sie die Firmendaten

Muss wegen einer Fehleingabe die Firma vollständig neu erfasst werden, so ist in Lexware financial *office* eine Synchronisation der Firmen erforderlich.

Abrechnung von Kurzarbeit

Wird aus wirtschaftlichen Gründen die Arbeitszeit bzw. das Arbeitsentgelt von mindestens 33 % der Belegschaft eines Unternehmens um mindestens 10 % gesenkt, sind die Vorausetzungen für Kurzarbeit gegeben. Bei Kurzarbeit erhält der Arbeitnehmer neben dem Kurzlohn Kurzarbeitsgeld vom Arbeitsamt. Das Kurzarbeitsgeld wird in der Regel vom Unternehmen berechnet und zusammen mit dem Kurzlohn ausbezahlt. Vom Arbeitsamt erhält das Unternehmen das ausbezahlte Kurzarbeitsgeld wieder erstattet. Die Kurzarbeit ist beim örtlichen Arbeitsamt anzumelden und die Abwicklung mit diesem abzustimmen.

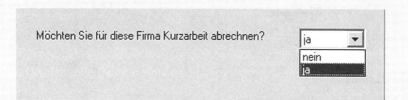

Die Option „Möchten Sie für diese Firma Kurzarbeit abrechnen?" steht nur in Lexware lohn + gehalt *plus* zur Verfügung. Mit Auswahl der Option „Ja" werden die Abrechnungsdaten des Mitarbeiters um die Dialoge zur Kurzarbeit ergänzt.

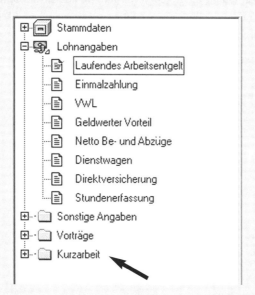

Die Option zur Abrechnung der Kurzarbeit kann jederzeit umgestellt werden. Endet die Kurzarbeit, ist in den Firmenstammdaten die Auswahl auf „Nein" zurückzustellen. Beginn und Ende der Kurzarbeit innerhalb eines Abrechnungsmonats ist nicht möglich.

1.6 Angaben zur Hauswährung

Seit dem 01.01.2002 ist der Euro offizielles Zahlungsmittel. In einer dreijährigen Übergangsphase waren bereits Überweisungen und Schecks, die auf Euro lauten, zulässig. Wird eine Firma/ein Mandant vor dem 01.01.2002 angelegt, kann die Firmenwährung gewählt werden. Bei Firmen, die ab Januar 2002 angelegt werden, steht die Option „Firmenwährung" nicht mehr zur Verfügung.

So erfassen Sie die Firmendaten

1.7 Übersicht über die Firmendaten im Firmenstammblatt

Mit der Firmen- bzw. der Betriebsstättenliste können Sie alle erfassten Daten zur Firma überprüfen. Das Firmenstammblatt lässt sich über die Menüfunktion „DATEI/DRUCKEN/FIRMENSTAMMBLATT ..." bzw. „DATEI/DRUCKEN/BETRIEBSSTÄTTENLISTE ..." erstellen.

Alle Ausdrucke können am Bildschirm dargestellt, auf den Drucker ausgegeben oder in einer Datei zur Weiterverarbeitung gespeichert werden. Zusätzlich besteht die Möglichkeit, die Angaben in eine Excel-Tabelle zu übertragen oder als PDF-Datei abzulegen.

Drucker/Export

Alle Angaben zur Firma und ggf. zu Betriebsstätten lassen sich in einer Vorschau am Bildschirm darstellen. Über die Schaltfläche „Vorschau" erfolgt die Ausgabe am Bildschirm – mit der Möglichkeit einer anschließenden Ausgabe auf den lokalen oder einen Netzwerkdrucker. Über die Schaltfläche „Drucker einrichten" lässt sich ein anderes Ausgabegerät wählen. Sollen die Daten in einer Microsoft-Excel-Tabelle ausgegeben werden, wählen Sie die Option „Export" und „MS-Excel". Nach der Bestätigung über die Schaltfläche „Ausgabe" wird Microsoft Excel gestarten und die Tabelle automatisch erstellt.

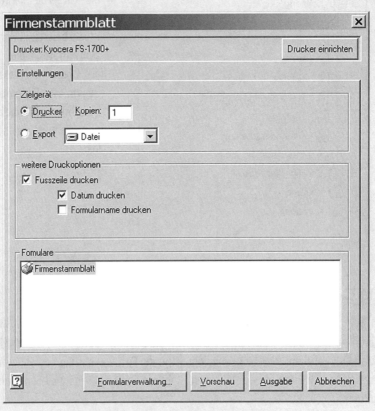

So erfassen Sie die Firmendaten

Datei

Die erfassten Firmenstammdaten können Sie im ASCII-Format (Textformat) in einer Datei speichern. Mit Auswahl der Optionen „Export" und „Datei" werden nach der Bestätigung über die Schaltfläche „Ausgabe" die Daten der Firma ggf. von Betriebsstätten in eine Datei auf Festplatte oder Diskette geschrieben. Nach der Bestätigung über die Schaltfläche „Ausgabe" werden Sie aufgefordert, ein Verzeichnis und den Namen (die Bezeichnung) der Exportdatei anzugeben.

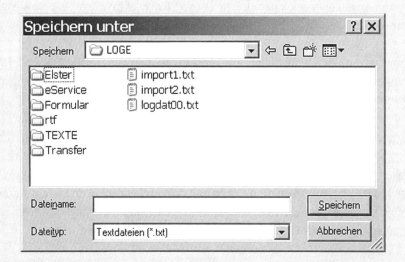

Lexware lohn + gehalt schlägt als Verzeichnis den Ordner „loge32" auf der Festplatte des Rechners vor. Legen Sie unter „Dateiname" fest, wie die Exportdatei benannt werden soll. Nach Bestätigung der Eingabe über die Schaltfläche „Speichern" wird eine Datei mit der Endung „.txt" im Verzeichnis loge32 angelegt. Sie können die Datei aus diesem Verzeichnis in beliebige andere Programme mit einer ASCII-Schnittstelle einlesen. Mit der Exportdatei können z. B. die Firmendaten für eine anderes Lohnprogramm zur Verfügung gestellt werden.

> *Eine Kopie der Firmendaten zur Anlage einer neuen Firma ist nicht möglich. Die Firmendaten lassen sich nicht aus einer Exportdatei importieren.*

PDF-Datei

Lexware lohn + gehalt verfügt über ein Modul zur Generierung von PDF-Dateien. Mit diesem Modul lassen sich alle Ausgaben im PDF-Format erstellen und über den Adobe Acrobat Reader ausgeben und dDrucken. Zur Ausgabe am Bildschirm muss der Acrobat Reader in der Version 4.0 oder höher auf dem Rechner installiert sein. PDF-Dateien bieten den Vorteil, dass die Datei weitergegeben werden kann, ohne dass sie sich verändern lässt.

Σ Zusammenfassung

In diesem Kapitel haben Sie die Stammdaten zur Firma und zu möglichen Betriebsstätten kennen gelernt.

- Über die Zuordnung des Bundeslandes werden der Steuerschlüssel, die Kirchensteuer und die Bemessungsgrenzen der Sozialversicherung gesteuert.

- Die Finanzamtnummer können Sie dem Lexware Ratgeber bzw. dem Lexware MediaBook entnehmen.

- Voraussetzung für das Speichern einer Firma ist die Zuordnung mindestens einer Firmenkrankenkasse. Die Krankenkassen können Sie direkt aus dem Firmen-Assistenten oder über den Menüpfad „VERWALTUNG" anlegen.

- Lexware eService Personal bietet Ihnen die Möglichkeit, per Mausklick Änderungen in den Angaben zur Krankenkasse oder geänderte Beitragssätze direkt in die Krankenkassenverwaltung zu übertragen. Sind in mehreren Kassen Änderungen eingetreten, können Sie in der Krankenkassenverwaltung zwischen den entsprechenden Kassen wechseln und erhalten im Fenster des eService Personal parallel die aktuelle Information. Dieser Service ist allerdings nur nach Freischaltung und mit einem Internetzugang möglich.

- Nimmt das Unternehmen am Umlageverfahren teil, sind der Firmenkrankenkasse die Erstattungssätze und die Betriebsnummer zuzuordnen. Außerdem ist in der Betriebsstättenverwaltung der Zahlweg für jede Krankenkasse getrennt festzulegen.

- Für die Erstellung der Berufsgenossenschaftshilfsliste ist neben der Mitgliedsnummer die Entgelthöchstgrenze anzugeben. Die Entgelthöchstgrenze für die Kumulierung der Lohnsumme über alle Mitarbeiter können Sie der Rückseite des Lohnnachweisformulars ihrer Berufsgenossenschaft entnehmen.

- Die Angabe des ersten Lohnabrechnungszeitraums ist irreversibel. Eine Änderung bedingt die vollständige Neuanlage der Firma. Das Kopieren einer Firma ist nicht möglich.

- Für die Abrechnung von Kurzarbeit ist in den Firmenstammdaten bereits festzulegen, ob für Mitarbeiter Kurzarbeitergeld erfasst werden soll.

- Vor der ersten Lohnabrechnung müssen Sie einen Finanzbuchhaltungskontenrahmen wählen und den Lohnarten ihr Buchhaltungskonto zuweisen.

So erfassen Sie die Firmendaten

📖 Übung

Legen Sie folgende Firma neu an:

Name:	EDV Service GmbH	
Straße:	Schillerstr. 17	
PLZ, Ort:	79098 Freiburg	
Bundesland:	Baden-Württemberg	
Telefon:	0761-123456	
Fax:	0761-123456-78	(nur bei *office*)
Umsatzsteuerpflicht:	ja – Sollversteuerung	(nur bei *office*)
Datev Unterstützung:	ja	(nur bei *office*)
Bank/BLZ/Konto:	Volksbank Freiburg/680 900 00/456789	
Weitere Bankverbindung:	ja	
Bank/BLZ/Konto:	Postbank Karlsruhe/660 100 75/987654	
IBAN	004912345678	

Finanzamt Umsatzsteuer:	identisch mit dem Finanzamt Lohnsteuer	(nur bei *office*)
Finanzamt Lohnsteuer:	Finanzamt Freiburg Stadt	
Straße:	Sautierstr. 24	
PLZ, Ort:	79104 Freiburg	
Steuernummer:	06 123 45678	
Abgabe:	voraussichtlich ca. 6.000 € Lohnsteueraufkommen jährlich	
Zahlung:	Datenträger	
Bank/BLZ/Konto:	Landeszentralbank Freiburg/680 000 00/242526	

Berater-Nr.:	100000	(nur bei *office*)
Berater-Name:	Helfer	(nur bei *office*)
Mandant:	100	(nur bei *office*)
Kontonummererkennung:	nein	(nur bei *office*)

Betriebsnummer:	22222220
Krankenkasse:	AOK Baden-Württemberg
Kurzname:	AOK BW
Straße:	Breitscheidstr. 20
PLZ, Ort:	70176 Stuttgart
Betriebsnummer der Kasse:	67329358
Bank/BLZ/Konto:	Postbank Stuttgart/600 100 70/0 002 439 702

Beitragssätze	allg. Beitrag	erhöhter Beitrag	ermäßigter Beitrag
ab 01.07.2001:	14,20	17,50	13,20
ab 01.01.2003:	14,90	18,50	13,90

Umlage 1 (ab 01.07.2001):	
Erstattungssatz 80 %:	2,7 %
Erstattung:	nur bis zur BBG
Erstattung AG-Anteil:	tatsächlicher Anteil 100 %
Umlage 2 (ab 01.01.2001):	0,2 %
Erstattung:	nur bis zur BBG
Erstattung AG-Anteil:	nein
Beitragskonto:	Konto-Nr. entspricht der Betriebsnummer des Unternehmens

So erfassen Sie die Firmendaten

Zahlungsart:	per Datenträger
Jahresbeitragsnachweis:	Umlageaufkommen voraussichtlich 200 € monatlich
Weitere Betriebsstätte:	nein
SV-Meldungen:	Meldung per Formular
Fälligkeit der Beitragsnachweise:	am 15. des Folgemonats
Berufsgenossenschaft:	488/050890
Entgelthöchstgrenze:	61.300 €
Abzug von Fehlzeiten:	ja
Abrechnung starten:	Januar 2004
Kurzarbeit:	nein

2 So erfassen Sie die Personaldaten

✓ Lernziele des Kapitels

Im Kapitel Personaldaten lernen Sie die Erfassung der Mitarbeiterdaten in Lexware lohn + gehalt/*plus* kennen. Der Mitarbeiter-Assistent führt Sie durch die Erfassungsdialoge und unterstützt Sie bei der Dateneingabe. Voraussetzung ist, dass zuvor eine Firma mit dem Firmen-Assistenten eingerichtet wurde. Beim erstmaligen Aufruf des Programms wird der Mitarbeiter-Assistent automatisch im Anschluss an den Firmen-Assistenten gestartet. Der Mitarbeiter-Assistent kann jederzeit über die Menüleiste erneut aufgerufen werden. Nach diesem Kapitel sollten Sie in der Lage sein,

- alle Personaldaten zu erfassen und zu pflegen,

- Aushilfen, gewerbliche Mitarbeiter, Angestellte und Führungskräfte steuer- und sozialversicherungsrechtlich korrekt zu erfassen,

- die Angaben zum Meldewesen einzutragen,

- Angaben zu Vorbeschäftigungen zu erfassen,

- alle personenbezogenen Ausdrucke zu erstellen,

- verschiedene Shortcuts (Kurzaufrufe) zu nutzen.

So erfassen Sie die Personaldaten

2.1 Persönliche Angaben zum Mitarbeiter (Standard/plus)

Voraussetzung für die Durchführung einer Lohn- und Gehaltsabrechnung ist die vollständige Erfassung aller steuer- und sozialversicherungsrechtlich relevanten Angaben des Mitarbeiters.

Beim erstmaligen Programmstart besteht die Möglichkeit, nach den Firmenstammdaten automatisch die Mitarbeiterdaten zu erfassen. Der „Mitarbeiter-Assistent" führt durch die acht Erfassungsdialoge. Wollen Sie zu einem späteren Zeitpunkt weitere Mitarbeiter neu anlegen, benutzen Sie die Menüfunktion „DATEI/NEU/MITARBEITER ..." bzw. die Tastenkombination „Strg+N". Stammdaten von bereits in Lexware lohn + gehalt/*plus* angelegten Mitarbeitern lassen sich mithilfe des Personal-Managers ändern. Der Aufruf des Personal-Managers ist über den Menüpfad „DATEI/PERSONAL-MANAGER ..." oder über das Anklicken der Option „Mitarbeiter" unter der Rubrik „Stammdaten" auf der Startseite möglich. Nach Auswahl der Funktion „DATEI/NEU/MITARBEITER ..." startet der Mitarbeiter-Assistent.

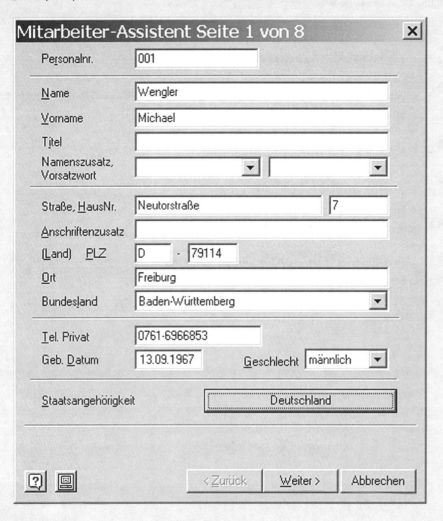

Personalnummer

Weisen Sie zunächst jedem Mitarbeiter eine eindeutige Personalnummer zu. Die Personalnummer wird auf allen mitarbeiterbezogenen Ausdrucken verwendet und kann nicht doppelt vergeben werden. Lexware lohn + gehalt/*plus* schlägt bei der Neuanlage eines Mitarbeiter-

So erfassen Sie die Personaldaten

stammsatzes eine Personalnummer vor, die um einen Zähler größer ist als die zuletzt vergebene Nummer.

> *Personalnummern sollten für die automatische Erweiterung entweder nur aus Ziffern bestehen oder, bei zusammengesetzten Schlüsseln (Zeichen + Ziffern), mit einer Ziffer enden. Beispiel: A-007.*

PRAXIS-TIPP

Namensangaben

Name	Wengler
Vorname	Michael
Titel	
Namenszusatz, Vorsatzwort	▼	▼

Auswahlliste

Erfassen Sie zunächst den Namen, Vornamen und ggf. den Titel des Mitarbeiters. Namenszusätze wie Graf, Freiherr und so genannte Namensvorsätze wie „von" oder „de" können aus den Auswahllisten gewählt werden. Die Namenszu- und -vorsätze sind Bestandteil der Meldungen an die Sozialversicherungsträger. Sowohl bei gedruckten als auch bei elektronischen Meldungen ist eine vorgeschriebene Reihenfolge für Namenserweiterungen einzuhalten. Dies wird durch die Auswahl der Namenszusätze automatisch durch Lexware lohn + gehalt/*plus* gewährleistet.

Anschrift

Für den Mitarbeiter anzugeben sind Straße, Hausnummer und ggf. Stockwerk, c/o etc. Beim Eintrag „Land" ist das Länderkennzeichen der Anschrift einzutragen – z. B. F für Frankreich oder CH für die Schweiz. Durch den Eintrag des Länderkennzeichens wird die Option „Bundesland" gelöscht und inaktiv gestellt. Eine Aufstellung der Länderkennzeichen findet sich im Lexware Ratgeber. Bei Neuanlage eines Personalstammsatzes wird der Ratgeber zusätzlich zum Erfassungsdialog für die Stammdaten dargestellt. Bei Auswahl des Feldes „Land" per Mausklick steht im Ratgeber die Option „Länderkennzeichen und Staatsangehörigkeitsschlüssel" zur Verfügung. Per Mausklick auf diese Option lässt sich die Liste der Länderschlüssel aufrufen. Öffnet sich der Ratgeber bei Erfassung der Mitarbeiterstammdaten nicht, lässt er sich durch Anklicken des Wortes „Land" mit der rechten Maustaste starten. Nach dem Start des Ratgebers ist dann das Eingabefeld „Land" mit der linken Maustaste auszuwählen. Handelt es sich um eine deutsche Anschrift, kann das Kennzeichen „D" erfasst werden, es ist jedoch nicht zwingend erforderlich.

Bundesland

Nach den Angaben zum Wohnort ist das Bundesland des Wohnsitzes festzulegen. Handelt es sich um einen Wohnsitz im Ausland, ist das Feld „Bundesland" inaktiv. Die Angabe zum

So erfassen Sie die Personaldaten

Bundesland steuert die Vorgaben für die Kirchensteuer und die Bemessungsgrenzen der Sozialversicherungen.

Für die Sozialversicherung ist das Bundesland maßgeblich in dem der Mitarbeiter seinen Wohnsitz hat. Wird beispielsweise ein Arbeitnehmer von seiner Firma mit Sitz in einem alten Bundesland nur zeitlich befristet in eine Filiale in den neuen Bundesländern entsandt, ist er sozialversicherungsrechtlich weiter nach den Bestimmungen der alten Bundesländer zu behandeln (das Prinzip der Ausstrahlung). Im umgekehrten Fall verhält es sich entsprechend. Außerdem ist für die Aufteilung des Beitrags in der Pflegeversicherung (PV) das Beschäftigungsland des Arbeitnehmers maßgebend.

Geburtsdatum/Geburtsdaten

Die Erfassung des Geburtsdatums eines Mitarbeiters ist ein Pflichteintrag. Lexware lohn + gehalt steuert anhand des Geburtsdatums den Altersentlastungsbetrag. Mitarbeiter, die das 64. Lebensjahr vollendet haben, können einen Steuerfreibetrag in Höhe von 1.908 € jährlich bei der Lohnsteuerermittlung geltend machen. Abhängig vom Geburtsdatum findet der Freibetrag automatisch Anwendung. Ein separater Eintrag des Altersentlastungsbetrags im Dialog 6 „Steuer" ist somit nicht mehr vorzunehmen. Außerdem prüft Lexware lohn + gehalt das Geburtsdatum und die Sozialversicherungsnummer quer; der mittlere Teil der SV-Nummer besteht aus dem Geburtsdatum.

Geschlecht/Staatsangehörigkeit

Die Angaben zum Geschlecht und zur Staatsangehörigkeit sind für das Meldewesen erforderlich. Bei Anmeldungen, Abmeldungen etc. ist stets der dreistellige Schlüssel der Staatsangehörigkeit anzugeben, der anhand der Eingabe vom System automatisch gebildet wird.

So erfassen Sie die Personaldaten

2.2 Organisatorische Einordnung des Mitarbeiters

Im zweiten Mitarbeiterdialog sind die firmenbezogenen Angaben zum Mitarbeiter zu erfassen. Neben Ein- bzw. Austrittsdaten können Sie in diesem Dialog die Betriebsstätte sowie Abteilung und Kostenstelle angeben.

Ein- und Austritt

Das Eintrittsdatum gehört zu den Pflichteingaben für jeden Mitarbeiter. Liegt das Ein- und/oder Austrittsdatum im aktuellen Abrechnungsmonat, wird nach dem Speichern der Mitarbeiterdaten automatisch eine Meldung zur Sozialversicherung (An- bzw. Abmeldung) generiert.

Vom Ein- bzw. Austrittsdatum hängt auch die anzuwendende Lohnsteuertabelle ab. Bei Ein- oder Austritt während des laufenden Monats verkürzt sich der Lohnzahlungszeitraum, es entsteht ein Teillohnzahlungszeitraum. Die Lohnsteuer ergibt sich in diesem Fall aus der Zahl der verbleibenden Kalendertage des Monats (Tagestabelle). Tritt der Arbeitnehmer beispielsweise zum 15. des Monats in die Firma ein, wird im ersten Abrechnungsmonat automatisch die Tageslohnsteuertabelle für die Ermittlung der Lohnsteuer herangezogen. Analoges gilt für den Austritt vor dem kalendarischen Monatsende.

So erfassen Sie die Personaldaten

> *Bei Teillohnzahlungszeiträumen zieht Lexware lohn + gehalt/plus zur Ermittlung der Lohnsteuer die Tageslohnsteuertabelle heran. Ein steuerrechtlicher Teillohnzahlungszeitraum entsteht jedoch nicht durch Fehlzeiten wie unbezahlten Urlaub, Kurzarbeit, Streik, Arbeitsunfähigkeit von mehr als sechs Wochen, Mutterschutz oder Erziehungsurlaub. Ein Teillohnzahlungszeitraum bewirkt auch eine Verringerung der monatlichen Sozialversicherungstage. Diese ergeben sich bei Ein- oder Austritt während des Kalendermonats entsprechend den Steuertagen.*

Lexware lohn + gehalt kürzt bei Teillohnzahlungszeiträumen automatisch die Bezüge entsprechend den Steuertagen. Die Kürzung der Bezüge hat nur Bedeutung für feste Zahlungen wie Gehalt oder vermögenswirksame Leistungen (VWL). Der anteilig gekürzte Betrag wird im Eingabedialog der Entgeltbestandteile über die Schaltfläche „Ansicht erweitern" dargestellt.

Bei einen Ein- / Austritt während des laufenden Kalenderjahres ist ein Lohnsteuer-Jahresausgleich nur eingeschränkt möglich. Liegt das Eintrittsdatum nach dem 1. Januar des laufenden Jahres, ist die Funktion Lohnsteuer-Jahresausgleich für diesen Mitarbeiter gesperrt.

> *Tritt ein Arbeitnehmer in die Firma ein und hatte bereits eine Vorbeschäftigung während des laufenden Kalenderjahres in einem anderen Unternehmen, sind die „Vorträge aus Fremdfirmen" zu pflegen. Diese Funktion steht nach der Erfassung der Stammdaten in der Einzelabrechnung zur Verfügung. Nach Auswahl des Mitarbeiters über die Menüfunktion „DATEI/MITARBEITER ÖFFNEN ..." und anschließender Auswahl der Entgelterfassung über den Menüpfad „BEARBEITEN/ABRECHUNG FÜR MONAT" lassen sich die Vorträge über die Menüfunktion „BEARBEITEN/VORTRÄGE/FREMDFIRMEN" pflegen.*

Austrittsgrund

Neben dem Austrittsdatum kann ein Austrittsgrund spezifiziert werden. Diese Angabe ist im Regelfall nicht erforderlich. Endet das Arbeitsverhältnis durch Kündigung, ist als Austrittsgrund „Kündigung Arbeitgeber", „Kündigung Arbeitnehmer" oder „Auflösungsvertrag" zu wählen. Ist der Arbeitnehmer verstorben, muss im Feld Austrittsgrund die Option „Tod" gewählt werden. Mit dieser Angabe wird auf der Sozialversicherungsmeldung automatisch der Meldegrund 49 – Abmeldung wegen Todes – vermerkt.

So erfassen Sie die Personaldaten

Tritt ein neu eingestellter Mitarbeiter seine Stelle nicht an und wurden bereits die Stammdaten gepflegt, ist die Option „Komplett-Storno" zu wählen. Dies bewirkt, dass die vom System automatisch erstellte Meldung zur Sozialversicherung storniert wird.

Wiedereintritt

Ausgeschiedene Mitarbeiter können in einem späteren Abrechnungszeitraum wieder aktiviert werden, ohne dass Sie die Mitarbeiterdaten neu anlegen müssen. Auch die Personalnummer kann beibehalten werden. Wiedereintritte während eines Abrechnungsmonats sind nicht möglich. Nach Vergabe eines Austrittsdatums und einem folgenden Monatswechsel erweitert sich der Eingabedialog in den Firmenstammdaten.

Eintritt	Austritt	Austrittsgrund
01.01.1999	31.01.2004	Auflösungsvertrag

(Persönliche Angaben | Firma | Status | Meldewesen | Kasse)

Beim Wiedereintritt eines Mitarbeiters erstellt Lexware lohn + gehalt automatisch eine Anmeldung zu den Sozialversicherungen. Nach Eingabe eines weiteren Eintrittsdatums wird die Steuerklasse auf VI geändert. Wichtig ist, dass Sie nach der Eingabe des (Wieder-)Eintrittsdatums den Dialog „Steuerkarte" prüfen.

Auch einen im Vorjahr ausgeschiedenen Mitarbeiter können Sie wieder eintreten lassen. Zur Eingabe des Wiedereintrittsdatums sind zunächst die Abrechnungsdaten des Vorjahres aufzurufen. Über die Menüfunktion „ANSICHT/VORJAHR" können Sie die Angaben zu einem Mitarbeiter in das vorangegangene Jahr umstellen. Anschließend sind die Abrechnungsdaten des Mitarbeiters über die Menüfunktion „DATEI/MITARBEITER ÖFFNEN ..." auszuwählen. Nach Auswahl des Mitarbeiters ist bei geöffneten Mitarbeiterdaten die Ansicht in das Folgejahr umzustellen – die Umstellung erfolgt über den Menüpfad „ANSICHT/FOLGEJAHR". Im Folgejahr lassen sich die Stammdaten über die Auswahl „BEARBEITEN/MITARBEITER ..." darstellen. Wählen Sie die Karte „Firma" und tragen das Wiedereintrittsdatum in der zweiten Zeile unter „Eintritt" ein.
Lexware lohn + gehalt/*plus* ermöglicht bis zu sieben Wiedereintritte pro Abrechnungsjahr. Es besteht allerdings keine Möglichkeit, einen Aus- und Wiedereintritt im gleichen Abrechnungsmonat zu erfassen.

> *Sollte der Mitarbeiter nach der Pflege des Austrittsdatums im Personal-Manager nicht mehr angezeigt werden, überprüfen Sie, ob die Option „Bereits ausgetretene Mitarbeiter berücksichtigen" gesetzt ist. Diese Option finden Sie im Personal-Manager unter dem Menüpfad „EXTRAS/OPTIONEN" auf der Karte „Allgemein". Den Personal-Manager öffnen Sie über den Menüpfad „DATEI/PERSONAL-MANAGER ...".*

Betriebsstätte, Abteilung, Kostenstelle

Ist der Beschäftigungsort nicht mit dem Ort der Durchführung der Lohnabrechnung identisch, muss dem Arbeitnehmer eine Betriebsstätte zugeordnet werden. Für die Durchführung des

So erfassen Sie die Personaldaten

Lohnsteuerabzugs ist der Ort der Lohnabrechnung maßgebend. Die Zuständigkeit in der Sozialversicherung richtet sich jedoch nach dem Beschäftigungsort.

Ist der Mitarbeiter in einer Außenstelle oder einer entfernt liegenden Betriebsstätte beschäftigt, muss ihm eine abweichende Betriebsstätte zugeordnet werden. Weitere Betriebsstätten wurden in der Regel bereits beim Anlegen der Firma eingerichtet (vgl. Firmendaten – Betriebsstätte). Ist die Betriebsstätte noch nicht angelegt, können Sie über die Schaltfläche „Neu …" in die Betriebsstättenverwaltung verzweigen. Alternativ haben Sie die Möglichkeit, über den Menüpfad „VERWALTUNG/BETRIEBSSTÄTTEN …" weitere Betriebsstätten im System anzulegen oder bestehende zu ändern. Diese Option steht jedoch nicht im Mitarbeiter-Assistenten zur Verfügung.

Abteilung/Kostenstelle

Jedem Mitarbeiter kann eine Abteilung und eine Kostenstelle zugewiesen werden. Ist die Abteilung oder die Kostenstelle im System noch nicht gepflegt, können Sie über die Schaltfläche „Neu …" in die Abteilungs- bzw. Kostenstellenverwaltung verzweigen. Alternativ haben Sie die Möglichkeit, Kostenstellen über die Menüfunktion „VERWALTUNG/KOSTENSTELLE …" anzulegen. Eine Aufteilung des Mitarbeiters auf mehrere Kostenstellen ist nicht möglich. Abteilungen lassen sich mit dem Personalmanager (DATEI/PERSONAL-MANAGER …) anlegen und ändern. Abteilungen und Kostenstellen sind Sortierkriterien im Abrechnungsassistenten.

PRAXIS-TIPP

Benötigen Sie keine Abteilung oder Kostenstelle, kann das Feld als eigenständiges Sortierkriterium für Mitarbeiter genutzt werden. Beispielsweise könnte das Feld „Abteilung" für die Einrichtung von Mitarbeiterkreisen – Angestellte, Azubi, Aushilfe etc. – genutzt werden.

Kostenstellen werden in der Buchungsliste aufgelistet und können bei Einsatz von Lexware financial office oder Lexware buchhalter über die Schnittstelle übergeben werden.

Bankverbindung/Zahlweg

Im Abschnitt Bankverbindung sind die Zahlungsart und die Bankverbindung des Arbeitnehmers einzutragen. Sollen die Lohnzahlungen per DTA-Diskette oder online erfolgen, muss in der Standard-Version die Option „Datenträger" gewählt werden. Unter Lexware lohn + gehalt *plus* steht zusätzlich die Option „Online" für Online-Banking zur Verfügung. Wird die Option „Online" gewählt, kann für den Zahlungsverkehr nur das Online-Banking-Modul von Lexware lohn + gehalt genutzt werden. Soll das Online-Banking-Programm der Hausbank für den Zahlungsverkehr genutzt werden, ist die Option „Datenträger" zu wählen. Ist der Mitarbeiter nicht selbst Inhaber des Kontos, wählen Sie zusätzlich die Option „Abweichender Kontoinhaber" und tragen den entsprechenden Namen ein.

So erfassen Sie die Personaldaten

Beim Datenträgeraustausch wird der Bank eine Diskette mit allen Zahlungsanweisungen eingereicht. Diese führt die Überweisungen durch. Zahlungen per DTA-Diskette sind in der Regel kostengünstiger als solche in Papierform.

2.3 Angaben zum Umfang der Beschäftigung (Status)

Im Status-Dialog legen Sie den Beschäftigungsstatus und die Umlagepflicht fest. Altersvollrentner sind in der Renten- und Arbeitslosenversicherung von Beiträgen zur Sozialversicherung befreit. Geringverdiener müssen bis zur Grenze von 325 € pro Monat keine Beiträge zu den Sozialversicherungen entrichten – beitragspflichtig hingegen ist der Arbeitgeber. Ist der Arbeitnehmer bei weiteren Unternehmen beschäftigt, kann das Entgelt in Ihrem Unternehmen beitragspflichtig oder bei Überschreitung der Jahresarbeitsentgeltgrenzen beitragsfrei sein. Eine Mehrfachbeschäftigung ist bei der Anmeldung des Mitarbeiters auf dem Meldeformular zu vermerken. Liegt das durchschnittliche Arbeitsentgelt zwischen 400,01 € und 800 € pro Monat, kann der Mitarbeiter die so genannte Gleitzonenregelung wählen. In der Gleitzone werden die Arbeitnehmer nur vermindert mit den Beiträgen zu den Sozialversicherungen belastet. Der Arbeitgeberanteil an den Sozialversicherungsbeiträgen bleibt unverändert.

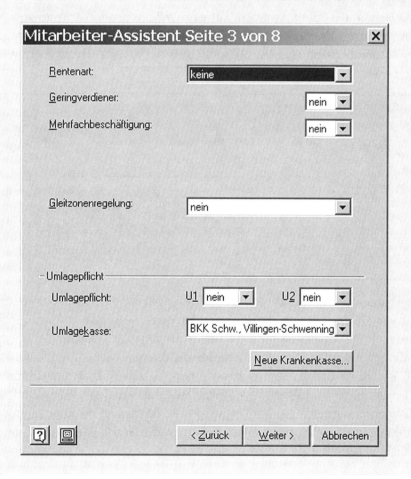

So erfassen Sie die Personaldaten

Rentenart

Soll ein Mitarbeiter angelegt werden, der bereits eine Rente bezieht, ist unter der Option „Rentenart" der entsprechende Rentenbezug anzugeben.

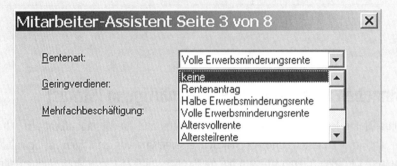

Der Rentenbezug hat Auswirkungen auf den Meldeschlüssel bzw. auf die Beitragspflicht zu den Sozialversicherungen. Altersvollrentner, die mehr als geringfügig beschäftigt sind, unterliegen beispielsweise nicht den Beiträgen zur Renten- und Arbeitslosenversicherung, der Arbeitgeberanteil ist jedoch auch für weiterbeschäftigte Rentner zu leisten. Der Arbeitgeber ist verpflichtet, seinen Anteil am Gesamtbeitrag zu ermitteln und der zuständigen Krankenkasse abzuführen. Durch Auswahl der Option „Altersvollrente" wird im Dialog 5 „Kassen" der Sozialversicherungsschlüssel 3-4-1-1 voreingestellt.

> **PRAXIS-TIPP**
>
> *Beachten Sie: Die Option „Rentenart" hat nur mittelbar etwas mit der Rentenversicherungspflicht des Mitarbeiters zu tun. Mit der Option „Rentenart" legen Sie nur fest, ob der Mitarbeiter bereits eine Altersvollrente, Altersteilrente, eine Hinterbliebenenrente etc. bezieht.*

Geringverdiener

Geringverdiener sind Auszubildende, deren Arbeitsentgelt unter der Sozialversicherungsfreigrenze von 325 € pro Monat liegt. In diesem Fall werden die Sozialversicherungsbeiträge nicht je zur Hälfte vom Arbeitgeber und Arbeitnehmer aufgebracht, sondern der Arbeitgeber trägt die vollen Beiträge allein. Für Auszubildende, deren monatliches Arbeitsentgelt über 325 € liegt, ist die Option „Geringverdiener – nein" zu wählen. Erhält der Auszubildende eine Einmalzahlung wie beispielsweise Weihnachtsgeld und wird durch die Einmalzahlung die Geringverdienergrenze überschritten, werden die Beiträge für den übersteigenden Teil von Lexware lohn + gehalt/*plus* automatisch je zur Hälfte für den Arbeitgeber und für den Arbeitnehmer berechnet.

So erfassen Sie die Personaldaten

Beachten Sie: Geringfügig Beschäftigte (Aushilfen) sind keine Geringverdiener. Die Geringverdienerregelung ist seit 01.04.1999 an den Status „Auszubildender" geknüpft.

Mehrfachbeschäftigung

BBG KV	BBG RV	BBG AV	BBG PV
3.487,50 EUR	5.150,00 EUR	5.150,00 EUR	3.487,50 EUR

Seit 01.04.2003 werden die Einkünfte aus allen mehr als geringfügigen Beschäftigungsverhältnissen zur Beurteilung der Sozialversicherungspflicht zusammengerechnet. Somit werden auch mehr als geringfügige Nebenbeschäftigungen mit einer Hauptbeschäftigungen zusammengerechnet. Hat der Arbeitnehmer neben der Beschäftigung in Ihrem Unternehmen eine weitere Beschäftigung und übersteigen die kumulierten Arbeitsentgelte aus allen Beschäftigungen die Beitragsbemessungsgrenzen, sind die Entgelte der weiteren Beschäftigungen für die Ermittlung der Beiträge in Ihrem Unternehmen zu berücksichtigen. Entsprechend dem anteiligen Arbeitsentgelt in Ihrem Unternehmen ist die Beitragsbemessungsgrenze (BBG) in der Kranken- (KV), Renten- (RV), Arbeitslosen- (AV) und Pflegeversicherung (PV) in der Tabelle anzupassen. Hat der Arbeitnehmer eine weitere Beschäftigung, aber die beiden Entgelte übersteigen zusammen nicht die Beitragsbemessungsgrenze, ist auf jedenfall die Option „Ja" bei Mehrfachbeschäftigung zu wählen. Dies bewirkt einen entsprechenden Ausweis auf der Anmeldung des Mitarbeiters bei seiner Krankenkasse.

Ist der Arbeitnehmer in allen Sozialversicherungszweigen versicherungsfrei (z. B. Beamte oder beherrschende Gesellschafter-Geschäftsführer einer GmbH) und hat dieser eine weitere geringfügige Beschäftigung, so ist bei Mehrfachbeschäftigung „nein" anzugeben, da nicht mehrere sozialversicherungspflichtige Beschäftigungsverhältnisse vorliegen.

Gleitzonenregelung

Mit dem zweiten Gesetz für moderne Dienstleistungen am Arbeitsmarkt wurde zum 01.04.2003 die sogenannte Gleitzonenregelung für den Niedriglohnbereich eingeführt. Die Gleitzonenregelung gilt für monatliche durchschnittliche Arbeitsentgelt zwischen 400,01 € und 800,00 €.

---

1 Beachten Sie: Mit der Neuregelung der geringfügigen Beschäftigung werden Minijobs bis 400 € pro Monat nicht mehr mit einer sozialversicherungspflichtigen Hauptbeschäftigung zusammengerechnet. Bestehen jedoch mehrere geringfügige Nebenbeschäftigungen neben einer sozialversicherungspflichtigen Hauptbeschäftigung, so ist die zweite und jede weitere geringfügige Nebenbeschäftigung mit der Hauptbeschäftigung zusammenzurechnen.

So erfassen Sie die Personaldaten

Innerhalb dieser Gleitzone werden die Arbeitnehmerbeiträge zu den Sozialversicherungen nicht über das tatsächliche Arbeitsentgelt, sondern über eine ermäßigte Basis ermittelt. Beim Arbeitgeberanteil ändert sich nichts. Dieser wird prozentual vom beitragspflichtigen Arbeitsentgelt errechnet. Ziel dieser Regelung ist es, den Arbeitnehmerbeitrag zu den Sozialversicherungen nach Überschreiten der 400-€-Grenze nur langsam von ca. 4 % auf ca. 21 % des Arbeitsentgeltes ansteigen zu lassen. Von der Gleitzonenregelung ausgenommen sind:

- Entgelte von Azubis und Praktikanten,
- durch Kurzarbeit oder Schlechtwettergeld ermäßigte Entgelte,
- Teilarbeitsentgelte, wenn die Beschäftigung nicht den gesamten Monat bestand,
- fiktive Entgelte für die Berechnung der Beiträge von behinderten Arbeitnehmern,
- Entgelte, die durch den Eintritt in die Altersteilzeit die Grenzen der Gleitzone erreichen.

Für die Ermittlung der Entgeltgrenze ist das durchschnittliche monatliche Arbeitsentgelt maßgebend. Soll die Gleitzonenregelung für den Mitarbeiter angewandt werden, ist die Option „Gleitzonenregelung: ja" zu wählen.

Gleitzone mit Option in RV

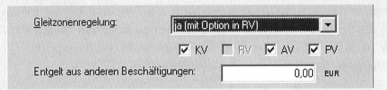

In der Rentenversicherung richtet sich die Höhe des Rentenanspruchs nach dem verbeitragten Entgelt bzw. den Rentenbeiträgen. Aufgrund der reduzierten Beitragspflicht zur Rentenversicherung aus der Gleitzonenregelung kommt es später zu geringeren Rentenansprüchen. Um eine Reduzierung der Rente zu vermeiden, kann der Arbeitnehmer dem Arbeitgeber schriftlich erklären, dass der Arbeitnehmerbeitrag zur Rentenversicherung aus dem ungekürzten beitragspflichtigen Arbeitsentgelt ermittelt werden soll. Die Erklärung bleibt für die Dauer der Beschäftigung bindend und gilt bei Mehrfachbeschäftigung für alle Arbeitgeber. Soll in der Rentenversicherung die Gleitzonenregelung nicht angewendet werden, ist die Option „Gleitzonenregelung: ja (mit Option in RV)" zu wählen.

Gleitzone bei Mehrfachbeschäftigung

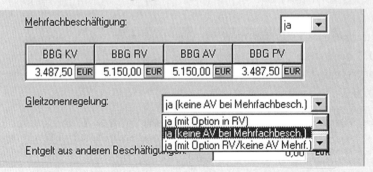

So erfassen Sie die Personaldaten

Die Optionen „Gleitzonenregelung: ja (keine AV bei Mehrfachbeschäftigung)" und „Gleitzonenregelung: ja (mit Option RV/keine AV bei Mehrfachbeschäftigung)" sind nur freigegeben, sofern die Option „Mehrfachbeschäftigung: ja" gewählt wurde. Die Anwendung der Gleitzonenregelung kann für jeden Zweig der Sozialversicherung (KV, RV, AV und PV) einzeln gesteuert werden. Sofern die Gleitzonenregelung angewendet werden soll, ist das entsprechende Feld zu markieren. Zusätzlich muss das monatliche Entgelt, das der Mitarbeiter in seinen anderen Beschäftigungsverhältnissen erhält, angegeben werden. Lexware lohn + gehalt prüft anhand dieser Angaben und des abgerechneten Entgelts, ob es sich um einen Gleitzonenfall handelt; falls das Gesamtentgelt innerhalb der Gleitzonengrenze liegt, erfolgt die Berechnung nach der Gleitzonenregelung, andernfalls nicht.

Werden mehrere versicherungspflichtige Beschäftigungen ausgeübt, sind die Bestimmungen zur Gleitzone in allen Beschäftigungen anzuwenden. Die Gleitzonenregelung kann jedoch nur angewendet werden, wenn jedem Arbeitgeber bei einer Mehrfachbeschäftigung die Summe aller Entgelte des Mitarbeiters bekannt ist. Für die Anwendung der Gleitzonenregelung ist das Arbeitsentgelt in Ihrem Unternehmen in Verhältnis zu den Entgelten, die der Mitarbeiter in anderen Unternehmen erzielt, zu setzen.

Ist der Arbeitnehmer mehrfach beschäftigt und liegt die Summe der Entgelte in der Gleitzone, kann die Option „Gleitzonenregelung: ja (keine AV bei Mehrfachbeschäftigung)" gewählt werden. Ist der Arbeitnehmer mehrfach beschäftigt und hat der Mitarbeiter zur Vermeidung einer geringeren Rente die volle Beitragspflicht in der Rentenversicherung gewählt, ist die Option „Gleitzonenregelung: ja (mit Option RV/keine AV bei Mehrfachbeschäftigung)" zu wählen. Das Feld „RV" ist zur Eingabe gesperrt. Zusätzlich ist das gesamte beitragspflichtige Entgelt des Arbeitnehmers bei anderen Unternehmen im Feld „Entgelt aus anderen Beschäftigungen" zu erfassen.

Umlagepflicht

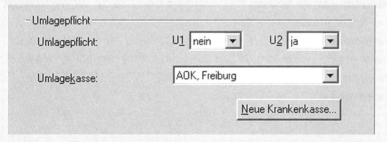

Die Umlagepflicht wird im Dialog 3 „Status" nur dann dargestellt, wenn das Unternehmen grundsätzlich am Umlageverfahren teilnimmt. Voraussetzung ist, dass unter den Firmenangaben im Dialog „Betriebsstätte" bei mindestens einer Krankenkasse unter U1 und/oder U2 ein Prozentsatz gewählt wurde.

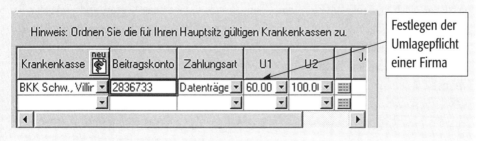

Festlegen der Umlagepflicht einer Firma

So erfassen Sie die Personaldaten

Unter den Mitarbeiterstammdaten geben Sie an, ob für den Arbeitnehmer Umlagen zu den Ausgleichskassen U1 und/oder U2 entrichtet werden sollen. Umlage U1 ist nur für gewerbliche Arbeiter, Auszubildende und Aushilfen möglich, nicht jedoch für Angestellte. Umlage U2 ist sowohl für Arbeiter als auch Angestellte zu entrichten, unabhängig vom Geschlecht. Das heißt, auch für männliche Arbeitnehmer ist U2-Umlage zu entrichten, wenn das Unternehmen die Voraussetzungen für die Teilnahme am Umlageverfahren erfüllt.

Umlagekasse

Unter Umlagekasse ist die Krankenkasse anzugeben, an die die Umlagebeiträge der Firma abgeführt werden, also die Firmenkrankenkasse (AOK, IKK), auch wenn der Mitarbeiter bei einer anderen Krankenkasse (z. B. DAK; TKK) oder privat versichert ist. Die Umlagekasse kann von der Firmenkrankenkasse abweichen, wenn der Mitarbeiter selbst bei einer Krankenkasse versichert ist, welche Umlagen entgegennimmt (z. B. eine BKK).

Beispiel

Firmenkrankenkasse IKK Freiburg
Mitarbeiter ist bei der AOK Freiburg versichert – diese nimmt auch Umlagen entgegen.

Die Umlagekrankenkasse für diesen Mitarbeiter ist abweichend von der Firmenkrankenkasse die AOK Freiburg.

> *Voraussetzung für die Auswahl der Umlage-Krankenkasse aus der Wertehilfe ist, dass in den Firmenangaben im Dialog „Betriebsstätte" bei der entsprechenden Krankenkasse „Erstattungsprozentsätze" gewählt wurde. Zusätzlich müssen bei dieser Kasse die Beitragssätze zur Umlage U1 und Umlage U2 gepflegt sein. Die Prüfung der Beitragssätze kann über die Menüfunktion „VERWALTUNG/KRANKENKASSEN ..." vorgenommen werden.*

2.4 Angaben für die Meldungen an die Sozialversicherungen

Im vierten Dialog „Meldewesen" müssen Sie alle Angaben, die für Meldungen an die Sozialversicherungsträger relevant sind, eintragen. Beispielsweise sind Beginn und Ende der Beschäftigung mit einer An- bzw. Abmeldung bei der zuständigen Krankenkasse anzugeben. Die Meldung erfolgt mittels des Formulars „Meldung zur Sozialversicherung". Die Angaben im Dialog weichen von den Eingaben in den vorhergehenden Dialogen ab. Um Fehleingaben zu vermeiden, sind die Felder zu Geburtsname, Geburtsort und EU-Sozialversicherung zunächst gesperrt. Sie werden freigegeben, wenn der Arbeitnehmer noch keinen Sozialversicherungsausweis besitzt (Option „SV-Nr. erstmalig beantragen") und aus einem europäischen Land

So erfassen Sie die Personaldaten

stammt. Die Angabe zur Herkunft wurden bereits im Dialog „Persönliche Angaben" mit der Schaltfläche „Staatsangehörigkeit" festgelegt. Das Programm prüft, ob es sich um ein europäisches Land handelt, und gibt ggf. die Angaben zum Geburtsland und die EU-SV-Nr. frei.

Sozialversicherungsnummer (SV-Nr.)

Seit 1999 muss für jeden Arbeitnehmer, der rentenversicherungspflichtig beschäftigt wird, ein Sozialversicherungsausweis ausgestellt werden. Rentenversicherungspflicht besteht auch dann, wenn der Arbeitgeber nur pauschale Beiträge zur Rentenversicherung entrichtet. Somit benötigen auch geringfügig beschäftigte Aushilfen einen Rentenversicherungsausweis mit einer Sozialversicherungsnummer.

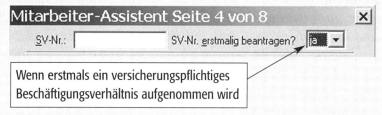

Wenn erstmals ein versicherungspflichtiges Beschäftigungsverhältnis aufgenommen wird

In das Feld „SV-Nr." ist die auf dem Sozialversicherungsausweis vermerkte Sozialversicherungsnummer einzutragen. Tritt ein Arbeitnehmer erstmalig ein Beschäftigungsverhältnis an und liegt aus diesem Grund noch keine Sozialversicherungsnummer vor, muss diese direkt mit der Anmeldung beantragt werden. In diesem Fall bleibt das Feld „SV-Nr." leer und im Auswahlfeld „SV-Nr. erstmalig beantragen" ist die Option „ja" zu wählen. Durch Auswahl die-

So erfassen Sie die Personaldaten

ser Option werden die Felder „Geb. Name", „Namenszusatz" und „Geburtsort" aktiviert. Hat der Arbeitnehmer einen Sozialversicherungsausweis, liegt dieser jedoch zum Zeitpunkt der Datenerfassung noch nicht vor, ist im Auswahlfeld „SV-Nr. erstmalig beantragen" die Option „nein" zu wählen.

Kann keine Sozialversicherungsnummer angegeben werden, sind der Geburtsname und der Geburtsort des Arbeitnehmers einzutragen. Namenszu- und -vorsätze sind nur dann einzutragen, wenn sie Bestandteil des Geburtsnamens sind. Ist der Geburtsname nicht bekannt, wird der Nachname des Mitarbeiters eingegeben. Ist der Mitarbeiter Staatsangehöriger eines EU-Landes, muss bei erstmaliger Beantragung einer Sozialversicherungsnummer außerdem das Geburtsland und die EU-Sozialversicherungsnummer angegeben werden, sofern diese bekannt ist. Diese Felder sind nur dann zur Eingabe freigeben, wenn bei Staatsangehörigkeit ein EU-Land ausgewählt wurde.

Angaben zur Tätigkeit

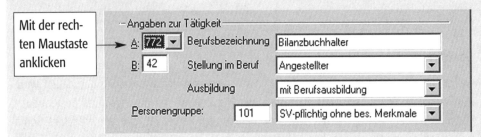

Geben Sie in diesem Feld die Art der Tätigkeit des Arbeitnehmers, seine Stellung im Beruf und seine Ausbildung mit Schlüsselzahlen an. Dieser so genannte Tätigkeitsschlüssel besteht aus zwei Bestandteilen, Teil A und Teil B. Teil A setzt sich aus drei Ziffern zusammen, welche die im Betrieb ausgeübte Tätigkeit des Arbeitnehmers angeben. Ist die dreistellige Schlüsselziffer bekannt, kann sie aus der Werthilfe ausgewählt werden. Ist der Schlüssel nicht bekannt, lässt sich der Tätigkeitsschlüssel über den Ratgeber von Lexware lohn + gehalt ermitteln. Beim Erfassen der Mitarbeiterdaten mit dem Mitarbeiter-Assistenten wird der Ratgeber in einem zusätzlichen Dialog dargestellt. Wurde der Dialog geschlossen, lässt sich durch Anklicken des Satzes „Angaben zur Tätigkeit" mit der rechten Maustaste der Ratgeber bzw. der Tätigkeitsschlüssel aufrufen. Alternativ haben Sie die Möglichkeit, den Ratgeber über den Menüpfad „?/Ratgeber" zu starten. Mit der Volltextsuche können Sie nach dem Schlüsselwort „Tätigkeitsschlüssel" suchen.

So erfassen Sie die Personaldaten

Schlüssel B lässt sich über die Auswahllisten „Stellung im Beruf" und „Ausbildung" bilden. Nach Auswahl der entsprechenden Optionen wird der Schlüssel automatisch generiert. Ist der Tätigkeitsschlüssel B bekannt, kann dieser direkt im Feld „B:" eingetragen werden.

Berufsbezeichnung

Die Berufsbezeichnung dient neben dem Tätigkeitsschlüssel A zur genaueren Verifizierung der Tätigkeit des Arbeitnehmers. Die Berufsbezeichnung wird bei der „Meldung zur Sozialversicherung" berücksichtigt und ist aus diesem Grund eine Pflichteingabe. Die Berufsbezeichnung unterliegt keiner weiteren Prüfung. Somit ist eine firmeninterne Bezeichnung wie z. B. Abteilungsleiter Einkauf oder Key Account Manager möglich.

Personengruppe

Mit der geänderten Daten-Erfassungs- und Übermittlungs-Verordnung (DEÜV) wurde ein so genannter Personengruppenschlüssel eingeführt, der alle Arbeitnehmer in 22 Personengruppen einteilt. Im Regelfall tragen Sie den Gruppenschlüssel 101 ein. Dieser Schlüssel gilt für Beschäftigte, die kranken-, pflege-, renten- und arbeitslosenversicherungspflichtig sind. Dazu zählen in der Regel alle Arbeiter und Angestellten. Erfüllt der Arbeitnehmer eine zusätzliche Eigenschaft, z. B. Arbeiter und Auszubildender, so ist der höhere Personengruppenschlüssel zu wählen – im Beispiel 102 Auszubildender.

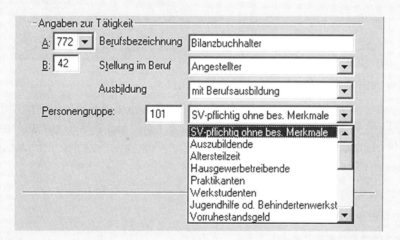

Ist Ihnen der Personengruppenschlüssel bekannt, können Sie ihn direkt im Feld „Personengruppe" eintragen. Kennen Sie ihn nicht, wird nach Auswahl der Art des Mitarbeiters der zugehörige Personengruppenschlüssel eingestellt.

2.5 Beitragspflicht zu den Sozialversicherungen

Im Dialog 5 – Kasse - bestimmen Sie die Sozialversicherungspflicht des Arbeitnehmers und die Krankenkasse, an welche die Beiträge überwiesen werden. Die Beitragspflicht zur Kranken-, Renten-, Arbeitslosen- und Pflegeversicherung hängt vom Umfang der Beschäftigung und vom Status des Arbeitnehmers ab. Aufgrund der bisher vorgenommenen Eingaben schlägt das System einen Schlüssel für die Beitragspflicht des Arbeitnehmers vor.

So erfassen Sie die Personaldaten

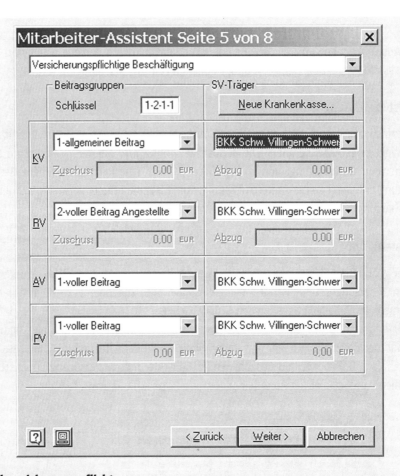

Sozialversicherungspflicht

Die Sozialversicherungspflicht, das heißt die Pflichtmitgliedschaft in der gesetzlichen Kranken-, Pflege-, Renten- und Arbeitslosenversicherung, hängt vom Umfang der Beschäftigung des Arbeitnehmers ab. Grundsätzlich lassen sich folgende Arten von Beschäftigungsverhältnissen unterscheiden:

- sozialversicherungspflichtige Beschäftigung,
- sozialversicherungsfreie Beschäftigung,
- geringfügige Beschäftigung,
- kurzfristige Beschäftigung.

Entsprechend dieser Einteilung wählen Sie im ersten Schritt zunächst die grundsätzliche Beitragspflicht des Arbeitnehmers.

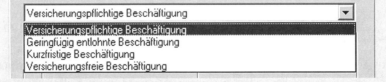

Sozialversicherungspflichtig sind alle Arbeitnehmer, bei denen nicht die Voraussetzungen einer geringfügigen oder kurzfristigen Beschäftigung erfüllt sind. Beitragsfrei (versicherungsfrei) in den Sozialversicherungen ist eine Beschäftigung, wenn der Arbeitnehmer durch sei-

So erfassen Sie die Personaldaten

nen Status kein Pflichtmitglied in der gesetzlichen Sozialversicherung ist. Beispiel für eine versicherungsfreie Beschäftigung ist ein beherrschender Gesellschafter-Geschäftsführer einer GmbH.

Abhängig von der gewählten Sozialversicherungspflicht wird der sogenannte Beitragsgruppenschlüssel und damit die Beitragspflicht zur Kranken-, Renten-, Arbeitslosen- und Pflegeversicherung vorgeschlagen. Weicht die Beitragspflicht von der Voreinstellung ab, kann der Schlüssel direkt eingegeben oder über die Wertehilfe unter KV, RV, AV, PV gebildet werden.

2.5.1 Sozialversicherungspflichtige Beschäftigung

Die Beitragspflicht zur Kranken-, Renten-, Arbeitslosen- und Pflegeversicherung wird über den Beitragsgruppenschlüssel festgelegt. Er ist Bestandteil jeder Meldung an die Krankenkasse. Außerdem wird durch den Schlüssel bestimmt, an welchen Versicherungsträger – Bundesversicherungsanstalt für Angestellte (BfA) oder Landesversicherung der Arbeiter (LVA) – die Beiträge zur Rentenversicherung fließen.

Ist Ihnen der Schlüssel bekannt, können Sie ihn sofort im Feld „Schlüssel" unter Beitragsgruppe eintragen. Kennen Sie den Beitragsgruppenschlüssel nicht, besteht die Möglichkeit, ihn über die Auswahlfelder unter KV, RV, AV und PV zu bilden.

Krankenversicherung (KV)

Kein Beitrag

Die Option „0-kein Beitrag" ist zu wählen, wenn der Arbeitnehmer zwar sozialversicherungspflichtig beschäftigt wird, jedoch keine Beiträge zur Krankenversicherung entrichtet werden müssen. Ein Beispiel sind Werkstudenten, die zwar der Sozialversicherungspflicht unterliegen, für die jedoch nur der volle Beitrag zur Rentenversicherung entrichtet werden muss[2].

Allgemeiner/erhöhter/ermäßigter Beitrag

Für Arbeitnehmer, die versicherungspflichtig sind und deren laufendes Arbeitsentgelt unter der Beitragsbemessungsgrenze liegt, ist der allgemeine Beitrag zur Krankenversicherung zu entrichten. Der erhöhte bzw. ermäßigte Beitrag ist zu wählen, wenn der Arbeitnehmer keinen Anspruch auf 42 Tage Lohnfortzahlung bzw. keinen Anspruch auf Krankengeld (z. B. Rent-

---

[2] Voraussetzung ist, dass die versicherungsrechtlichen Grenzen für das studentische Arbeitsverhältnis eingehalten sind.

So erfassen Sie die Personaldaten

ner) hat. Besteht kein Anspruch auf Lohnfortzahlung durch den Arbeitgeber, muss die Krankenkasse ab dem ersten Krankheitstag Krankengeld bezahlen. In diesem Fall ist unter KV die Option „erhöhter Beitrag" zu wählen (z. B. Heimarbeiter). Für Arbeitnehmer ohne Anspruch auf Krankengeld von der Krankenkasse ist der Beitrag gegenüber dem „allgemeinen Beitrag" ermäßigt. Entsprechend ist für die Krankenversicherung „ermäßigter Beitrag" auszuwählen.

Freiwillig Versicherte

Lag das laufende Arbeitsentgelt eines Arbeitnehmers 2003 über 45.900 € und liegt es voraussichtlich im Jahr 2004 über 46.350 €, so kann er sich privat krankenversichern oder als freiwilliges Mitglied in einer gesetzlichen Krankenkasse verbleiben. Die Grenze von jährlich 46.350 € bzw. monatlich 3.862,50 € wird als Pflichtversicherungsgrenze bezeichnet. Verbleibt ein Arbeitnehmer trotz Überschreiten der Pflichtversicherungsgrenze in einer gesetzlichen Krankenkasse (z B. AOK), ist er freiwilliges Mitglied dieser Kasse. Bei freiwilliger Mitgliedschaft in der gesetzlichen Krankenversicherung kann zwischen „nur Zuschuss" und „mit Abzug" gewählt werden. Die Option „0-freiwillig versichert (nur Zuschuss)" ist zu wählen, wenn der Arbeitnehmer den Beitrag selbst an die Krankenkasse überweist und den halben Krankenversicherungsbeitrag vom Arbeitgeber als Zuschuss erhält. Der Arbeitgeberzuschuss ist auszurechnen und im Feld „Zuschuss" einzutragen.

Die Option „9-freiwillig versichert (mit Abzug)" ist zu wählen, wenn der Arbeitgeber den Arbeitnehmer- und Arbeitgeberanteil direkt an die gesetzliche Krankenkasse entrichtet. Dies ist der Krankenkasse mit dem Beitragsgruppenschlüssel 9 für Firmenzahler zu melden. Außerdem ist im Feld „Zuschuss" der Arbeitgeberanteil zur freiwilligen KV und im Feld „Abzug" der monatliche Gesamtbeitrag (Arbeitgeber- und Arbeitnehmeranteil) einzutragen.

Die Eingabefelder „Zuschuss" und „Abzug" werden erst nach Auswahl der Option „freiwillig versichert" bzw. „privat" freigegeben. Im Feld „Zuschuss" ist der Arbeitgeberanteil zur freiwilligen oder privaten Krankenversicherung einzutragen. Unter „Abzug" ist der kumulierte Arbeitgeber- und Arbeitnehmeranteil festzulegen. Die Einträge aus dem Dialog „Kasse" werden automatisch auf den monatlichen Beitragsnachweis in das Feld „Beiträge für freiwillig Krankenversicherte" übernommen.

So erfassen Sie die Personaldaten

Bei Änderungen der Beitragssätze der gesetzlichen Krankenkassen ist immer auch der Zuschuss bzw. Überweisungsbetrag in den Stammdaten der freiwillig versicherten Mitarbeiter anzupassen.

AG-Beitrag 11 %

Diese Option ist für geringfügig mehrfach nebenbeschäftigte Mitarbeiter (Aushilfen), die zusätzlich einer Hauptbeschäftigung mit einem Arbeitsentgelt über 46.350 € pro Jahr nachgeben.

Seit dem 01.04.2003 wird die erste geringfügig entlohnte Nebenbeschäftigung mit einer Hauptbeschäftigung nicht mehr zusammengerechnet. Hat ein Arbeitnehmer eine zweite oder weitere geringfügige Nebenbeschäftigungen, sind diese mit der sozialversicherungspflichtigen Hauptbeschäftigung zusammenzurechnen. Ist der Arbeitnehmer in der Hauptbeschäftigung wegen Überschreitung der Jahresentgeltgrenze (45.900 €) krankenversicherungsfrei und in einer gesetzlichen Krankenversicherung freiwillig versichert, so ist die zweite geringfügige (Neben-)Beschäftigung zwar grundsätzlich versicherungspflichtig, der Arbeitgeber muss jedoch nur den pauschalen AG-Beitrag von zehn Prozent zur Krankenversicherung entrichten. In der Renten-, Arbeitslosen- und Pflegeversicherung besteht keine Beitragspflicht. Für diesen Spezialfall, einer zweiten geringfügigen Nebenbeschäftigung mit einer freiwillig versicherten Hauptbeschäftigung, ist die Option „6-AG-Beitrag 11 %" zu wählen. Als Krankenkasse ist die Bundesknappschaft in Essen (BKnapp, Essen) zu wählen.

Landwirtschaftliche Krankenversicherung

Hauptberuflich mitarbeitende Familienangehörige, die in einem landwirtschaftlichen Unternehmen mitarbeiten, sind mit dem KV-Schlüssel 4 bei der Landwirtschaftlichen Krankenkasse anzumelden. Für mitarbeitende Familienangehörige ist die Option „4-versichert in landwirtschaftlicher KV" zu wählen. Selbstständige Landwirte, die eine auf höchstens 26 Wochen befristete nebenberufliche, unselbstständige Tätigkeit aufnehmen, bleiben unabhängig von der wöchentlichen Stundenzahl und dem erzielten Bruttoarbeitsentgelt Mitglieder der Landwirtschaftlichen Krankenkasse. Entsprechend ist die Option „5-AG Beitrag zur landwirtschaftlichen KV" zu wählen, wenn nur der Arbeitgeberanteil zur landwirtschaftlichen Krankenkasse entrichtet wird.

Privat

Arbeitnehmer, deren voraussichtliches Jahresarbeitsentgelt in 2004 über 46.350 € liegt oder die bereits vor 2003 privat krankenversichert waren und in 2004 voraussichtlich über 41.850 € Jahresarbeitsentgelt erhalten, können sich bei einem privatwirtschaftlichen Versicherungsunternehmen krankenversichern. Der Arbeitgeber ist verpflichtet, einen Zuschuss bis zur Hälfte der Versicherungsprämie zu gewähren. Der Arbeitgeberzuschuss ist jedoch in 2004 auf den Höchstbetrag von 249,36 € monatlich beschränkt.

Ist der Arbeitnehmer privat krankenversichert, wählen Sie die Option „0-privat" und tragen den Zuschuss des Arbeitgebers im Feld „Zuschuss" ein.

So erfassen Sie die Personaldaten

Rentenversicherung (RV)

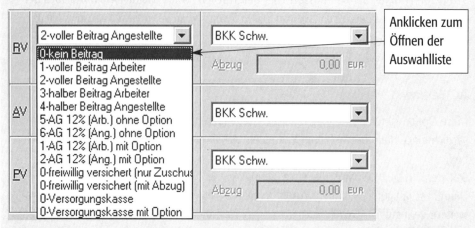

Die Rentenversicherung ist eine gesetzliche Pflichtversicherung für sämtliche abhängig beschäftigten Arbeitnehmer. Aufgrund der Historie der Rentenversicherung gibt es heute zwei Rentenversicherungsträger – die Landesversicherungsanstalten für Arbeiter (LVA) und die Bundesversicherungsanstalt für Angestellte (BfA). Für sozialversicherungspflichtige Arbeitnehmer ohne besonderen Status ist in der Auswahlbox „RV" die Option „1-voller Beitrag Arbeiter" bzw. „2-voller Beitrag Angestellte" zu wählen. Den Beitrag zur Rentenversicherung teilen sich Arbeitgeber und Arbeitnehmer je zur Hälfte. Die Beitragsermittlung sowie die Halbteilung zwischen Arbeitgeber und Arbeitnehmer bis zur Beitragsbemessungsgrenze führt Lexware lohn + gehalt bzw. Lexware lohn + gehalt *plus* automatisch durch.

Halber Beitrag

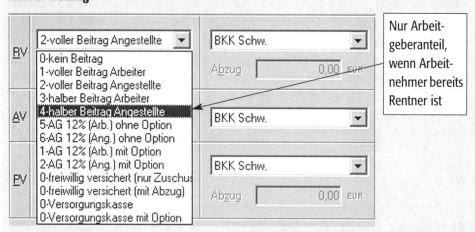

Der Bezieher einer Altersvollrente ist von Beiträgen zur Rentenversicherung befreit. Soll ein Arbeitnehmer, der bereits eine Altersvollrente bezieht, beschäftigt werden, so ist zwar von Beiträgen zur Rentenversicherung befreit, der Arbeitgeber ist jedoch mit seiner Hälfte beitragspflichtig. Das Gleiche gilt, wenn ein Arbeitnehmer über das 65. Lebensjahr hinaus weiter beschäftigt wird. Wählen Sie für einen Arbeiter die Option „3-halber Beitrag Arbeiter" bzw. für einen Angestellten „4-halber Beitrag Angestellte".

So erfassen Sie die Personaldaten

Kein Beitrag

Ist der Arbeitnehmer nicht rentenversicherungspflichtig, muss die Option „0-kein Beitrag" gewählt werden. Ein Beispiel für einen RV-freien Arbeitnehmer ist der beherrschende Gesellschafter-Geschäftsführer einer GmbH oder Bezieher von Versorgungsbezügen.

AG – 12 % (Arb.) ohne Option/AG – 12 % (Ang.) ohne Option

Ein weiterer Spezialfall ist aus der seit 01.04.1999 geltenden Regelung für geringfügig Beschäftigte entstanden. Für Arbeitnehmer, die das 64. Lebensjahr vollendet haben, ist in der Rentenversicherung nur noch der Arbeitgeberanteil zu entrichten. Übt dieser Arbeitnehmer mehrere geringfügige Nebenbeschäftigungen aus, ist die zweite und jede weitere geringfügige Beschäftigung mit der Hauptbeschäftigung zusammenzurechnen. Die Spitzenverbände der Sozialversicherung hatten sich darauf geeinigt, dass statt des halben normalen Beitrags für die geringfügige Beschäftigung der pauschale Beitrag von zwölf Prozent zu entrichten ist. Abhängig vom Status des Arbeitnehmers ist dieser dann an die LVA (für Arbeiter) bzw. an die BfA (für Angestellte) zu entrichten. Entsprechend ist die Option „5-AG 12 % (Arb.) ohne Option" bzw. „6-AG 12 % (Ang.) ohne Option" zu wählen.

AG – 12 % (Arb.) mit Option/AG – 12 % (Ang.) mit Option

Zusätzlich zum pauschalen Arbeitgeberbeitrag kann der mehrfach geringfügig beschäftigte Altersrentner die Aufstockung seiner Beiträge in der Rentenversicherung auf den vollen Beitragssatz von 19,5 % wählen. Die Differenz zwischen dem pauschalen Arbeitgeberanteil (12 %) und dem vollen Beitrag (7,5 %) trägt der Arbeitnehmer selbst. Wählt der Arbeitnehmer die Aufstockung, ist entsprechend seinem Versicherungsstatus die Option „1-AG 12 % (Arb.) mit Option" für Arbeiter bzw. „2-AG 12 % (Ang.) mit Option" für angestellte Aushilfen zu wählen.

Freiwillig versichert (nur Zuschuss)/freiwillig versichert (mit Abzug)

Für Mitarbeiter, die am 31.12.1991 von der Rentenversicherungspflicht befreit worden sind, kann über die Option „0-freiwillig versichert (nur Zuschuss)" ein Arbeitgeberzuschuss erfasst werden. Überweist der Arbeitgeber den Gesamtbeitrag der freiwilligen Rentenversicherung an den zuständigen Rentenversicherungsträger, ist die Option „1-freiwillig versichert (mit Abzug)" zu wählen. Anschließend ist in die Eingabefelder „Zuschuss" bzw. „Abzug" der Arbeitgeberzuschuss bzw. der kumulierte Arbeitgeber- und Arbeitnehmeranteil einzutragen.

Versorgungskasse

Träger des Versorgungswerks muss als Krankenkasse angelegt sein

So erfassen Sie die Personaldaten

Berufsständische Vereinigungen wie die Architekten- oder die Apothekerkammer haben ein eigenes Versorgungswerk. In diesem Versorgungswerk können sich Mitglieder des Berufstandes rentenversichern.

In Lexware lohn + gehalt bzw. Lexware lohn + gehalt *plus* kann die Überweisung der Beiträge z. B. an die Apothekerkammer so gelöst werden, dass die Kammer als „Krankenkasse" angelegt wird. Beim Mitarbeiter ist unter RV die Option „0-Versorgungskasse" zu wählen. Nach Auswahl der Option wird das Feld „Mitgl.-Nr." freigegeben. Die Mitgliedsnummer des Mitarbeiters wird auf der Beitragsabrechnung ausgewiesen, die Sie dann direkt dem Versorgungswerk einreichen können.

> **PRAXIS-TIPP**
> *Als Beitragssätze für die Krankenkasse können fiktive Werte, z. B. allgemein 10 %, erhöht 15 %, ermäßigt 8 %, hinterlegt werden.*

Achten Sie darauf, dass Sie nur bei der Rentenversicherung (RV) als „Krankenkasse" die Ärzte- oder Apothekerkammer auswählen. Bei der Krankenversicherung (KV), Arbeitslosenversicherung (AV) und der Pflegeversicherung (PV) ist eine der angelegten gesetzlichen Kassen zu wählen.

Versorgungskasse mit Option

Diese Auswahlmöglichkeit betrifft geringfügig Beschäftigte, die in der Hauptbeschäftigung in einem Versorgungswerk rentenversichert sind. Soll ein bei einem Versorgungswerk versicherter Arbeitnehmer geringfügig nebenbeschäftigt werden und gehört das Unternehmen ebenfalls dem Versorgungswerk an und nutzt der Mitarbeiter sein Optionsrecht zur Aufstockung in der Rentenversicherung auf 19,5 %, so ist die Option „0-Versorgungskasse mit Option" zu wählen. Diese Option ist nur noch für einschließlich dem Abrechnungsmonat März 2003 gültig.

Arbeitslosenversicherung (AV)

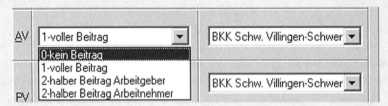

Voller Beitrag

Die Arbeitslosenversicherung ist wie die Rentenversicherung eine gesetzliche Pflichtversicherung für alle Arbeitnehmer. Die Beiträge zur Bundesanstalt für Arbeit (BA) teilen sich Arbeitgeber und Arbeitnehmer je zur Hälfte. Wie bei der Rentenversicherung gibt es jedoch auch bei der Arbeitslosenversicherung Ausnahmen von der Versicherungspflicht und/oder dem Halbteilungsgrundsatz. Alle Arbeitnehmer, die nicht unter eine Ausnahme fallen, sind im Beitragsgruppenschlüssel mit der Ziffer „1-voller Beitrag" im Feld AV (dritte Stelle) des Beitragsgruppenschlüssels zu pflegen.

So erfassen Sie die Personaldaten

Kein Beitrag

Wird ein Studierender voraussichtlich weniger als 20 Stunden pro Woche oder kürzer als zwei Monate arbeiten, wählen Sie im Beitragsgruppenschlüssel die Option „0-kein Beitrag" bzw. als dritte Stelle des Beitragsgruppenschlüssels die 0. Arbeitnehmer, die neben einer versicherungspflichtigen Hauptbeschäftigung mehrere geringfügige Nebenbeschäftigung ausüben, sind in den Nebentätigkeiten von der Arbeitslosenversicherung befreit.

> *Die Option „0-kein Beitrag" ist bei einer „versicherungspflichtigen Beschäftigung" immer dann zu wählen, wenn der Arbeitnehmer einschließlich des Umfangs der Beschäftigung eigentlich sozialversicherungpflichtig ist. Wird durch den Status des Beschäftigten – z. B. Praktikant – eine Versicherungsfreiheit begründet, ist die Option „0-kein Beitrag" zu wählen.*

PRAXIS-TIPP

Halber Beitrag Arbeitgeber

Arbeitnehmer, die das 64. Lebensjahr vollendet haben (Altersvollrentner) oder eine Erwerbsunfähigkeitsrente beziehen, sind von Beiträgen zur Arbeitslosenversicherung befreit. Der Arbeitgeber muss jedoch, wie bei der Rentenversicherung, seinen Beitragsanteil zur Arbeitslosenversicherung an die Bundesanstalt für Arbeit abführen. Beschäftigte über 65 Jahre und Bezieher einer Erwerbsunfähigkeitsrente sind bei der dritten Stelle des Beitragsgruppenschlüssels mit der Ziffer 2 zu schlüsseln. Wählen Sie unter AV die Option „2-halber Beitrag Arbeitgeber".

Halber Beitrag Arbeitnehmer

Eine besondere Regelung gilt für Arbeitnehmer, die das 55. Lebensjahr vollendet haben und aus der Arbeitslosigkeit heraus neu eingestellt werden. Entsprechend § 421k SGB III entfällt der Arbeitgeberanteil zur Arbeitslosenversicherung für Arbeitnehmer, die 55 Jahre oder älter sind und aus einer Arbeitslosigkeit nach dem 31.12.2002 neu eingestellt werden. Ist die Beschäftigung mehr als geringfügig, unterliegt sie der vollen Beitragspflicht zu allen Sozialversicherungen. Für diesen Personenkreis ist die Option „2-halber Beitrag Arbeitnehmer" zu pflegen.

> *Der halbe Beitrag, den der Arbeitnehmer alleine trägt, lässt sich auch in Fällen der Gleitzone – zwischen 400,01 € und 800 € durchschnittliches monatliches Arbeitsentgelt – anwenden.*

PRAXIS-TIPP

Pflegeversicherung (PV)

So erfassen Sie die Personaldaten

Voller Beitrag

Die Pflegeversicherung ist seit 01.01.1999 in den Beitragsgruppenschlüssel integriert. Die Beitragsgruppen entsprechen weitgehend denen der Krankenversicherung. Ist der Arbeitnehmer Pflichtmitglied in der gesetzlichen Krankenversicherung, unterliegt er dem vollen Beitrag in der Pflegeversicherung. Entsprechend ist in der vierten Stelle des Beitragsgruppenschlüssels die Ziffer 1 zu pflegen oder unter PV die Option „1-voller Beitrag" zu wählen.

Halber Beitrag

Arbeitnehmer, die nach beamtenrechtlichen Vorschriften Anspruch auf Beihilfe oder Heilfürsorge haben, müssen nur den „halben normalen" Beitrag zur Pflegeversicherung entrichten. Hierzu zählen nach § 20 Abs. 3 Sozialgesetzbuch XI (SGB XI) Beamte, Richter, Soldaten sowie Bezieher von Vorruhestandsgeld. Für diesen Personenkreis ist die Option „2-halber Beitrag" zu wählen bzw. im Beitragsgruppenschlüssel die Ziffer 2 an der vierten Stelle zu pflegen.

Freiwillig Versicherte

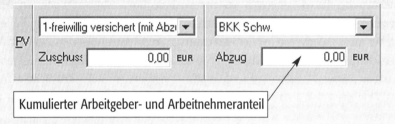

Kumulierter Arbeitgeber- und Arbeitnehmeranteil

Im Feld „PV" des Beitragsgruppenschlüssels ist die Schlüsselziffer 1 bzw. 0 einzutragen, wenn der Arbeitnehmer freiwilliges Mitglied in einer der gesetzlichen Krankenversicherungen ist (siehe Krankenversicherung KV). Hierbei ist zu unterscheiden, ob der Arbeitnehmer die freiwilligen Beiträge selbst entrichtet und der Arbeitgeber lediglich einen Zuschuss bezahlt – „0-freiwillig versichert (nur Zuschuss)" – oder ob der Arbeitgeber den Gesamtbeitrag zusammen mit seinem Zuschuss der Krankenkasse anweist – „1-freiwillig versichert (mit Abzug)". Tragen Sie nach Auswahl der Option in den Eingabefeldern „Zuschuss" den Arbeitgeberzuschuss und im Feld „Abzug" den kumulierten Arbeitgeber- und Arbeitnehmeranteil ein. Der Zuschuss bzw. der Abzugsbetrag ist manuell zu ermitteln. Er ergibt sich aus 0,85 % der Beitragsbemessungsgrenze (Zuschuss) bzw. 1,7 % der Beitragsbemessungsgrenze (Abzug).

PV-Pflicht ohne Beitrag

Mit der bis 31.03.2003 geltenden Regelung für geringfügig Beschäftigte besteht eine weitere Ausnahme zur vollen Beitragspflicht in der Pflegeversicherung. Arbeitnehmer, deren Entgelt in einer Hauptbeschäftigung über der Pflichtversicherungsgrenze von 46.350 € pro Jahr liegt und die freiwilliges Mitglied in der gesetzlichen Krankenversicherung sind, unterliegen in einer zweiten geringfügigen Nebenbeschäftigung dem vollen Beitrag zur Pflegeversicherung. Durch die Zusammenrechnung von Haupt- und Nebenbeschäftigung ist die Beitragsbemessungsgrenze für die Pflegeversicherung jedoch überschritten, und somit wird für die geringfügige Nebenbeschäftigung kein Beitrag zur PV erhoben (1-PV-Pflicht ohne Beitrag). Diese Option ist nur bis einschließlich dem Abrechnungsmonat März 2003 gültig.

So erfassen Sie die Personaldaten

Halbe PV-Pflicht ohne Beitrag

Wird die geringfügige Nebenbeschäftigung von einem Arbeitnehmer mit Anspruch auf Versorgungsbezüge ausgeübt (z. B. Beamte), ist nur der halbe normale Beitrag (0,85 %) zur Pflegeversicherung zu erheben. Wird in der Hauptbeschäftigung dieses Arbeitnehmers die Beitragsbemessungsgrenze bereits überschritten, sind für Nebenbeschäftigungen keine Beiträge zur PV mehr zu entrichten, obwohl der Mitarbeiter PV-pflichtig ist. In diesem Fall ist die Option „2-halbe PV-Pflicht ohne Beitrag" zu wählen. Diese Option ist nur bis einschließlich dem Abrechnungsmonat März 2003 gültig.

Privat

Hatte der Arbeitnehmer vor Einführung der gesetzlichen Pflegeversicherung 1995 bereits eine private Pflegeversicherung und führt diese seither fort, ist die Option „0-privat" in der Auswahl „PV" zu wählen oder der Beitragsgruppenschlüssel 0 an der vierten Stelle des Beitragsgruppenschlüssels einzugeben.

Kein Beitrag

Für Arbeitnehmer, die kraft Gesetzes nicht sozialversicherungspflichtig sind – z. B. Nebenerwerbslandwirte –, ist kein Beitrag zur Pflegeversicherung zu ermitteln. Entsprechend ist im Beitragsgruppenschlüssel unter PV die Ziffer 0 einzutragen oder die Option „kein Beitrag" in der Auswahlbox unter PV zu wählen.

SV-Träger

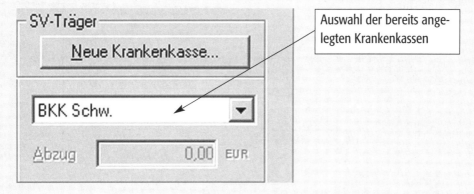

Auswahl der bereits angelegten Krankenkassen

Neben dem Beitragsgruppenschlüssel ist natürlich auch die Frage wichtig, an welche Krankenkasse die Beiträge gemeldet und abgeführt werden müssen. Ist die Krankenkasse des Mitarbeiters bereits in der Liste der Kassen vorhanden, kann sie aus der Wertehilfe in der Spalte „SV-Träger" gewählt werden. Andernfalls lässt sich die Krankenkasse über den Button „Neue Krankenkasse ..." zusätzlich erfassen. Achten Sie darauf, dass für Mitarbeiter, die in einem Versorgungswerk rentenversichert sind, in der Zeile RV das Versorgungswerk als „Krankenkasse" auszuwählen ist. Wenn Sie eine Krankenkasse neu anlegen und dem Mitarbeiter zuordnen, zeigt das System beim Verlassen des Dialogs folgenden Hinweis an:

So erfassen Sie die Personaldaten

Über die Schaltfläche „OK" gelangen Sie direkt in den Dialog „Betriebsstätte" der Firmenverwaltung, in dem die Zuweisung vorgenommen werden kann. Nur der Firma zugeordnete Kassen werden für die Erstellung der Beitragsnachweise berücksichtigt.

2.5.2 Geringfügig entlohnte Beschäftigung

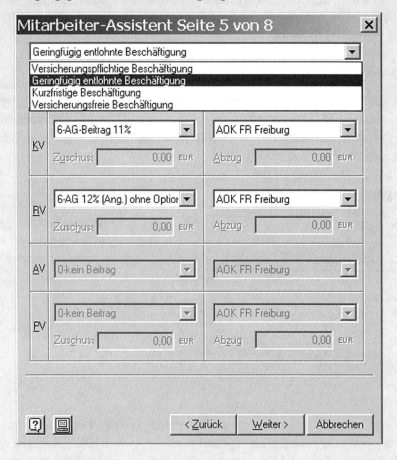

Geringfügig beschäftigt im Sinne des § 8 Abs. 1 Nr. 1 des SGB IV sind seit 01.04.2003 Arbeitnehmer, die folgende Bedingungen erfüllen:

1. Das monatliche Arbeitsentgelt (aus allen Beschäftigungen) darf 400 € nicht übersteigen und
2. es werden mindestens die pauschalen Beiträge zur Rentenversicherung durch den Arbeitgeber entrichtet.

Sind beide Voraussetzungen erfüllt, kann aus der Wertehilfe die Option „Geringfügig entlohnte Beschäftigung" gewählt werden.

So erfassen Sie die Personaldaten

> *Bei der Arbeitslosenversicherung ist eine Besonderheit zu beachten. Das Versicherungsrecht der Arbeitslosenversicherung sieht für Mini-Jobs bis 400 € grundsätzlich eine Beitragsfreiheit vor. Somit ist auch bei mehreren Mini-Jobs keine Sozialversicherungspflicht in der Arbeitslosenversicherung gegeben. Versicherungsfreiheit besteht selbst dann, wenn durch Zusammenrechnung mehrerer Mini-Jobs die 400-€-Grenze überschritten wird.*

Krankenversicherung (KV)

AG-Beitrag 11 %

Ist der geringfügig Beschäftigte selbst in einer der gesetzlichen Krankenkassen oder über die Familienversicherung krankenversichert, unterliegen die Einkünfte aus der geringfügigen Beschäftigung einem pauschalen Beitrag von 10 % zur Krankenversicherung. Beitragspflichtig ist nur der Arbeitgeber. Ist der Teilzeitbeschäftigte beispielsweise in der Barmer, Techniker, DAK, AOK etc. krankenversichert, muss die Option „6-AG-Beitrag 11 %" gewählt werden.

Kein Beitrag

Keine pauschale Beitragspflicht für geringfügig Beschäftigte besteht, wenn der Arbeitnehmer privat bei einer Versicherungsgesellschaft krankenversichert oder beihilfeberechtigt ist. In diesen Fällen ist die Option „0-kein Beitrag" in der Auswahlbox KV zu wählen. Entsprechend der Option werden keine pauschalen Arbeitgeberbeiträge zur Krankenversicherung ermittelt.

Rentenversicherung (RV)

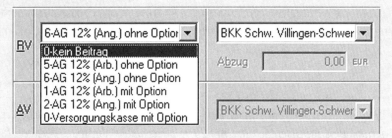

Erfüllt der Arbeitnehmer die Voraussetzungen für eine geringfügige Beschäftigung, kann der Arbeitgeber einen Pauschalbeitrag von 12 % des Arbeitsentgelts als Beitrag zur Rentenversicherung entrichten. Geringfügig beschäftigte Arbeitnehmer haben die Möglichkeit, den pauschalen Arbeitgeberbeitrag zur Rentenversicherung auf den normalen Rentenversicherungsbeitrag aufzustocken. Die so genannte Aufstockung des Arbeitgeberbeitrags um 7,5 % des Arbeitsentgelts trägt der Mitarbeiter selbst.

So erfassen Sie die Personaldaten

Abhängig davon, ob der Teilzeitbeschäftigte als Arbeiter oder Angestellter beschäftigt wird, muss unter RV die Option „5-AG 12 % (Arb.) ohne Option" für Arbeiter bzw. „6-AG 12 % (Ang.) ohne Option" für Angestellte gewählt werden. Wurde vom Arbeitnehmer die Aufstockung in der Rentenversicherung gewählt, ist die Einstellung der Stammdaten auf „1-AG 12 % (Arb.) mit Option" bzw. „2-AG 12 % (Ang.) mit Option" zu wählen. Außerdem weist Lexware lohn + gehalt bzw. Lexware lohn + gehalt *plus* den gesamten Beitrag auf dem Beitragsnachweis nicht in der Zeile „Beiträge zur Rentenversicherung für geringfügig Beschäftigte", sondern unter „Beiträge zur Rentenversicherung – voller Beitrag unter Verzicht auf die Rentenversicherungsfreiheit" aus.

Versorgungskasse mit Option

Übt ein Mitarbeiter eine geringfügige Beschäftigung aus und ist er in einer berufsständischen Vereinigung (z. B. Architektenkammer) rentenversichert, müssen Sie die pauschalen Arbeitgeberbeiträge (12 %) dem Versorgungswerk melden. Die Beiträge sind nicht an die Bundesknappschaft abzuführen. Macht der Mitarbeiter von seinem Optionsrecht Gebrauch und stockt den pauschalen Beitrag auf den vollen Beitrag (19,5 %) auf, so sind die Beiträge an die LVA oder BfA zu entrichten. Handelt es sich bei der geringfügigen (Neben-)Beschäftigung um eine berufsgleiche, sind die gesamten Beiträge an das Versorgungswerk zu zahlen. Wählen Sie in diesem Fall die Option „0-Versorgungskasse mit Option" und geben Sie beim Träger das Versorgungswerk an (vgl. Versorgungskasse im Abschnitt „Versicherungspflichtige Beschäftigung"). Zuvor müssen Sie das Versorgungswerk als Krankenkasse anlegen. Steht das Versorgungswerk in der Wertehilfe noch nicht zur Verfügung, besteht die Möglichkeit, über die Schaltfläche „Neue Krankenkasse ..." in die Krankenkassenverwaltung zu verzweigen.

Kein Beitrag

Kein pauschaler Beitrag von 12 % des Arbeitsentgelts ist für mehrfach geringfügig beschäftigte Arbeitnehmer zu entrichten, die neben der geringfügigen Beschäftigung eine sozialversicherungspflichtige Hauptbeschäftigung ausüben und die Bemessungsgrenze überschreiten. Eine weitere Personengruppe, für die keine Beiträge an die Bundesknappschaft entrichtet werden müssen, sind Aushilfen, die in einem berufsständischen Versorgungswerk – z. B. Ärztekammer – rentenversichert sind und eine geringfügige berufsgleiche Nebenbeschäftigung ausüben. Die pauschalen Beiträge sind nicht an die Bundesknappschaft, sondern an das Versorgungswerk abzuführen. Für beide Mitarbeiterkreise ist im Feld „RV" die Option „0-kein Beitrag" aus der Wertehilfe auszuwählen.

> **PRAXIS-TIPP**
>
> *Beachten Sie: Wird kein pauschaler Beitrag zur Rentenversicherung entrichtet, kann das geringfügige Arbeitsentgelt nur mit 20 % pauschaler Lohnsteuer versteuert werden oder der Mitarbeiter muss eine Lohnsteuerkarte vorlegen.*

So erfassen Sie die Personaldaten

2.5.3 Kurzfristige Beschäftigung

Arbeitnehmer sind unabhängig von der Höhe des Entgelts und der Stundenzahl sozialversicherungsfrei, wenn das Beschäftigungsverhältnis auf maximal zwei Monate (bzw. 50 Arbeitstage) innerhalb eines Kalenderjahres beschränkt ist. Für kurzfristig beschäftigte Arbeitnehmer entstehen keine pauschalen Beiträge zur Kranken- und Rentenversicherung. Kurzfristig beschäftigte Arbeitnehmer sind jedoch wie geringfügig Beschäftigte bei der zuständigen Krankenkasse zu melden. Beginn und Ende der Beschäftigung, Namens- oder Adressänderungen sind mit dem entsprechenden Grund der Abgabe der Krankenkasse mitzuteilen. Für versicherungsfreie kurzfristige Beschäftigungen müssen keine Jahres- oder Unterbrechungsmeldungen erstattet werden.

Auswahl der Krankenkasse, bei der der Mitarbeiter versichert ist

Wird bei den Stammdaten im Dialog „Kasse" die Option „Kurzfristige Beschäftigung" gewählt, stellt Lexware lohn + gehalt/*plus* automatisch den Beitragsgruppenschlüssel 0-0-0-0 ein. Anschließend ist in der Spalte „SV-Träger" die zuständige Krankenkasse für das Meldewesen auszuwählen.

Ist die Krankenkasse in der Wertehilfe nicht vorhanden, kann sie nur über die Krankenkassenverwaltung angelegt werden. Über die Schaltfläche „Neue Krankenkasse ..." lässt sich die Kassenverwaltung direkt aufrufen. Alternativ besteht die Möglichkeit die Krankenkassenverwaltung über die Menüfunktion „VERWALTUNG/KRANKENKASSEN ..." zu starten. Über die Auswahl der Schaltfläche „Neu" per Mausklick kann eine weitere Krankenkasse erfasst werden.

So erfassen Sie die Personaldaten

Ist der kurzfristig Beschäftigte privat krankenversichert, ist die zuletzt zuständige gesetzliche Krankenkasse für die An- bzw. Abmeldung zuständig. Ist diese nicht bekannt, kann der Arbeitgeber die Kasse für die Meldung frei wählen.

2.5.4 Versicherungsfreie Beschäftigung

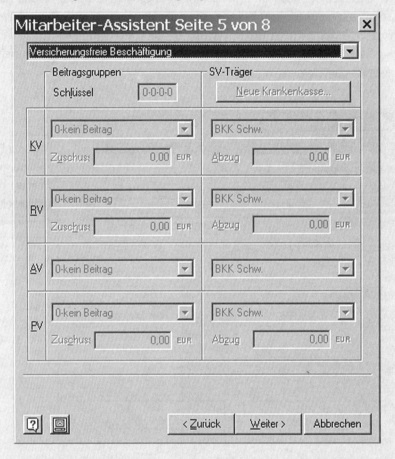

Arbeitnehmer, die kraft Gesetzes von Beiträgen in die Sozialversicherungen befreit sind, müssen der Krankenkasse auch nicht gemeldet werden. Entsprechend ist nach Auswahl der Option „Versicherungsfreie Beschäftigung" der Beitragsgruppenschlüssel mit 0-0-0-0 voreingestellt und es muss keine Krankenkasse ausgewählt werden. Beispiele für versicherungsfreie Arbeitnehmer sind:

- beherrschende Gesellschafter-Geschäftsführer einer GmbH,
- hauptberuflich Selbständige mit einer mehr als geringfügigen Nebenbeschäftigung.

In den folgenden Beispielen sind die Angaben zum Meldewesen und zur Sozialversicherungspflicht für verschiedene Arbeitnehmer zusammengestellt.

So erfassen Sie die Personaldaten

Vollzeitbeschäftigter Lagerarbeiter (Arbeiter)	
Rentenart	keine
Geringverdiener	nein
Mehrfachbeschäftigung	nein
Umlage U1	ja
Umlage U2	ja
Sozialversicherungs-Nr.	22-290252-P-123
Geburtsname	
Geburtsort	
Tätigkeitsschlüssel A	744
Tätigkeitsschlüssel B1	Arbeiter (1)
Tätigkeitsschlüssel B2	mit Berufsausbildung (2)
Personengruppe	101
Beitragsgruppenschlüssel	1-1-1-1

Vollzeitbeschäftigter Büroangestellter	
Rentenart	keine
Geringverdiener	nein
Mehrfachbeschäftigung	nein
Umlage U1	nein
Umlage U2	ja
Sozialversicherungs-Nr.	22-290252-P-123
Geburtsname	
Geburtsort	
Tätigkeitsschlüssel A	781
Tätigkeitsschlüssel B1	Angestellter (4)
Tätigkeitsschlüssel B2	mit Berufsausbildung (2)
Personengruppe	101
Beitragsgruppenschlüssel	1-2-1-1

Auszubildender (Angestellter)	
Rentenart	keine
Geringverdiener	nein
Mehrfachbeschäftigung	nein
Umlage U1	ja
Umlage U2	ja
Sozialversicherungs-Nr.	
Geburtsname	Müller
Geburtsort	Stuttgart
Tätigkeitsschlüssel A	981
Tätigkeitsschlüssel B1	Auszubildender (0)
Tätigkeitsschlüssel B2	ohne Berufsausbildung (1)
Personengruppe	102
Beitragsgruppenschlüssel	1-2-1-1

Gewerbliche Aushilfe (Arbeiter)	
Rentenart	keine
Geringverdiener	nein
Mehrfachbeschäftigung	nein
Umlage U1	ja
Umlage U2	ja
Sozialversicherungs-Nr.	22-290252-P-123
Geburtsname	
Geburtsort	
Tätigkeitsschlüssel A	912
Tätigkeitsschlüssel B1	Teilzeitbeschäftigter < 18 Stunden (8)
Tätigkeitsschlüssel B2	ohne Berufsausbildung (1)
Personengruppe	109
Beitragsgruppenschlüssel	6-5-0-0

Werkstudent auf Lohnsteuerkarte	
Rentenart	keine
Geringverdiener	nein
Mehrfachbeschäftigung	nein
Umlage U1	ja
Umlage U2	ja
Sozialversicherungs-Nr.	22-290252-P-123
Geburtsname	
Geburtsort	
Tätigkeitsschlüssel A	784
Tätigkeitsschlüssel B1	Teilzeitbeschäftigter > 18 Stunden (9)
Tätigkeitsschlüssel B2	Abitur ohne Berufsausbildung (3)
Personengruppe	106
Beitragsgruppenschlüssel	0-1-0-0

Geringverdiener (Azubi bis 325 €)	
Rentenart	keine
Geringverdiener	ja
Mehrfachbeschäftigung	nein
Umlage U1	ja
Umlage U2	ja
Sozialversicherungs-Nr.	22-290252-P-123
Geburtsname	
Geburtsort	
Tätigkeitsschlüssel A	351
Tätigkeitsschlüssel B1	Arbeiter (1)
Tätigkeitsschlüssel B2	Ohne Berufsausbildung (1)
Personengruppe	102
Beitragsgruppenschlüssel	1-1-1-1

So erfassen Sie die Personaldaten

2.6 Steuerliche Merkmale des Mitarbeiters

Im sechsten Dialog – Steuer – werden die Angaben zur Besteuerung des Mitarbeiters hinterlegt. Zunächst ist zu unterscheiden, ob der Mitarbeiter auf Lohnsteuerkarte arbeitet, als Grenzgänger nicht der Lohnsteuer unterworfen ist, steuerfrei beschäftigt ist oder als Aushilfe pauschal versteuert wird. Je nach Steuerpflicht wird das Eingabefenster für die erforderlichen Angaben umgestellt. Die Angaben zur Steuerpflicht haben keinerlei Auswirkungen auf die Sozialversicherungspflicht. Der Dialog „Steuerkarte" wird automatisch beim Anlegen eines Mitarbeiters im Mitarbeiter-Assistenten dargestellt. Änderungen an der Besteuerung können Sie über den Menüpfad „DATEI/PERSONAL-MANAGER ..." nach Auswahl des gewünschten Mitarbeiters vornehmen.

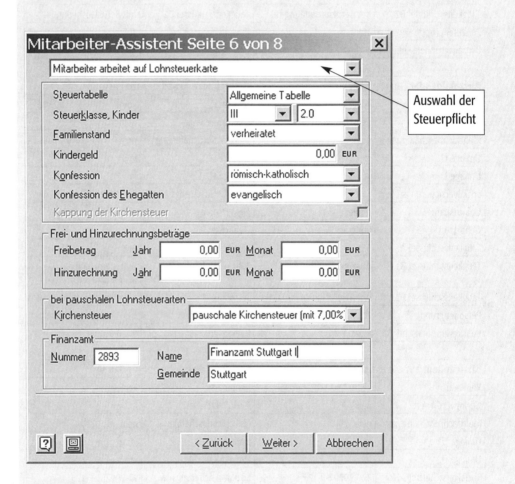

2.6.1 Mitarbeiter arbeitet auf Lohnsteuerkarte

Mitarbeiter, die mehr als geringfügig beschäftigt werden, unterliegen der Lohnsteuer entsprechend der für sie anzuwendenden Lohnsteuertabelle. Diese Regelung gilt auch für Mini-Jobs zwischen 400,01 € und 800,00 €. Kann der steuerpflichtige Mitarbeiter keine Lohnsteuerkarte vorlegen, ist eine Versteuerung nach Steuerklasse VI vorzunehmen. Wählen Sie die Option „Mitarbeiter arbeitet auf Lohnsteuerkarte" immer dann, wenn keine Ausnahmeregelung (Grenzgänger, pauschale Versteuerung etc.) gegeben ist.

So erfassen Sie die Personaldaten

Steuertabelle

Ist der Arbeitnehmer rentenversicherungspflichtig, müssen Sie die allgemeine Lohnsteuertabelle anwenden. Die besondere Lohnsteuertabelle findet vor allem bei Beamten, Richtern, Berufssoldaten und Arbeitnehmern, die nicht der gesetzlichen Rentenversicherungspflicht unterliegen, Anwendung. Weiterhin gilt die besondere Lohnsteuertabelle für Arbeitnehmer, denen ohne eigene Beitragsleistung eine gesetzliche Altersversorgung zugesagt ist, z. B. dem beherrschenden Gesellschafter-Geschäftsführer einer GmbH (vgl. Abschnitt 120 Lohnsteuerrichtlinie [LStR]). Geringfügig und kurzfristig beschäftigte Aushilfen, die auf Lohnsteuerkarte arbeiten, sind trotz Beitragsfreiheit in der Rentenversicherung nach der allgemeinen Lohnsteuertabelle zu versteuern.

Steuerklasse/Kinder

Für die Festlegung der Steuerklasse ist der Arbeitgeber an den Eintrag in Abschnitt I auf der Lohnsteuerkarte gebunden. Liegt dem Arbeitgeber zu Beginn des Beschäftigungsverhältnisses oder jeweils zum 1. Januar keine Steuerkarte vor, ist die Steuerklasse VI zu wählen.

In Abschnitt I auf der Lohnsteuerkarte ist auch die Zahl der Kinder vermerkt. Die Lohnsteuerkarte ist für den Arbeitgeber bindend. Soweit die Kinder nicht automatisch von der Gemeinde berücksichtigt worden sind, muss der Arbeitnehmer die Eintragung bei dem für ihn zuständigen Finanzamt beantragen. Die Eingabe in Lexware lohn + gehalt erfolgt in Einheiten von je 0,5 und ist auf 9,5 begrenzt. Der Eintrag 0,5 entspricht einem halben Kinderfreibetrag.

Familienstand/Kindergeld

Die Finanzverwaltung kennt nur die Möglichkeiten „verheiratet" und „ledig". Ist der Arbeitnehmer verwitwet, behält er im gleichen Jahr den Status verheiratet. Im Folgejahr ist er wieder ledig. Analoges gilt für Arbeitnehmer nach einer Scheidung bzw. nach einer Trennung.

Seit 01.01.1999 erfolgt die Auszahlung des Kindergeldes wieder über die Familienkasse, nachdem dies von 1996 bis 1998 in der Pflicht des Arbeitgebers lag. In den Stammdaten sind nur noch dann Angaben zum Kindergeld vorzunehmen, wenn für den Arbeitnehmer Zeiträume vor dem 01.01.1999 abgerechnet werden. Ab dem Abrechnungsmonat Januar 1999 ist der Eintrag zu löschen. Für den öffentlichen Dienst gilt weiterhin die Regelung, dass der Arbeitgeber das Kindergeld ausbezahlt.

Konfession/Konfession des Ehegatten

In diesem Auswahlfeld ist die Kirchensteuerpflicht festzulegen. Gehört der Arbeitnehmer einer beitragsberechtigten Glaubensgemeinschaft an, befindet sich auf der Lohnsteuerkarte im

So erfassen Sie die Personaldaten

Abschnitt I ein entsprechender Eintrag. Lexware lohn + gehalt bzw. Lexware lohn + gehalt *plus* bietet abhängig vom Bundesland des Firmensitzes automatisch nur die jeweils beitragsberechtigten Konfessionen an. Gehört der Arbeitnehmer keiner Kirche an oder einer, die im Bundesland des Firmensitzes nicht erhebungsberechtigt ist, muss die Option „keine" gewählt werden.

Das Eingabefeld „Konfession des Ehegatten" wird nur dann freigegeben, wenn zuvor unter „Familienstand" die Option „verheiratet" gewählt wurde. Die Konfession des Ehegatten kann der Lohnsteuerkarte des Arbeitnehmers entnommen werden. Die Eingabe bewirkt eine Aufteilung der Kirchensteuer zu jeweils 50 % auf beide Glaubensgemeinschaften. Ausnahmen von dem so genannten Halbteilungsgrundsatz bestehen in den Bundesländern Bayern, Bremen und Niedersachsen.

Kirchensteuer-Kappung

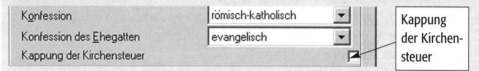

In den Bundesländern Berlin, Brandenburg, Bremen, Hamburg und Niedersachsen, Sachsen, Sachsen-Anhalt, Schleswig-Holstein und Thüringen gibt es eine Begrenzung der jährlichen Kirchensteuer – die so genannte Kappung. In den übrigen Bundesländern ist keine Kappung der Kirchensteuer vorgesehen oder nur auf Antrag bei der Einkommensteuer-Erklärung möglich. Die Kappung der Kirchensteuer ist vom Bundesland des Firmensitzes abhängig. Aus diesem Grund ist die Option „Kappung der Kirchensteuer" nur dann freigeben, wenn in den Firmenstammdaten eines der oben genannten Bundesländer eingestellt wurde. Die Höhe des Kappungssatzes kann unter der Option „Kirchensteuer" über den Menüpfad „VERWALTUNG/ BUNDESLÄNDER ..." eingesehen und verändert werden.

Frei- und Hinzurechnungsbeträge

Auf Antrag kann sich der Arbeitnehmer bei seinem zuständigen Finanzamt „Freibeträge vom Arbeitslohn" auf seiner Lohnsteuerkarte eintragen lassen. Sind auf der Lohnsteuerkarte in Abschnitt III Steuerfreibeträge eingetragen, müssen sowohl der Jahres- als auch der Monatsfreibetrag in den Mitarbeiterdaten eingegeben werden.

Den Altersentlastungsbetrag (§ 24a Einkommensteuergesetz [EStG]) oder Kinderfreibeträge müssen Sie nicht unter Freibeträge eintragen. Diese werden von Lexware lohn + gehalt und Lexware lohn + gehalt *plus* automatisch entsprechend des eingegebenen Geburtsdatums bzw. der Anzahl der Kinder berechnet.

Seit 01.01.2000 ist neben dem Lohnsteuerfreibetrag ein Hinzurechnungsbetrag für die erste Lohnsteuerkarte eingeführt worden. Ist auf der Lohnsteuerkarte in Abschnitt II ein Hinzurechnungsbetrag eingetragen, so muss dieser entsprechend in den Dialog „Steuerkarte" übernommen werden. Der Hinzurechnungsbetrag ist jährlich und monatlich anzugeben, da bei Eintragungen unterm Jahr eine Verteilung des Gesamtbetrags auf den Rest des Jahres vorzunehmen ist. Der Hinzurechnungsbetrag wird für die Ermittlung der Lohn- und Kirchensteuer dem Steuerbrutto hinzugerechnet.

So erfassen Sie die Personaldaten

Kirchensteuer bei pauschalen Lohnarten

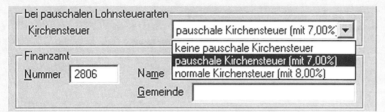

Erhält der Arbeitnehmer Lohnbestandteile, die pauschal versteuert werden können, z. B. Fahrgeld oder eine Direktversicherung, ist neben der pauschalen Lohnsteuer auch pauschale Kirchensteuer zu berechnen. Der ermäßigte pauschale Kirchensteuersatz darf jedoch nur angewendet werden, wenn für alle Arbeitnehmer – also auch für diejenigen, die nicht einer steuerberechtigten Glaubensgemeinschaft angehören – pauschale Kirchensteuer entrichtet wird. Dies gilt auch für pauschal versteuerte Mitarbeiter wie etwa geringfügige Aushilfen. Soll für Mitarbeiter, die nicht Mitglied einer Kirchengemeinschaft sind, keine pauschale Kirchensteuer entrichtet werden, ist für alle anderen Arbeitnehmer nur der „normale Kirchensteuersatz" auf die pauschale Lohnsteuer zulässig.

> *Diese „Alles-oder-nichts-Regel" gilt nur für pauschal versteuerte Lohnbestandteile wie beispielsweise Erstattung des Fahrgeldes für Fahrten mit dem eigenen Pkw zur Arbeitsstätte. Die Anwendung der pauschalen Kirchensteuer für alle Arbeitnehmer mit pauschal versteuerten Lohnbestandteilen ist nur dann vorteilhaft, wenn einige wenige Arbeitnehmer nicht in einer Kirche sind, die Mehrzahl der Mitarbeiter jedoch einer kirchensteuerberechtigten Glaubensgemeinschaft angehört.*

PRAXIS-TIPP

Finanzamt

Die Angaben zur Finanzamtsnummer, zum Namen und zur Gemeinde des Betriebsstättenfinanzamtes sind identisch mit den Angaben in den Firmenstammdaten (vgl. Angaben zum Betriebsstättenfinanzamt). Die Nummer des Finanzamtes lässt sich dem Ratgeber von Lexware lohn + gehalt/*plus* entnehmen. Unter dem Menüpunkt „?" findet sich die Option „Ratgeber". Nach Aufruf der Funktion kann im Feld „Suchen, Schlüsselwort" z. B. „Finanzamt" eingetragen werden. Alternativ besteht die Möglichkeit, den Ratgeber durch einen Mausklick mit der rechten Maustaste auf das Wort „Finanzamt" zu starten. Es wird die zusätzliche Option „Ratgeber" angezeigt, die per Mausklick mit der linken Maustaste ausgewählt werden kann.

Mit der rechten Maustaste anklicken

2.6.2 Pauschal versteuerte Beschäftigung (Aushilfe)

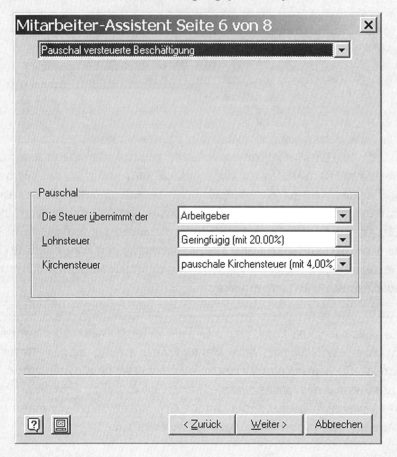

Grundsätzlich unterliegen die gesamten Bezüge des Arbeitnehmers der Lohnsteuer. Die Erhebung der Lohnsteuer bemisst sich nach den Angaben auf der Lohnsteuerkarte. Für geringfügige Bezüge besteht jedoch unter bestimmten Voraussetzungen die Möglichkeit, sie nach § 40 EStG mit einem festen Steuersatz von 2 % zu versteuern. Im Steuerrecht gilt eine Beschäftigung als geringfügig, wenn

1. das monatliche Arbeitsentgelt nicht mehr als 400 € beträgt und
2. mindestens der pauschale Beitrag von 12 % zur Rentenversicherung entrichtet wird.

Sind beide Voraussetzungen erfüllt, kann der Arbeitgeber den steuerpflichtigen Arbeitslohn der Pauschalsteuer unterwerfen. Die pauschale Versteuerung ist unabhängig von weiteren Beschäftigungen des Arbeitnehmers möglich.

Übersteigt der Arbeitslohn die Grenze von durchschnittlich 400 € pro Monat oder sind nicht beide Bedingungen für eine pauschale Versteuerung erfüllt, ist eine Versteuerung nach Lohnsteuerkarte vorzunehmen. Liegt keine Lohnsteuerkarte vor, muss die Versteuerung mit Steuerklasse VI vorgenommen werden. Wird für eine geringfügige Beschäftigung lediglich der pauschale Beitrag zur Krankenversicherung entrichtet, ist bei Einhaltung der 400-€-Grenze eine pauschale Versteuerung mit 20 % möglich.

So erfassen Sie die Personaldaten

Die Steuer übernimmt der ...

Mit dieser Option legen Sie fest, wer bei einer pauschalen Versteuerung des gesamten Arbeitslohns die Lohnsteuer tragen soll. Bei einer Versteuerung nach Lohnsteuerkarte ist immer der Arbeitnehmer steuerpflichtig. Steuerschuldner von Pauschalsteuern ist zunächst der Arbeitgeber. Es besteht jedoch die Möglichkeit, die Pauschalsteuern im Innenverhältnis auf den Arbeitnehmer zu übertragen Soll der Arbeitnehmer die pauschalen Steuern und den Solidaritätszuschlag tragen, ist die Option „Die Steuer übernimmt der Arbeitnehmer" zu wählen.

Lohnsteuer

Sind die steuerlichen Voraussetzungen einer geringfügigen Beschäftigung erfüllt, ist unter der Auswahl „Lohnsteuer" die Option „Mini-Job (mit 2,00 %)" zu wählen. Bei Pauschalierung der Lohnsteuer mit 2 % entsteht keine zusätzliche Kirchensteuer und auch kein zusätzlicher Solidaritätszuschlag. Diese Steuern sind in der Abgeltungssteuer in Höhe von 2 % enthalten.

Wird eine der steuerrechtlichen Geringfügigkeitsgrenzen (400 € bzw. 12 %) nicht eingehalten, ist zu prüfen, ob eine pauschale Versteuerung mit 20 % möglich ist. Die Versteuerung des Arbeitslohns mit 20 % ist möglich, sofern das durchschnittliche monatliche Arbeitsentgelt 400 € nicht übersteigt. Der Durchschnitt bemisst sich am Jahresentgelt dividiert durch die Anzahl der Beschäftigungsmonate. Bei einer Versteuerung mit 20 % berechnet Lexware lohn + gehalt automatisch den Solidaritätszuschlag und ggf. die pauschale Kirchensteuer.

Ist eine Besteuerung des Arbeitslohns mit 20 % wegen Überschreitung der Entgeltgrenze ausgeschlossen, kann geprüft werden, ob die Beschäftigung kurzfristig ist. In diesem Fall darf der Arbeitslohn mit einem Pauschalsteuersatz von 25 % durch den Arbeitgeber versteuert werden. Sozialversicherungsbeiträge fallen in diesem Fall keine mehr an – weder für den Arbeitgeber noch für den Arbeitnehmer.

Arbeitslohn von Aushilfen in der Land- und Forstwirtschaft kann vom Arbeitgeber pauschal mit 5 % versteuert werden.

So erfassen Sie die Personaldaten

Pauschale Kirchensteuer

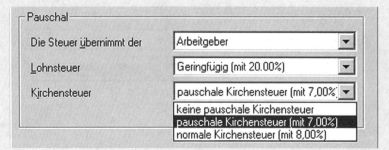

Die Option „pauschale Kirchensteuer (mit x %)" hat nur Bedeutung bei einer pauschalen Versteuerung des Arbeitslohns mit mehr als 2 % Lohnsteuer. Außerdem ist die Einstellung relevant für Lohnbestandteile, die mit einem pauschalen Steuersatz versteuert werden können, z. B. Fahrgeld oder eine Direktversicherung.

Für diejenigen Arbeitnehmer, die nachgewiesenermaßen keiner kirchensteuerberechtigten Konfession angehören, muss der Arbeitgeber keine pauschale Kirchensteuer entrichten. Wird für konfessionslose Arbeitnehmer keine pauschale Kirchensteuer auf den Betrag der pauschalen Lohnsteuer entrichtet, ist für die übrigen Arbeitnehmer die Kirchensteuer mit dem normalen Satz zu ermitteln. Das heißt, es ist nicht möglich, in einer Firma Mitarbeiter mit der Option „keine pauschale Kirchensteuer" und gleichzeitig Mitarbeiter mit „pauschaler Kirchensteuer (mit x %)" zu führen. Möglich ist nur die Kombination „keine pauschale Kirchensteuer " und „normale Kirchensteuer (mit x %)" oder durchgängig bei allen Mitarbeitern „pauschale Kirchensteuer (mit x %)". Der pauschale bzw. normale Kirchensteuersatz ist in den einzelnen Bundesländern unterschiedlich hoch (x %). Er richtet sich nach dem Bundesland des Firmensitzes. Die Kirchensteuersätze können über die Menüfunktion „VERWALTUNG/BUNDESLÄNDER ..." überprüft werden.

So erfassen Sie die Personaldaten

2.6.3 Mitarbeiter ist Grenzgänger

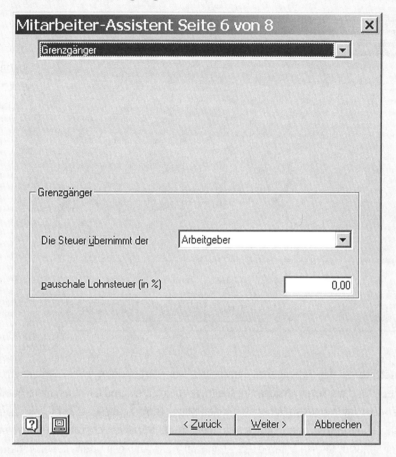

Arbeitnehmer, die in einem benachbarten Staat wohnen und täglich zur Arbeit in der Bundesrepublik Deutschland pendeln, werden als „Grenzgänger" bezeichnet. Die steuerrechtliche Grenzgängerregelung gilt jedoch nur für Nachbarstaaten, mit denen ein so genanntes Doppelbesteuerungsabkommen (DBA) geschlossen wurde. DBAs bestehen mit Belgien, Frankreich, Österreich und der Schweiz. Die steuerliche Behandlung richtet sich nach den Steuergesetzen des Nachbarlandes. In der Bundesrepublik bleiben die Arbeitnehmer steuerfrei.

Bei Wahl der Option „Grenzgänger" berechnet Lexware lohn + gehalt/*plus* weder Lohn- und Kirchensteuer noch Solidaritätszuschlag. Für Grenzgänger aus der Schweiz ist eine pauschale Lohnsteuer bis maximal 4,5 % des steuerpflichtigen Arbeitslohns zu erheben. Ein entsprechender Prozentsatz ist unter der Option „pauschale Lohnsteuer (in %)" einzutragen. Zusätzliche Kirchensteuer oder Solidaritätszuschlag fallen dann nicht mehr an. Soll der Arbeitnehmer die Pauschalsteuer tragen, ist die Option „Die Steuer übernimmt der Arbeitnehmer" aus der Wertehilfe zu wählen.

2.6.4 Keine Steuererhebung

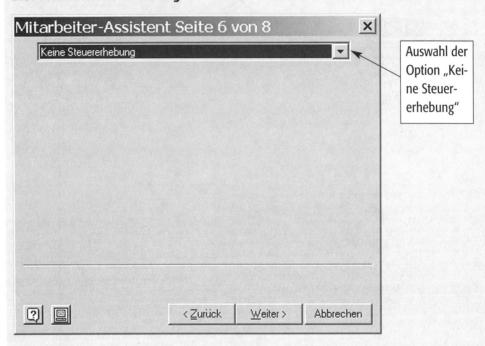

Auswahl der Option „Keine Steuererhebung"

Grundsätzlich ist der Arbeitgeber verpflichtet, vom Arbeitslohn seiner Arbeitnehmer die Lohnsteuer und die Sozialversicherungsbeiträge zu ermitteln und einzubehalten. Hat der Mitarbeiter den Status eines so genannten freien Mitarbeiters ist dieser selbst für die Abführung der Lohnsteuer und für die Beitragszahlungen an die Sozialversicherungsträger verantwortlich. Der Status des freien Mitarbeiters ist an zahlreiche Auflagen und Kriterien gebunden. So muss die Tätigkeit eine höherwertige sein und der Mitarbeiter muss frei und selbstständig über seine Arbeitszeit bestimmen können. Er unterliegt nur bedingt den Weisungen seines Auftraggebers und kann ggf. für mehrere Auftraggeber gleichzeitig arbeiten.

Mit Auswahl der Option „Keine Steuererhebung" berechnet Lexware lohn + gehalt/*plus* weder Lohn- noch die Lohnnebensteuern für den Mitarbeiter. Im Unterschied zu „Grenzgängern" werden auch keine pauschalen Steuern ermittelt und an die Finanzverwaltung abgeführt. Die Erstellung einer Lohnsteuerbescheinigung ist ausgeschlossen.

Die Option „Keine Steuererhebung" kann auch genutzt werden, wenn Stammdaten für Arbeitnehmer angelegt werden sollen, die nicht abrechnungsrelevant sind. Beispiele für solche Stammsätze können Mitarbeiter von externen Reinigungsfirmen, einer externen Kantinenbetriebsgesellschaft oder von externen Pflanzen- oder Hausbetriebsgesellschaften sein.

So erfassen Sie die Personaldaten

2.7 Angaben zur Arbeitszeit

Bei regelmäßigen Arbeitszeiten kann in den persönlichen Angaben ein Arbeitszeitplan hinterlegt werden. Arbeitet ein Mitarbeiter beispielsweise immer montags von 8–13 Uhr, dienstags von 14–18 Uhr und donnerstags von 9–17 Uhr, kann dieser Arbeitsrhythmus in die Stundenerfassung als Vorschlagswert übernommen werden. Hat der Arbeitnehmer eine Gleitzeitregelung mit einem Stundenkontingent ohne feste Arbeitszeiten, muss die regelmäßige tägliche Arbeitszeit im Dialog „Wöchentliche Arbeitszeit" erfasst werden. Die Angabe der Arbeitszeit ist Voraussetzung für eine Stundenübersicht und wird für die Erstellung der Berufsgenossenschaftsliste herangezogen.

Es bestehen drei verschiedene Möglichkeiten, die wöchentliche Arbeitszeit einzugeben:

So erfassen Sie die Personaldaten

1. Detailliert – als Wochenarbeitszeitplan

Zurück-setzen	von	bis	von	bis	von	bis	von	bis	Summe
Montag	07:00	12:00							5,00
Dienstag	14:00	17:00							3,00
Mittwoch	14:00	17:00							3,00
Donnerstag	07:30	12:00							4,50
Freitag									
Samstag									
Sonntag									
Summe									15,50

Bei der detaillierten Eingabe tragen Sie in die Tabelle für jeden Tag den Arbeitsbeginn sowie das Arbeitsende ein. Die tägliche sowie die wöchentliche Arbeitszeit werden automatisch in der Spalte „Summe" berechnet.

2. Tageweise – als Stundensumme

Zurück-setzen	von	bis	von	bis	von	bis	von	bis	Summe
Montag									4,00
Dienstag									4,00
Mittwoch									3,00
Donnerstag									3,50
Freitag									
Samstag									
Sonntag									
Summe									14,50

Sollen keine Kommen/Gehen-Zeiten in der Tabelle gepflegt werden, besteht die Möglichkeit, ein Stundenkontingent in der Spalte „Summe" einzutragen. Die wöchentliche Arbeitszeit wird automatisch aus der Summe der täglichen Stundenzahlen ermittelt.

3. Pauschal – als durchschnittliche Stunden pro Tag

Regelmäßige tägliche Arbeitszeit (Std)	7,80
Anzahl Arbeitstage pro Woche	5

Hat der Arbeitnehmer eine durchschnittliche Arbeitszeit pro Woche – z. B. 40 Stunden –, sind in der Regel keine Eintragungen in der Stundentabelle erforderlich. Als Pflichteingabe sind dann jedoch die durchschnittliche Arbeitszeit pro Tag und die Anzahl der Arbeitstage pro Woche zu pflegen. Bei unregelmäßigen Arbeitszeiten ist der monatliche Durchschnitt auf eine „durchschnittliche Arbeitszeit pro Tag" umzurechnen.

So erfassen Sie die Personaldaten

Über die Schaltfläche „Zurücksetzen" kann der Arbeitszeitplan vollständig gelöscht werden.

Zurücksetzen der Zeitangaben im Stundentableau

Sie können die detailliert oder tageweise eingegebenen Stunden in die monatliche Stundenerfassung im Abrechnungsdialog als Vorschlagswerte übernehmen lassen.

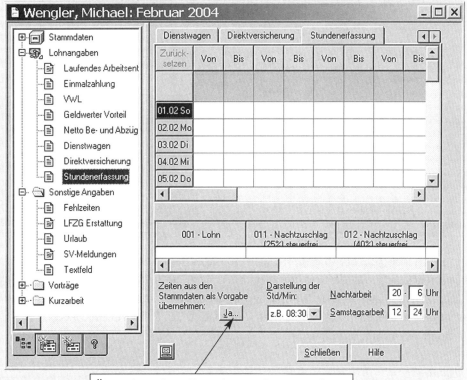

Übernahme der Sollstunden aus den Stammdaten

Die Schaltfläche zur Übernahme findet sich im Abrechnungsdialog auf der Eingabekarte „Stundenerfassung". Der Eingabedialog kann über die Menüfolge „DATEI/MITARBEITER ÖFFNEN ... / BEARBEITEN/ABRECHNUNG FÜR MONAT [Monat]" aufgerufen werden. Wählen Sie in der Baumstruktur der linken Fensterhälfte unter der Rubrik „Lohnangaben" die Option „Stundenerfassung".

> **PRAXIS-TIPP**
>
> *Die Stundenerfassung wirkt sich auf die Berufsgenossenschaftsliste aus. Für Mitarbeiter mit festen monatlichen Bezügen (z. B. 0002 Gehalt) ergeben sich die monatlichen Arbeitsstunden aus der täglichen Arbeitszeit multipliziert mit der Anzahl der Arbeitstage im entsprechenden Monat. Für gewerbliche Mitarbeiter, die nach Stunden bezahlt werden, wird die Angabe der regelmäßigen Arbeitszeit durch die Stundeneingabe bei den Lohnarten (z. B. 0001 Lohn) übersteuert.*

So erfassen Sie die Personaldaten

2.8 Urlaubsanspruch und Gefahrentarif

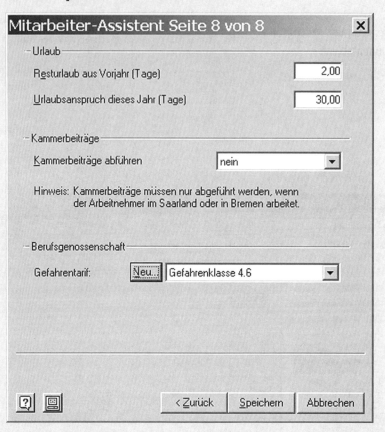

Im achten Dialog des Mitarbeiterassistenten „Sonstiges" lassen sich der Urlaubsanspruch, die Gefahrenklasse der Tätigkeit des Arbeitnehmers und ggf. die Beitragspflicht zur Arbeiter- oder Angestelltenkammer erfassen. Der Dialog wird automatisch im Mitarbeiter-Assistenten zur Verfügung gestellt oder lässt sich über den Menüpfad „DATEI/PERSONAL-MANAGER..." nach Auswahl des Mitarbeiters öffnen.

Urlaub

Tritt ein Arbeitnehmer in den ersten Monaten des Jahres in die Firma ein und bringt noch Urlaubsanspruch vom Vorarbeitgeber mit, kann dieser unter „Resturlaub aus Vorjahr" eingetragen werden. Wurde bereits im Vorjahr mit Lexware lohn + gehalt bzw. Lexware lohn + gehalt *plus* gearbeitet und waren die Urlaubstage gepflegt, wird nicht genommener Urlaub automatisch in das Folgejahr übertragen. Der übertragene Urlaub wird im Feld „Urlaub aus Vorjahr" ausgewiesen und kann manuell geändert werden. Der neue Urlaubsanspruch im laufenden Jahr wird als Vorschlagswert aus dem Vorjahr übernommen.

Der Resturlaub des Vorjahres und der Anspruch des laufenden Jahres werden als Gesamtanspruch zusammengefasst. Die Abtragung des Urlaubs wird unter den Abrechnungsangaben durchgeführt. Über die Menüfolge „DATEI/MITARBEITER ÖFFNEN .../BEARBEITEN/ABRECHNUNG FÜR MONAT [Monat]" lässt sich der Abrechnungsdialog aufrufen. Mittels der Baumstruktur in der linken Dialoghälfte kann durch Anklicken der Option „SONSTIGE ANGABEN/FEHLZEITEN" genommener Urlaub erfasst werden.

So erfassen Sie die Personaldaten

Es kann keine Regel hinterlegt werden, dass zuerst Urlaub aus dem Vorjahr abgetragen wird oder zu welchem Zeitpunkt der Urlaub aus dem Vorjahr verfällt.

PRAXIS-TIPP

Der Urlaubsanspruch aus laufendem Jahr und aus dem Vorjahr wird auf der Entgeltabrechnung ausgewiesen. Der in den Stammdaten hinterlegte Urlaub(-anspruch) wird in der Regel während des Jahres nicht mehr geändert.

Kammerbeiträge

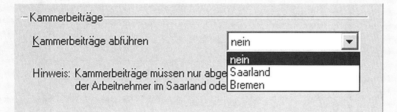

In den Bundesländern Bremen und Saarland gibt es eine Arbeitnehmervertretung – die Arbeitnehmerkammer –, die zur Erhebung von Beiträgen im Quellenverfahren berechtigt ist. Durch Auswahl der Option „Kammerbeitrag" für das Saarland bzw. für die Arbeitnehmerkammer Bremen werden die Berechnung der Beiträge automatisch von Lexware lohn + gehalt bzw. Lexware lohn + gehalt *plus* durchgeführt und diese dem Mitarbeiter vor der Auszahlung abgezogen. Der Kammerbeitrag wird wie die Ergänzungssteuern auf der Lohnsteueranmeldung ausgewiesen. „Steuerpflichtig" ist nur der Arbeitnehmer.

Nur wenn in den Firmendaten im Dialog „Allgemeines" das Bundesland Bremen oder Saarland eingestellt ist, werden die abzuführenden Beiträge auf der Lohnsteueranmeldung für das Finanzamt ausgewiesen.

PRAXIS-TIPP

Berufsgenossenschaft

Jeder Arbeitgeber ist kraft Gesetzes verpflichtet, Mitglied in der für seinen Gewerbezweig errichteten Berufsgenossenschaft (BG) zu werden. In der Berufsgenossenschaft sind alle Arbeitnehmer der Firma, unabhängig von Alter, Tätigkeit, Betriebszugehörigkeit, Einkommen etc. unfallversichert. Auch Praktikanten und Aushilfen (geringfügig/kurzfristig Beschäftigte) sind bei Arbeitsunfällen über die Berufsgenossenschaft versichert.

Für die Meldung an die BG ist dem Mitarbeiter seine Gefahrenklasse zuzuordnen. Anhand dieser Einteilung kann im Abrechnungsmonat Dezember eine Liste für die Meldung zur Berufsgenossenschaft erstellt werden. Bei erstmaliger Anlage eines Mitarbeiters ist noch kein Gefahrentarif hinterlegt. Über die Schaltfläche „Neu…" können Sie Gefahrenklassen neu er-

So erfassen Sie die Personaldaten

fassen, löschen oder ändern. Eine Bearbeitung der Gefahrenklassen ist auch über den Menüpfad „VERWALTUNG/GEFAHRENKLASSE …" möglich.

Die Bezeichnung der Gefahrenklasse unterliegt keiner Prüfung. Sie sollte jedoch so gewählt werden, dass sie der jährlichen Meldung – dem Lohnnachweis – an die Berufsgenossenschaft entspricht. Mit der Zuordnung des Mitarbeiters zu einem Gefahrentarif werden seine geleisteten Arbeitsstunden (vgl. wöchentliche Arbeitszeit) und sein Arbeitsentgelt in die Kumulation der Berufsgenossenschaftsliste aufgenommen. Die Angaben der Berufsgenossenschaftsliste können in der Regel direkt in das Formular „Lohnnachweis" übernommen werden. Die Einteilung der Berufsgenossenschaftsliste entspricht den Eintragungen unter Gefahrenklasse.

PRAXIS-TIPP

Die Berufsgenossenschaftsliste ist nur dann vollständig, wenn das gesamte Jahr mit Lexware lohn + gehalt bzw. Lexware lohn + gehalt plus abgerechnet wurde. Bei einem Beginn während des Kalenderjahres ist die Liste um die Vortragswerte aus eigener Firma zu ergänzen. Außerdem ist bei der Anlage von neuen Lohnarten auf den Ausweis in der BG-Liste zu achten.

2.9 Eintritt während des Kalenderjahres – Vorträge Fremdfirmen

Nach dem Speichern des achten Dialogs des Mitarbeiter-Assistenten erfolgt eine Abfrage, ob Vorträge oder Entgeltangaben für den Mitarbeiter erfasst werden sollen. Tritt ein Arbeitnehmer neu in das Unternehmen ein und war dieser während des laufenden Kalenderjahres bereits in einem anderen Unternehmen beschäftigt, müssen die Vorträge aus „Fremdfirmen" gepflegt werden. Die Angaben zu Vorbeschäftigungen sind nur für die Lohnsteuerberechnung relevant. Aus diesem Grund sind im Dialog Vorträge „Fremdfirmen" nur die Steuertage und

So erfassen Sie die Personaldaten

das Gesamtbrutto zu erfassen. War der Arbeitnehmer im laufenden Kalenderjahr noch nicht steuerpflichtig beschäftigt oder hat nur pauschal versteuerte, geringfügige Beschäftigungen ausgeübt, sind keine Angaben unter den Vorträgen erforderlich.

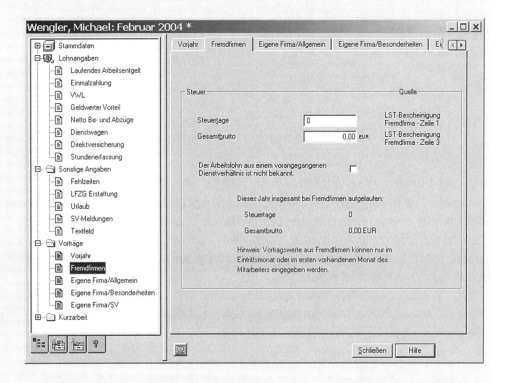

Steuertage

Hat der Arbeitnehmer bei Eintritt in Ihr Unternehmen während des Kalenderjahres bereits Vorbeschäftigung(en) aufzuweisen, ist die Anzahl der Steuertage aller Vorbeschäftigungen zu erfassen. Steuerrechtlich besteht jeder Kalendermonat aus 30 Steuertagen. War der Arbeitnehmer beispielsweise vom 01.01. bis 28.02. des laufenden Jahres in einem anderen Unternehmen beschäftigt, so sind 60 Tage im Feld „Steuertage" zu erfassen. Der Beschäftigungszeitraum kann den Angaben der Lohnsteuerkarte bzw. der Lohnsteuerbescheinung entnommen werden.

Gesamtbrutto

Im Feld „Gesamtbrutto" ist der steuerpflichtige Arbeitslohn entsprechend der Zeile 3 der Lohnsteuerkarte bzw. Lohnsteuerbescheinigung einzutragen. Das Gesamtbrutto enthält keine steuerfreien Bezüge wie beispielsweise steuerfrei erstattetes Fahrgeld.

Der steuerpflichtige Arbeitslohn wird für die Ermittlung der Lohnsteuer auf Einmalzahlungen berücksichtigt. Die Eingabe fließt in den „voraussichtlichen Jahresarbeitslohn" ein. Wird der Vortrag aus Fremdfirma nicht erfasst, führt dies zu einem geringeren Lohnsteuerabzug bei Einmalzahlungen und ggf. zu einer Nachzahlung bei der Einkommensteuer-Erklärung des Mitarbeiters.

So erfassen Sie die Personaldaten

Arbeitslohn ist nicht bekannt

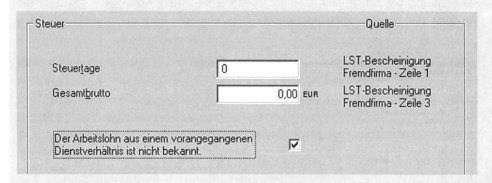

Kann der Arbeitnehmer keine Lohnsteuerkarte vorlegen oder sind die steuerpflichtigen Einkünfte aus Vorbeschäftigungen aus anderen Gründen nicht bekannt, ist die Option „Der Arbeitslohn aus einem vorangegangenen Dienstverhältnis ist nicht bekannt" zu wählen. Die Auswahl der Option hat unter anderem Einfluss auf den Lohnsteuer-Jahresausgleich. Für Mitarbeiter mit Fehlzeiten bzw. unvollständigen Lohnzahlungszeiträumen darf kein Lohnsteuer-Jahresausgleich durchgeführt werden.

Kann der Arbeitslohn aus Vorbeschäftigungen nicht ermittelt werden, erfolgt ein entsprechender Ausweis auf dem Lohnkonto des Mitarbeiters.

PRAXIS-TIPP

Beachten Sie: Vorträge aus Fremdfirmen sind nur von Bedeutung, wenn der Mitarbeiter im laufenden Kalenderjahr eine Einmalzahlung erhält. Werden keine Einmalzahlungen wie Urlaubsgeld oder Weihnachtsgeld gezahlt, kann die Erfassung der Vorträge aus Fremdfirmen unterbleiben. Liegen keine Vorträge aus Fremdfirmen vor, ist darauf zu achten, dass der Lohnsteuer-Jahresausgleich für diesen Mitarbeiter nicht durchgeführt wird.

So erfassen Sie die Personaldaten

Σ Zusammenfassung

In diesem Kapitel haben Sie die Erfassung der Mitarbeiterdaten (Stammdaten) kennen gelernt. In den Mitarbeiterdaten erfassen Sie alle abrechnungs- und melderelevanten Informationen. Vollständige und richtige Mitarbeiterdaten sind die wichtigste Voraussetzung für korrekte Abrechnungen.

- Unter den persönlichen Angaben erfassen Sie das Geburtsdatum und die Staatsangehörigkeit, welche für die Steuerung eines Altersentlastungsbetrages und das Meldewesen relevant sind.

- Die Schnittstelle zur Finanzbuchhaltung bzw. die Kostenverteilung auf Kostenstellen ist im Dialog „Firma" definiert. Mit dem Eintritts- bzw. Austrittsdatum legen Sie fest, ob im aktuellen Abrechnungsmonat für den Mitarbeiter eine Meldung zur Sozialversicherung zu erstellen ist.

- Mit dem Dialog „Status" steuern Sie, ob die Firma für den Mitarbeiter Umlagen zu den Ausgleichskassen U1 und/oder U2 entrichten muss. Liegt das Arbeitsentgelt zwischen 400,01 € und 800 € kann über die Gleitzonenregelung der ermäßigte Arbeitnehmerbeitrag zu den Sozialversicherungen hinterlegt werden.

- Der Dialog „Meldewesen" dient zur Erfassung aller Daten für die so genannte Meldung zur Sozialversicherung. Alle Angaben für die An- und Abmeldung sowie Meldungen bei bestehendem Arbeitsverhältnis werden in diesem Dialog gespeichert.

- Auf der Karte Kassen legen Sie die Beitragspflicht zur Kranken-, Pflege-, Renten- und Arbeitslosenversicherung fest und bestimmen, an welche Krankenkasse die Beiträge abgeführt werden sollen. Die Höhe der Beiträge ermittelt Lexware lohn + gehalt/*plus* aus dem Arbeitsentgelt und weist diese auf dem Beitragsnachweis an die Krankenkasse aus.

- Über den Dialog „Steuerkarte" wird die steuerliche Behandlung des Arbeitslohns festgelegt. Neben den Angaben zur grundsätzlichen Steuerpflicht des Arbeitnehmers erfassen Sie die Besteuerungsmerkmale aufgrund der Lohnsteuerkarte. Die Angaben zur pauschalen Lohnsteuer haben nur Bedeutung, sofern der Mitarbeiter pauschal versteuerte Lohnbestandteile, z. B. eine Direktversicherung, erhält.

- Regelmäßige Arbeitszeiten und die Summe der zu meldenden Arbeitszeiten legen Sie im Dialog „Wöchentliche Arbeitszeit" fest. Neben dem statistischen Ausweis für die Berufsgenossenschaft benötigen Sie diese Angaben für Stundenlisten, die Bestandteil des Lohnkontos sind.

- Urlaubsanspruch, die Beitragspflicht zu Arbeiterkammern und die Einstufung der Tätigkeit in einen Gefahrentarif nehmen Sie im Dialog „Sonstiges" vor.

- Tritt der Arbeitnehmer während des laufenden Kalenderjahres in das Unternehmen ein und war seit dem 1. Januar bereits steuerpflichtig beschäftigt, sind die Angaben zu Vorträgen aus Fremdfirmen zu pflegen. Das Steuerbrutto fließt in die Berechnung der Lohnsteuer aus Einmalzahlungen ein.

So erfassen Sie die Personaldaten

📖 Übung

Legen Sie folgende Mitarbeiter neu an:

Christiane Ludwig – Arbeiterin
Bernhard Schuler – Angestellter
Jörg Waiblinger – Aushilfe
Vera Fritz – Rentnerin

	Mitarbeiter 1	Mitarbeiter 2
Personalnummer:	001	002
Vorname, Name:	Christiane Ludwig	Bernhard Schuler
Straße:	Bergstr. 7	Friedrichweg 21
PLZ, Ort:	79111 Freiburg	79112 Freiburg
Telefon:	0761-433578	0761-6966853
Geburtsdatum:	05.10.1970	16.08.1963
Eintritt:	01.01.1998	01.04.1986
Betriebsstätte:	Hauptsitz	Hauptsitz
Abteilung/Kürzel:	Service/SV	Vertrieb/VT
Kostenstelle:	20210 Reparaturservice	20230 Vertrieb Inland
Zahlungsart:	Datenträger	Datenträger
Bank:	Commerzbank Freiburg	Commerzbank Freiburg
BLZ:	68040007	68040007
Konto Nr.:	0034544702	0088001239
Abweichender Kontoinhaber:	nein	nein
Rentner:	nein	nein
Geringverdiener:	nein	nein
Mehrfachbeschäftigung:	nein	nein
Gleitzonenregelung:	Monatslohn ca. 2.500 €	Monatsgehalt ca. 4.000 €
Umlagekasse:	Schwenninger BKK	AOK Baden-Württemberg
Kürzel:	BKK-Schw	AOK-BW
Straße:	Winkelstraße 7-9	Breitscheidstr. 20
PLZ, Ort:	78056 Villingen-Schwenningen	70176 Stuttgart
Betriebsnummer:	66458477	67329358
Bank:	Commerzbank Schwenningen	Postbank Stuttgart
BLZ:	69440007	60010070
Konto-Nr.:	0001438530	0002439702
Beiträge gültig ab:	01.01.2003	01.01.2003
Allgemeiner Beitrag:	13,9 %	14,9 %
Erhöhter Beitrag:	16,4 %	18,5 %
Ermäßigter Beitrag:	12,8 %	13,9 %
Erstattungssatz U1:	70 %	80 %
Beitrag Umlage U1:	2,3	2,7
Erstattung U1 nur bis BBG:	ja	ja
Erstattung SV-AG-Anteil U1:	tatsächlicher Anteil	tatsächlicher Anteil
Umlage U2:	0,10	0,20
Erstattung U2 nur bis BBG:	ja	ja
Erstattung SV-AG-Anteil U2:	nein	nein
Beitragskonto-Nr.:	264317	622711
Zahlungsart:	Datenträger	Datenträger
Sozialversicherungs-Nr.:	26051070-L-504	26160863-S-328
Tätigkeitsschlüssel A:	Elektronikfacharbeiter, o.n.A.	Vertriebsbeauftragter EDV (774)

So erfassen Sie die Personaldaten

Berufsbezeichnung:	Anlagenelektroniker	Vertriebsbeauftragter
Stellung im Beruf:	Facharbeiter	Angestellter
Ausbildung:	mit Berufsausbildung	Fachabschluss
Personengruppe:	Vollzeit-Beschäftigter	Vollzeit-Beschäftigter
Krankenkasse:	Schwenninger BKK	Techniker Krankenkasse
Kürzel:	BKK-Schw	TKK
Straße:		Bramfelder Str. 140
PLZ, Ort:		22305 Hamburg
Betriebsnummer:		15027365
Bank:		Commerzbank Freiburg
BLZ:		68040007
Konto-Nr.:		0016324437
Beiträge gültig ab:	01.01.2003	01.01.2003
Allgemeiner Beitrag:		13,7 %
Erhöhter Beitrag:		15,5 %
Ermäßigter Beitrag:		12,7 %
KV-pflichtversichert:	ja	nein
Zuschuss:		238,89 €
Überweisung:		477,79 €
Freiwilliger Pflegebeitrag:		29,64 €
Überweisung PV:		59,29 €
Aufstockung i.d. Rentenver.:	nein	nein
Steuerklasse:	III	III
Kinder:	0,0	2,0
Konfession:	rk	ev
Konfession des Ehegatten:	ev	–
Freibetrag (jährlich):	0,0 €	12.000 €
Pauschale Kirchensteuer:	alle pauschal	alle pauschal
Finanzamt:	Freiburg Stadt	Freiburg Stadt
Gemeinde:	Freiburg	Freiburg
Arbeitsstunden:	8 Stunden	8 Stunden
Arbeitstage:	5 Tage	5 Tage
Resturlaub Vorjahr:	4	7
Urlaubsanspruch:	30	30
Gefahrentarif:	2.7	3.1
Erfassen von Lohnangaben:	nein	nein

	Mitarbeiter 3	Mitarbeiter 4
Personalnummer:	003	004
Vorname, Name:	Jörg Waiblinger	Vera Fritz
Straße:	Eisestraße 9	Talstraße 13
PLZ, Ort:	79217 Opfingen	79295 Sulzburg
Telefon:	0761-433578	07634-702061
Geburtsdatum:	14.07.1972	21.06.1935
Eintritt:	15.01.2004	01.07.2000
Betriebsstätte:	Hauptsitz	Hauptsitz
Abteilung/Kürzel:	Netzwerk/NW	Redaktion/RK
Kostenstelle:	20220 Netzwerktechnik	20240 Redaktion Buchhaltung

So erfassen Sie die Personaldaten

Zahlungsart:	Datenträger	Datenträger
Bank:	Commerzbank Freiburg	Commerzbank Freiburg
BLZ:	68040007	68040007
Konto-Nr.:	0026174472	0017264451
Abweichender Kontoinhaber:	nein	nein
Rentner:	nein	Altersvollrente
Geringverdiener:	nein	nein
Mehrfachbeschäftigung:	nein	nein
Gleitzonenregelung:	Monatslohn ca. 400 €	Monatsgehalt ca. 2.400 €
Umlagekasse:	AOK Baden-Württemberg	AOK Baden-Württemberg
Straße:	Breitscheidstr. 20	Breitscheidstr. 20
PLZ, Ort:	70176 Stuttgart	70176 Stuttgart
Betriebsnummer:	67329358	67329358
Bank:	Postbank Stuttgart	Postbank Stuttgart
BLZ:	60010070	60010070
Konto-Nr.:	0002439702	0002439702
Allgemeiner Beitrag:	14,90 %	14,90 %
Erhöhter Beitrag:	18,50 %	18,50 %
Ermäßigter Beitrag:	13,90 %	13,90 %
Erstattungssatz U1:	80 %	80 %
Beitrag Umlage U1:	2,7	2,7
Erstattung U1 nur bis BBG:	Ja	ja
Erstattung SV-AG-Anteil U1:	tatsächlicher Anteil	tatsächlicher Anteil
Umlage U2:	0,2	0,2
Erstattung U2 nur bis BBG:	ja	ja
Erstattung SV-AG-Anteil U2:	nein	nein
Beitragskonto-Nr.:	622711	622711
Zahlungsart:	Datenträger	Datenträger
Sozialversicherungs-Nr.:	26140772-W-221	26210635-D-614
Geburtsname:		
Tätigkeitsschlüssel A:	EDV-Mitarbeiter o.b.A. (774)	Layouter Werbefachmann (703)
Berufsbezeichnung:	Netzwerkspezialist	Layouterin
Stellung im Beruf:	angestellter Teilzeitbeschäftigter (< 18 Std.)	Angestelle Teilzeitbeschäftigte (> 18 Std.)
Ausbildung:	mit Abitur ohne Berufsausbildung	mit Berufsausbildung
Personengruppe:	geringfügig	Altersvollrentner
Krankenkasse:	AOK Baden-Württemberg	Techniker Krankenkasse
Straße:		
PLZ, Ort:		
Betriebsnummer:		
Bank:		
BLZ:		
Konto-Nr.:		
Allgemeiner Beitrag:		
Erhöhter Beitrag:		
Ermäßigter Beitrag:		
KV-pflichtversichert:	Ja	Ja
Zuschuss:		
Überweisung:		
Freiwilliger Pflegebeitrag:		
Überweisung PV:		

So erfassen Sie die Personaldaten

Aufstockung i.d. Rentenver.:	Ja	Nein
Steuerklasse:	I	III
Kinder:	0,0	0,0
Konfession:	--	ev
Konfession des Ehegatten:	--	ev
Freibetrag (jährlich):	0,0 €	0,0 €
Pauschale Kirchensteuer:	alle pauschal	alle pauschal
Finanzamt:	Freiburg Land	Freiburg Land
Gemeinde:	Freiburg	Freiburg
Arbeitsstunden:		
Montag:	08:00 – 12:00	4 Stunden
Dienstag:	14:00 – 17:00	7 Stunden
Mittwoch:	14:00 – 17:00	4 Stunden
Donnerstag:	08:00 – 12:00	7 Stunden
Freitag:	13:00 – 16:00	5 Stunden
Arbeitsstunden:	3,4 Stunden	5,4 Stunden
Arbeitstage:	5 Tage	5 Tage
Resturlaub Vorjahr:	0	2
Urlaubsanspruch:	12	25
Gefahrentarif:	3.10	3.10
Erfassen von Lohnangaben:	nein	nein

3 So bereiten Sie die Lohnabrechnung vor

✓ Lernziele des Kapitels

In diesem Kapitel lernen Sie die Lohnarten-Verwaltung von Lexware lohn + gehalt/*plus* kennen. Neben dem Einrichten neuer Entlohnungsbestandteile werden die Zuweisung von Buchhaltungskonten und das Einrichten des Lohnabrechnungsfensters dargestellt. Am Ende dieses Kapitels sollten Sie in der Lage sein, für eine bestehende Firma:

- die Lohnartenklassen von Lexware lohn + gehalt/*plus* zu unterscheiden,

- neue Lohnarten in den Kassen Laufendes Arbeitsentgelt, Einmalzahlung, GWV und Nettobe- und -abzüge einzurichten,

- Lohnarten zu kopieren und manuell anzulegen,

- Lohnarten untereinander zu verknüpfen,

- Lohnarten mithilfe der Lohnartenliste zu überprüfen,

- neuen Lohnarten ihr Finanzbuchhaltungskonto zuzuweisen,

- Lohnarten im Abrechnungsdialog ein- und auszublenden.

So bereiten Sie die Lohnabrechnung vor

3.1 Einrichten neuer Lohnbestandteile – Verwaltung der Lohnarten

Lexware lohn + gehalt sowie Lexware lohn + gehalt *plus* arbeitet mit sieben Lohnartenklassen, Laufendes Arbeitsentgelt, Einmalzahlung, Geldwerter Vorteil, Nettobe- und -abzüge, Dienstwagen und Direktversicherung. Die Lohnartenklassen wiederum bestehen aus so genannten Basislohnarten. Diese sind die bei der Auslieferung bereits fest definiert und können vom Anwender nicht geändert werden. Die Einteilung der Basislohnarten in Lohnartenklassen resultiert aus der unterschiedlichen steuer- und sozialversicherungsrechtlichen Behandlung der Lohnbestandteile sowie bestimmten Eigenschaften für den Ausweis auf der Lohnabrechnung und der Lohnsteuerkarte.

Sollen die Bezeichnungen der im Standard ausgelieferten Lohnarten geändert oder neue Entlohnungsbestandteile aufgenommen werden, ist eine neue Lohnart anzulegen. Neben den bereits im System definierten Basislohnarten können Sie in den Lohnartenklassen „Laufendes Arbeitsentgelt", „Einmalzahlung", „Geldwerter Vorteil" und „Nettobe- und -abzüge" eigene Lohnarten anlegen. Die Lohnartenverwaltung lässt sich über den Menüpfad „VERWALTUNG/LOHNARTEN ..." starten.

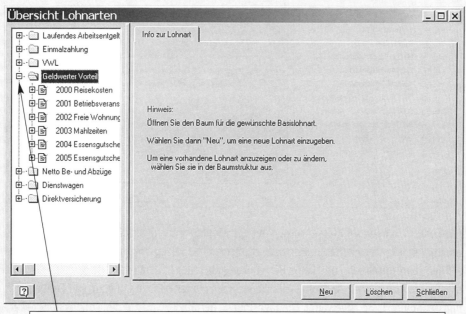

Anklicken, um Basislohnarten und selbst angelegte Lohnbestandteile darzustellen

In der linken Dialoghälfte des Lohnarten-Assistenten stehen die Lohnartenklassen zur Verfügung. Per Mausklick auf das Pluszeichen ⊞ lassen sich alle bereits angelegten Lohnarten darstellen. Lohnarten, die mit einem roten Haken versehen sind (✓), lassen sich in ihren Eigenschaften nicht ändern. Soll die Eigenschaft einer bestehenden Lohnart geändert werden, muss die Lohnart kopiert und mit einem neuen Gültigkeitsdatum versehen werden.

So bereiten Sie die Lohnabrechnung vor

Wenn Sie nach dem Anlegen einer Lohnart einen Monatswechsel durchführen, setzt Lexware lohn + gehalt die Lohnart automatisch auf „bebucht" und sie kann nicht mehr geändert oder gelöscht werden. Das Löschen von Lohnarten ist nur in dem Abrechnungszeitraum möglich, in dem Sie diese angelegt haben. Die mit Lexware lohn + gehalt ausgelieferten Lohnarten sind automatisch auf „gebucht" gesetzt. Sollen die Eigenschaften geändert werden, ist die Lohnart mit einem neuen „Gültig ab:" Datum zu kopieren.

3.2 Einteilen der Lohnarten in Lohnartenklassen

In Lexware lohn + gehalt/*plus* sind die ausgelieferten Lohnarten in sieben Lohnartenklassen eingeteilt. Hinter jeder Lohnartenklasse steht eine bestimmte systemtechnische Behandlung aller Lohnarten in dieser Klasse.

Laufendes Arbeitsentgelt

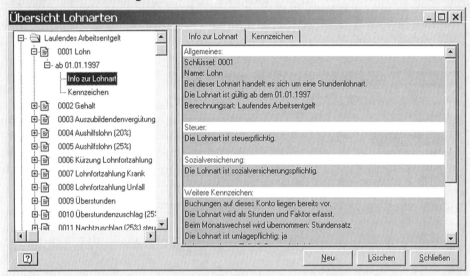

Alle Lohnarten in dieser Klasse werden mit der Monats- oder Tageslohnsteuertabelle versteuert. Im Vergleich zur Einmalzahlung bzw. zum sonstigen Bezug erfolgt keine „Hochrechnung" auf den Jahresbruttolohn und keine Besteuerung nach der Jahrestabelle. Ist der Lohnbestandteil steuerpflichtig, wird die Monatslohnsteuertabelle unter Berücksichtigung von Freibeträgen und der Steuerklasse angewandt. Die Tageslohnsteuertabelle wird auf den Lohnbestandteil angewendet, sofern der Mitarbeiter nicht den gesamten Monat beschäftigt war (Eintritt/Austritt während des Abrechnungsmonats). Lohnarten in der Klasse „Laufendes Arbeitsentgelt" können steuerfrei oder steuerpflichtig sein oder mit einem festen (pauschalen) Satz versteuert werden. Die Eigenschaften einer Lohnart lassen sich über die Option „Infos zur Lohnart" ermitteln.

Ist die Lohnart als sozialversicherungspflichtig gekennzeichnet, werden Beiträge nur bis zur jeweiligen monatlichen Beitragsbemessungsgrenze ermittelt. Lexware lohn + gehalt/*plus* berücksichtigt bei der Beitragsermittlung die anteilige monatliche Beitragsbemessungsgrenze bei Ein-/Austritten während des Abrechnungsmonats.

So bereiten Sie die Lohnabrechnung vor

> *Beachten Sie: Die Lohnart bestimmt nicht ausschließlich die steuer- und sozialversicherungrechtliche Behandlung eines Bezugs. Ist ein Mitarbeiter in den Stammdaten als steuerfrei Beschäftiger geschlüsselt, wird trotz Steuerpflicht bei einer Lohnart keine Lohnsteuer für diesen Mitarbeiter ermittelt. Ist hingegen die Lohnart als steuerfrei in der Lohnartenverwaltung hinterlegt, wird unabhängig davon, ob der Mitarbeiter steuerfrei ist, auf Lohnsteuerkarte arbeitet oder in den Stammdaten pauschal versteuert gepflegt wurde, keine Lohnsteuer für den Lohnbestandteil ermittelt.*

Einmalzahlung

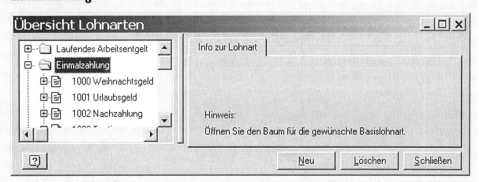

Lohnarten in der Klasse „Einmalzahlung" werden grundsätzlich mit der Jahreslohnsteuertabelle versteuert. Für die Besteuerung wird vom System auf Grundlage des im Abrechnungsjahr aufgelaufenen Steuerbruttos eine „Schätzung" des voraussichtlichen Jahresarbeitslohns vorgenommen. Die Lohnsteuer auf den Entgeltbestandteil in der Klasse „Einmalzahlung" wird dann aus dem voraussichtlichen Jahresbezug und der Jahreslohnsteuertabelle ermittelt. Die Steuerermittlung erfolgt jedoch nur, sofern die Lohnart als steuerpflichtig geschlüsselt ist. Wird die Lohnart als steuerfrei angelegt, erfolgt auch dann keine Steuerermittlung, wenn der Mitarbeiter in seinen Stammdaten als steuerpflichtig geschlüsselt wurde. Soll die neu anzulegende Lohnart als steuerpflichtiger Teil einer Abfindungen behandelt werden, wählen Sie die Option „Abfindung". Lexware lohn + gehalt/*plus* wendet für die Steuerberechnung aus diesen Entgeltbestandteilen die so genannte Fünftelregelung an. Bei der Fünftelregelung wird nur ein Fünftel des Bezugs der Lohnsteuer unterworfen, die sich ergebende Steuer wird dann jedoch verfünffacht. Bei Zahlungen für mehrere Jahre gilt seit April 1999 ebenfalls die Fünftelregelung – es ist die Option „Mehrjahresvergütung" zu wählen. Beispiele für mehrjährigen Arbeitslohn sind die Jubiläumszuwendung oder eine Erfindervergütung.

Die Beiträge zu den Sozialversicherungen werden nicht bis zur monatlichen Beitragsbemessungsgrenze ermittelt, sondern bis zur anteiligen jährlichen Bemessungsgrenze. Zusätzlich pürft Lexware lohn + gehalt/*plus,* ob die Märzklausel anzuwenden ist. Diese SV-rechtliche Behandlung kennzeichnet alle ausgelieferten und neu angelegten Lohnarten in der Klasse „Einmalzahlung" – sofern die Lohnart sozialversicherungspflichtig ist.

Beispiele für zusätzliche Einmalzahlungen sind Bonuszahlungen, Urlaubsabgeltungen, 13. Monatsgehalt oder laufend ausgezahltes Urlaubsgeld.

So bereiten Sie die Lohnabrechnung vor

Geldwerter Vorteil (GWV)

Lohnarten in der Klasse „Geldwerter Vorteil" zeichnen sich dadurch aus, dass der eingegebene Betrag den Bruttolohn erhöht, das Entgelt jedoch wieder zwischen Nettoverdienst und Auszahlung abgezogen wird.

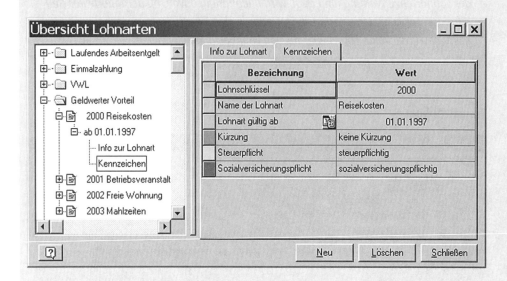

Beispiele für neue Lohnbestandteile in dieser Klasse können steuerpflichtige Sachbezüge (z.B. Waren, Mahlzeiten), Kosten eines Firmenwagens, wenn ein Fahrtenbuch geführt wird, oder steuerpflichtige Betriebsveranstaltungen sein.

Steuerlich werden Lohnarten in dieser Klasse immer mit der Tages- oder Monatslohnsteuertabelle besteuert, sofern der Lohnbestandteil steuerpflichtig geschlüsselt ist. Wird eine pauschale Versteuerung hinterlegt, ergibt sich die Lohnsteuer auf diesen Bezug immer nach dem festen (pauschalen) Satz, unabhängig von der Höhe des Bezugs oder der Steuerklasse des Mitarbeiters, der diesen Bezug erhält. Bei einer pauschalen Versteuerung wird die Pauschalsteuer von dieser Lohnart ermittelt, unabhängig davon, ob der Mitarbeiter auf Lohnsteuerkarte arbeitet oder als Beschäftigter mit einem Mini-Job nur der Abgeltungssteuer unterliegt.

Ist eine neue Lohnart in der Klasse „geldwerter Vorteile" sozialversicherungspflichtig geschlüsselt, werden Beiträge bis zur monatlichen Beitragsbemessungsgrenze in der Kranken- und Pflegeversicherung bzw. Renten- und Arbeitslosenversicherung ermittelt. Ist der Geldwerte Vorteil steuerfrei oder kann pauschal versteuert werden, unterliegt er nicht den Beiträgen zu den Sozialversicherung – er ist sozialversicherungsfrei.

So bereiten Sie die Lohnabrechnung vor

Nettobe- und -abzüge

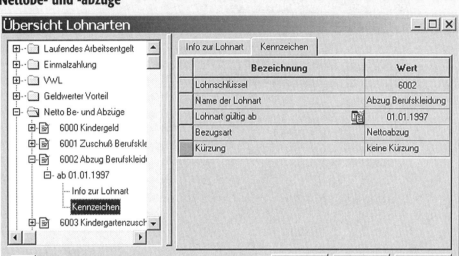

Die Lohnarten in der Klasse „nettobe- und -abzüge" erhöhen (Nettobezug) oder verringern (Nettoabzug) die Auszahlung an den Arbeitnehmer. Alle Lohnarten in dieser Lohnartenklasse sind steuerfrei und unterliegen nicht den Beiträgen zu den Sozialversicherungen. Beispiele sind steuerfreie Auszahlungen an den Mitarbeiter, der Abzug von Darlehensraten oder der Abzug einer zweiten oder weiterer Pfändungen.

Alle Lohnarten in dieser Klasse haben keinen Einfluss auf den Bruttolohn, sie werden nicht auf der Lohnsteuerkarte ausgewiesen und nicht im Meldewesen berücksichtigt.

VWL, Dienstwagen, Direktversicherung

In diesen Klassen können keine neuen Lohnarten definiert werden. Alle möglichen Entlohnungsbestandteile sind breits im Lieferumfang enthalten. In der Klasse VWL lassen sich bis zu drei vermögenswirksame Sparverträge pro Mitarbeiter pflegen.

Die Klasse „Dienstwagen" ermöglich die Berechnung nach der sogenannten 1-%-Methode für die Versteuerung eines Firmenwagens. Soll der Firmenwagen nicht mit der 1-%-Methode versteuert werden, müssen entsprechende Lohnarten in der Lohnartenklasse „Geldwerter Vorteil" angelegt werden.

In der Klasse „Direktversicherung" können bis zu drei steuerbegünstigte Versicherungsverträge pro Mitarbeiter angelegt werden.

3.3 Anlegen einer Lohnart in der Klasse „Laufendes Arbeitsentgelt"

Für die Anlage einer neuen Lohnart ist nach dem Aufruf der Lohnartenverwaltung in der Baumstruktur auf der linken Seite der Lohnartenübersicht zunächst die Lohnartenklasse (z. B. Laufendes Arbeitsentgelt) zu wählen. Über die Schaltfläche „Neu" starten Sie den Lohnarten-Assistenten.

So bereiten Sie die Lohnabrechnung vor

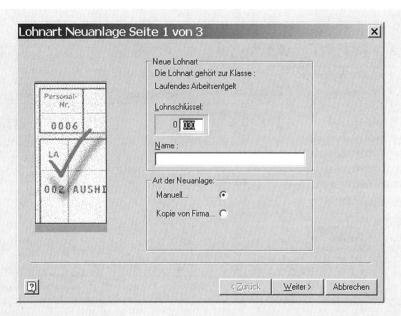

Im Lohnarten-Assistenten wird unter „Lohnschlüssel" die nächste freie Nummer vorgeschlagen. Der vorgeschlagene Lohnartenschlüssel sollte möglichst übernommen werden. Der Schlüssel sollte nur dann geändert werden, wenn ein bestehendes Lohnartenkonzept (z. B. Gehaltslohnarten 04x, Stundenlöhne 05x, Aushilfslöhne 06x etc.) vorliegt. Nach Eingabe der Lohnartbezeichnung legen Sie fest, ob die neu anzulegende Lohnart manuell oder als Kopie einer bereits bestehenden Lohnart erstellen werden soll.

3.3.1 Manuelles Anlegen einer neuen Lohnart

Für das Anlegen neuer Lohnarten stellt Lexware lohn + gehalt zwei Möglichkeiten zur Verfügung: das manuelle Anlegen einer Lohnart oder deren Anlage als Kopie einer bestehenden Lohnart.

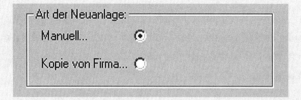

Bei einer manuellen Neuanlage können die folgenden Eigenschaften der Lohnart beeinflusst werden:

- die Bezeichnung,
- der Gültigkeitsbeginn,
- die Erfassungsart der Lohnart,
- Eingeltkürzung bei Ein-/Austritt oder Krankheit,
- die Steuerpflicht,
- die Sozialversicherungspflicht,
- die Verknüpfung mit einer bestehenden Lohnart (Zuschlag).

So bereiten Sie die Lohnabrechnung vor

Die automatische Übernahme des Entgelts beim Monatswechsel, die Umlagepflicht, die Zuweisung zum Gesamtbrutto, der Ausweis auf der Lohnsteuerkarte und in der BG-Liste wird automatisch von der Lohnart „0001 Lohn" übernommen und kann nicht geändert werden. Wollen Sie die Lohnart manuell und nicht als Kopie einer bereits bestehenden Lohnart anlegen, wählen Sie die Option „Art der Neuanlage: Manuell ...". Über die Schaltfläche „Weiter >" rufen Sie die zweite Seite des Lohnarten-Assistenten auf.

Lohnart Gültig ab

Mit dem Gültigkeitsbeginn legen Sie fest, ab welchem Abrechnungsmonat die Lohnart zur Verfügung steht. Bei bestehenden Lohnarten geben Sie an, ab welchem Abrechnungsmonat die geänderten Lohnarteneigenschaften gelten sollen.

Bezeichnung	Wert
Lohnschlüssel	30
Name der Lohnart	Tariferhöhung (Lohn)
Lohnart gültig ab	01.01.2004

Freigabe des Datums

Über die Schaltfläche „Datum" lässt sich das Datumsfeld zur Eingabe freigeben. Wurde mit der Lohnart bereits eine Entgeltabrechnung durchgeführt und anschließend der Monat abgeschlossen, können die Eigenschaften der Lohnart erst ab dem aktuellen Abrechnungsmonat geändert werden. Wird der Lohnart ein Datum für eine zukünftige Abrechnungsperiode zugewiesen, erfolgt die Darstellung zur Entgelteingabe erst in diesem zukünftigen Abrechnungsmonat.

Lohnerfassung als

Bezeichnung	Wert
Lohnschlüssel	33
Name der Lohnart	Tariferhöhung (Lohn)
Lohnerfassung als	Betrag
Steuerpflicht	Betrag
Sozialversicherungspflicht	Stunden und Faktor
Zuschlag	Tage und Faktor
	Stück und Faktor

Mit der Option „Lohnerfassung als" legen Sie fest, ob der Lohnbestandteil als fester Betrag (z. B. Gehalt) oder als Produkt aus Stundensatz und Anzahl der Stunden in der Entgelterfassung eingegeben werden soll.

Bei Auswahl der Option „Betrag" ermöglicht die Lohnart eine Erfassung des Bezugs als Lohnbetrag, z. B. bei der Lohnart 0002 Gehalt. Bei Stundenlohnarten besteht die Möglichkeit, die Entgeltsumme aus „Stunden und Faktor", „Tage und Faktor" oder „Stück und Faktor" bilden zu lassen (vgl. Lohnart 0001 Lohn). Im Dialog zur Entgelterfassung wird für Stundenlohnarten der Bruttobetrag aus den Angaben zu Stunden, Tagen bzw. Stückzahlen multipliziert mit einem Faktor ermittelt.

So bereiten Sie die Lohnabrechnung vor

Die gewählte Option (Stunden und Faktor, Tage und Faktor, Stück und Faktor) wird auf der Abrechnung der Bezüge ausgewiesen. Entsprechend der Definition der Lohnart erfolgt ein Ausweis in der Spalte „bezahlte Menge" bzw. „Faktor".

Kürzung

Bezeichnung	Wert
Lohnschlüssel	1
Name der Lohnart	Lohn
Lohnart gültig ab	01.01.2004
Lohnerfassung als	Betrag
Kürzung	Kalendertage
bei Ein- und Austritt	keine Kürzung
bei Fehlzeit	Kalendertage
Steuerpflicht	Arbeitstage
	Dreissigstel

Mit der Option „Kürzung" lässt sich festlegen, ob der Lohnbestandteil bei Ein-/Austritt und Fehlzeiten während des Abrechnungszeitraums anteilig gekürzt werden soll oder nicht. Bedeutsam ist die Option für Entgeltbestandteile, die als gleich bleibender Betrag bezahlt werden, z. B. Gehalt. Tritt ein Mitarbeiter zum 15. des laufenden Monats in das Unternehmen ein und erhält ein festes Gehalt, kürzt Lexware lohn + gehalt/*plus* den Bezug in diesem Monat anteilig nach den Kalendertagen, den Arbeitstagen oder nach der Dreißigstel-Methode. Die Steuerung der Kürzung erfolgt über das Ein- bzw. Austrittsdatum in den Stammdaten des Mitarbeiters. Bestand die Beschäftigung während des gesamten laufenden Abrechnungszeitraums, bleibt die Option ohne Wirkung. Steuer- und sozialversicherungsrechtlich erfolgt bei Ein- bzw. Austritt während des Kalendermonats eine anteilige Kürzung nach den Kalendertagen.

Nach Auswahl der Kürzungsmethode – Kalendertage, Arbeitstage, Dreißigstel – erweitert sich der Lohnartendialog um die Optionen „bei Ein-/Austritt" und „bei Fehlzeiten".

Bezeichnung	Wert
Lohnschlüssel	1
Name der Lohnart	Lohn
Lohnart gültig ab	01.01.2004
Lohnerfassung als	Betrag
Kürzung	Dreissigstel
bei Ein- und Austritt	Ja
bei Fehlzeit	Ja

Ein-/Austritt
Ein- und Austritt während des Kalendermonats führen zu einer anteiligen Kürzung der Steuer- und Sozialversicherungstage – es entsteht ein Teillohnzahlungszeitraum. Die Lohnsteuer ergibt sich in diesem Fall aus der Zahl der verbleibenden Kalendertage des Monats. Ein Teillohnzahlungszeitraum bewirkt außerdem eine Verringerung der monatlichen Sozialversicherungstage. Entsprechend den Steuertagen ergeben sich bei Ein- oder Austritt während des Kalendermonats die Sozialversicherungstage aus der Anzahl „beschäftigter" Kalendertage.

So bereiten Sie die Lohnabrechnung vor

Mit Auswahl der Option „Kürzung bei Ein-/Austritt – ja" wird das erfasste Arbeitsentgelt anteilig gekürzt. Der Ausweis der gekürzten Bezüge erfolgt in der Übersicht der „Lohnangaben" in der Spalte „gekürzter Betrag".

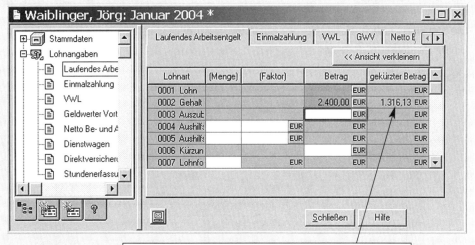

Gekürztes Entgelt bei Ein-/Austritt während des Monats

Fehlzeiten

Fehlzeiten, wie Krankheit, Mutterschutz, Wehrdienst etc. führen nach Ablauf bestimmter Fristen zu einer Kürzung der Sozialversicherungstage. Steuerrechtlich haben Fehlzeiten keinen Einfluss, da das Arbeitsverhältnis zwar unterbrochen ist, jedoch rechtlich fortbesteht. Sollen bei Fehlzeiten wie „Krankheit nach Ablauf der Lohnfortzahlung" die eingegebenen Bezüge unter der Lohnart anteilig gekürzt werden, ist die Option „Kürzung bei Fehlzeiten – ja" zu wählen.

PRAXIS-TIPP

Die Kürzung bei Ein-/Austritt ist für jede Lohnart, die anteilig gekürzt werden soll, gesondert zu wählen. Kürzungen können in den Lohnartenklassen „Laufendes Arbeitsentgelt", „Einmalzahlung", „VWL", „GWV" sowie „Netto Be- und Abzüge" vorgenommen werden.

Steuerpflicht

Steuerpflichtig

Bezeichnung	Wert
Lohnschlüssel	30
Name der Lohnart	Tariferhöhung (Lohn)
Lohnart gültig ab	01.01.2004
Lohnerfassung als	Betrag
Kürzung	Kalendertage
bei Ein- und Austritt	Ja
bei Fehlzeit	Ja
Steuerpflicht	steuerpflichtig
Sozialversicherungspflicht	steuerfrei
	steuerpflichtig
Zuschlag	pauschal versteuert

So bereiten Sie die Lohnabrechnung vor

Wählen Sie unter der Rubrik „Steuerpflicht" die Option „steuerpflichtig", so wird der Lohnbestandteil dem laufenden Steuerbrutto zugerechnet. Die Versteuerung erfolgt nach den individuellen Steuerkriterien des Arbeitnehmers. Das heißt, die Lohnart unterliegt der Lohnsteuer entsprechend der Tages- oder Monatslohnsteuertabelle. Ist der Mitarbeiter jedoch aufgrund der Höhe seiner Bezüge steuerfrei, erfolgt keine Besteuerung trotz Steuerpflicht der Lohnart. Die steuerrechtlichen Merkmale des Mitarbeiters wurden in den Personalstammdaten im Dialog „Steuerkarte" erfasst.

Steuerfrei

Bezeichnung	Wert
Lohnschlüssel	30
Name der Lohnart	Tariferhöhung (Lohn)
Lohnart gültig ab	01.01.2004
Lohnerfassung als	Betrag
Kürzung	Kalendertage
bei Ein- und Austritt	Ja
bei Fehlzeit	Ja
Steuerpflicht	steuerpflichtig
Sozialversicherungspflicht	steuerfrei
Zuschlag	steuerpflichtig
	pauschal versteuert

Bei Wahl der Option „steuerfrei" wird von diesem Lohnbestandteil weder Lohnsteuer noch Kirchensteuer oder Solidaritätszuschlag berechnet. Bezüge, die über diese Lohnart gewährt werden, erhöhen nicht das Steuerbrutto. Das bedeutet, auch wenn der Mitarbeiter steuerpflichtig ist und Angaben zur Besteuerung in den Stammdaten hinterlegt sind, wird von diesem Lohnbestandteil keine Lohnsteuer berechnet. Beispiele für steuerfreie Bruttolohnbestandteile sind Kurzarbeitergeld (ST-frei, SV-pflichtig) oder Vorruhestandsgelder.

Pauschal versteuert

Bezeichnung	Wert
Lohnschlüssel	30
Name der Lohnart	Tariferhöhung (Lohn)
Lohnart gültig ab	01.01.2004
Lohnerfassung als	Betrag
Kürzung	Kalendertage
bei Ein- und Austritt	Ja
bei Fehlzeit	Ja
Steuerpflicht	pauschal versteuert
Pauschalsteuersatz	20.00% (z.B. Direktversicherung)
Die Steuer übernimmt der	15.00% (z.B. Fahrgeld)
Sozialversicherungspflicht	20.00% (z.B. Direktversicherung)
	25.00% (z.B. Mahlzeiten)
Zuschlag	5.00% (Land- und Forstwirtschaft)
	andere pauschale Lohnsteuer

Bei Auswahl der Option „pauschal versteuert" erweitert sich der Dialog um die Zeile „Pauschalsteuersatz". Hier geben Sie den pauschalen Steuersatz in Prozent an. Die wichtigsten

So bereiten Sie die Lohnabrechnung vor

pauschalen Steuersätze (5 %, 15 %, 20 % und 25 %) sind hinterlegt. Außerdem ist anzugeben, wer die pauschale Steuer auf den Lohnbestandteil tragen soll – der Arbeitgeber oder der Arbeitnehmer. Grundsätzlich ist der Arbeitgeber Steuerschuldner von Pauschalsteuern. Er hat jedoch die Möglichkeit, die pauschale Steuer im Innenverhältnis auf den Arbeitnehmer zu übertragen.

> *Die Besteuerung des Mitarbeiters ist in den Stammdaten im Dialog „Steuerkarte" festgelegt. Ist der Mitarbeiter beispielsweise aufgrund einer einer geringfügigen Beschäftigung steuerfrei, wird vom Arbeitslohn keine Lohnsteuer ermittelt, obwohl die Lohnart steuerpflichtig definiert wurde. Hat der Arbeitnehmer hingegen eine Lohnsteuerkarte vorgelegt, erfolgt die Versteuerung entsprechend den Merkmalen der Lohnsteuerkarte nur dann, wenn der Lohnbestandteil als steuerpflichtig angelegt wurde. Steuerfrei sind Lohnbestandteile nur dann anzulegen, wenn sie grundsätzlich – unabhängig vom Mitarbeiter – immer steuerfrei sind (Beispiel: Erstattung von Fahrgeld für öffentliche Verkehrsmittel). Auch pauschal versteuerte Lohnarten sollten nur dann als pauschal versteuert angelegt werden, wenn sie grundsätzlich – unabhängig vom Mitarbeiter – mit einem pauschalen Satz versteuert werden können, z. B. Direktversicherungen.*

Sozialversicherungspflicht

Nach Festlegung der steuerlichen Behandlung ist zu spezifizieren, ob die Lohnart für die Ermittlung der Beiträge zu den Sozialversicherungen berücksichtigt werden soll.

Bezeichnung	Wert
Lohnschlüssel	30
Name der Lohnart	Tariferhöhung (Lohn)
Lohnart gültig ab	01.01.2004
Lohnerfassung als	Betrag
Kürzung	Kalendertage
bei Ein- und Austritt	Ja
bei Fehlzeit	Ja
Steuerpflicht	steuerpflichtig
Sozialversicherungspflicht	sozialversicherungspflichtig
Zuschlag	sozialversicherungsfrei
	sozialversicherungspflichtig

Sozialversicherungspflichtig
Wird die Option „sozialversicherungspflichtig" gewählt, erhöht ein Bezug mit dieser Lohnart das laufende Sozialversicherungsbrutto. Das heißt, Bezüge des Mitarbeiters, die unter dieser Lohnart eingegeben werden, unterliegen den Beiträgen zur Kranken-, Renten-, Arbeitslosen- und Pflegeversicherung. Ist der Arbeitnehmer von der Beitragspflicht zu einer oder mehreren Sozialversicherungen befreit, werden auch keine Beiträge von diesem Lohnbestandteil berechnet, obwohl in der Definition der Lohnart „sozialversicherungspflichtig" gewählt wurde.

Sozialversicherungsfrei
Bei Auswahl der Option „sozialversicherungsfrei" wird dieser Lohnbestandteil nicht zur Berechnung von Sozialversicherungsbeiträgen herangezogen. Es erfolgt auch keine Berücksichtigung bei der Ermittlung der Umlagen zu den Ausgleichskassen U1 bzw. U2. Der Lohnbe-

standteil ist nicht im Sozialversicherungsbrutto berücksichtigt. Das heißt, auch wenn der Arbeitnehmer sozialversicherungspflichtig ist, werden von dem sozialversicherungsfreien Lohnbestandteil keine Beiträge zur Kranken-, Renten-, Pflege- und Arbeitslosenversicherung ermittelt. Beispiele für sozialversicherungsfreie Lohnbestandteile sind Zuschläge für Nacht-, Sonntag- und Feiertagsarbeit.

Zuschlag (Abhängigkeit von anderen Lohnarten)

Bezeichnung	Wert
Lohnschlüssel	30
Name der Lohnart	Tariferhöhung (Lohn)
Lohnart gültig ab	01.01.2004
Lohnerfassung als	Betrag
Kürzung	Kalendertage
bei Ein- und Austritt	Ja
bei Fehlzeit	Ja
Steuerpflicht	steuerpflichtig
Sozialversicherungspflicht	sozialversicherungspflichtig
Zuschlag	Ja
Wert in %	2,ced
0001 Lohn	☑
0002 Gehalt	☐
0003 Auszubildendenvergütung	☐
0004 Aushilfslohn (20%)	☐

Nach Eingabe der steuer- und sozialversicherungsrechtlichen Parameter besteht die Möglichkeit, die neue Lohnart in Abhängigkeit zu bereits bestehenden Lohnarten zu setzen. Durch Auswahl der Option „Ja" bei dem Parameter „Zuschlag" lässt sich ein Zuschlagssatz sowie die Abhängigkeit von einer weiteren Lohnart anzugeben.

2,3 % des Stundensatzes der Basislohnart 0001 Lohn

Im Beispiel wird die neue Lohnart „Tariferhöhung (Lohn)" auf Basis des Stundensatzes der verbundenen Lohnart „0001 Lohn" berechnet. Erhält der Mitarbeiter die neue Lohnart „0030 Tariferhöhung", ergibt sich der Bezug aus 2,3 % der Basislohnart – im Beispiel die Lohnart „0001 Lohn". Die Definition des Prozentsatzes und die Basislohnart für die Berechnung wird in der Definition der Lohnart festgelegt.

Wird als Basislohnart eine Gehaltslohnart gewählt, z. B. „0002 Gehalt", bildet Lexware lohn + gehalt den prozentualen Zuschlag für diese Lohnart automatisch.

So bereiten Sie die Lohnabrechnung vor

[Abbildung: Laufendes Arbeitsentgelt mit Lohnarten 0001 Lohn, 0002 Gehalt (2.400,00 EUR), 0030 Tarifer (55,20 EUR), Gesamtbrutto 2.455,20 EUR — Auswahl der Lohnart]

Im Beispiel wird durch Auswahl der Lohnart ein Zuschlag von 2,3 % auf die Lohnart „0002 Gehalt" ermittelt. Voraussetzung für die Eingabe als Gehaltslohnart ist, dass bei der Lohnartendefinition unter „Lohnerfassung als" die Option „Betrag" gewählt wurde. Zusätzlich wurde im Beispiel die Verknüpfung mit der Lohnart „0002 Gehalt" gewählt.

> *Vor Auswahl der Basislohnart sollten Sie deren Eigenschaften überprüfen. Wird beispielsweise eine neue Lohnart manuell angelegt, so werden die Stunden und der Betrag automatisch bei Erstellung der Berufsgenossenschaftsliste berücksichtigt. Da die Stunden jedoch in der Regel bereits über die Lohnart „0001 Lohn" in die Kumulation eingehen, kommt es zu einer Doppelzählung. Soll in die BG-Liste nur der Betrag der Lohnart, nicht jedoch die angegebenen Stunden (Std. Zahl) einfließen, kann die Lohnart nur als Kopie einer bestehenden Lohnart z. B. „0020 sonstige Zulagen" erstellt werden. Eine Übersicht der Eigenschaften von Basislohnarten lässt sich über die Menüfunktion „DATEI/DRUCKEN/LOHNARTENLISTE ..." erstellen.*
>
> *Beachten Sie, dass die Lohnarten „0004 Aushilfslohn (20 %)" sowie die Lohnart „0006 Kürzung Lohnfortzahlung" nur bis zur Märzabrechnung 1999 verwendet werden können. Seit April 1999 sind diese Lohnarten nicht mehr zulässig.*

[Abbildung: Laufendes Arbeitsentgelt mit Lohnarten 0001 Lohn, 0002 Gehalt, 0003 Auszubildendenvergütung, 0004 Aushilfslohn (20%), 0005 Aushilfslohn (25%), 0006 Kürzung Lohnfortzahlung, 0007 Lohnfortzahlung Krank]

Die Lohnart 0004 wurde sozialversicherungsfrei und mit 20 % pauschaler Lohnsteuer angelegt. Seit April 1999 müssen für Aushilfen pauschale Beiträge zur Rentenversicherung entrichtet werden, der Arbeitslohn wird seit 01.04.2003 mit einer Abgeltungssteuer von 2 % versteuert. Entsprechend ist für Aushilfslöhne eine neue Lohnart anzulegen. Die neue Lohnart ist als steuer- und sozialversicherungspflichtig zu schlüsseln. Die Lohnart 0006 konnte verwendet

So bereiten Sie die Lohnabrechnung vor

werden, um im Krankheitsfalle, den Lohn um 20 % zu kürzen. Diese Regelung ist ebenfalls weggefallen.

3.3.2 Neuanlage durch Kopie einer bestehenden Lohnart

Neue Lohnarten können auch als Kopie von bestehenden Lohnarten erstellt werden. Durch das Kopieren einer Lohnart werden deren Eigenschaften auf die Kopie übertragen. Das heißt, neben den steuerlichen und beitragsrechtlichen Merkmalen werden Zuschläge, das zugewiesene Finanzkonto sowie die Berücksichtigung für die Berufsgenossenschaft und die Übernahme auf die Lohnsteuerbescheinigung von der Kopiervorlage übernommen.

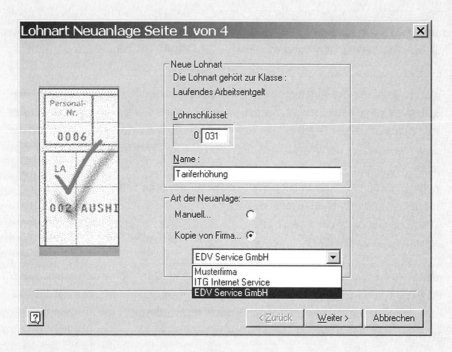

Wie bei der manuellen Anlage einer Lohnart geben Sie zunächst den Lohnartenschlüssel und die Bezeichnung der Lohnart ein. Der Lohnartenschlüssel ist frei wählbar, er muss jedoch eindeutig sein. Lexware lohn + gehalt/*plus* schlägt immer den nächsten freien Schlüssel vor. Es ist empfehlenswert, den Lohnartenschlüssel zu übernehmen. Nach Eingabe des Schlüssels und der Bezeichnung wählen Sie unter „Art der Neuanlage" die Option „Kopie von Firma …". Sind mehrere Firmen im System angelegt, lässt sich eine davon in der Listbox auswählen. In der Regel wird eine Lohnart aus der aktuellen Firma als Kopiervorlage verwandt. Es besteht jedoch die Möglichkeit, eine Lohnart, die bereits in einem anderen Mandanten angelegt wurde, als Kopiervorlage auszuwählen. Nach der Auswahl der Firma und Bestätigung über die Schaltfläche „Weiter >" werden im Folgedialog alle bestehenden Lohnarten für diese Firma dargestellt.

Durch Markieren der Kopiervorlage per Mausklick und Bestätigen über die Schaltfläche „Weiter >" übertragen Sie deren steuer- und sozialversicherungsrechtlichen Merkmale auf die neu anzulegende Lohnart. Der Folgedialog zeigt die übernommenen Parameter als Vorschlagswerte, die sich ggf. zum Teil ändern lassen.

So bereiten Sie die Lohnabrechnung vor

	Bezeichnung	Wert
	Lohnschlüssel	31
	Name der Lohnart	Tariferhöhung
	Lohnart gültig ab	01.01.2004
	Lohnerfassung als	Betrag
	Kürzung	keine Kürzung
	Steuerpflicht	steuerpflichtig
	Sozialversicherungspflicht	sozialversicherungspflichtig
	Zuschlag	Nein

Beim Kopieren von Lohnarten werden auch jene Eigenschaften übernommen, die nicht beeinflussbar sind. Dazu zählen der Ausweis auf der Lohnsteuerkarte, die Berücksichtigung für die Berufsgenossenschaft und die Zurechnung zum Bruttoentgelt sowie die automatische Übernahme des Entgeltbetrags in den Folgemonat. Sie sollten deshalb vor dem Kopieren zunächst die Karte „Info zur Lohnart" der Kopiervorlage überprüfen oder über den Menüpfad „DATEI/DRUCKEN/LOHNARTENLISTE …" die Eigenschaften der Kopiervorlage abrufen. Außerdem empfiehlt es sich, als Kopiervorlage nur Lohnarten zu verwenden, die als Basislohnarten ausgeliefert wurden oder durch Kopie einer Basislohnart entstanden sind. Den Dialog „Info zur Lohnart" öffnen Sie nach dem Aufruf des Lohnarten-Assistenten durch einen Mausklick auf das Pluszeichen ⊞.

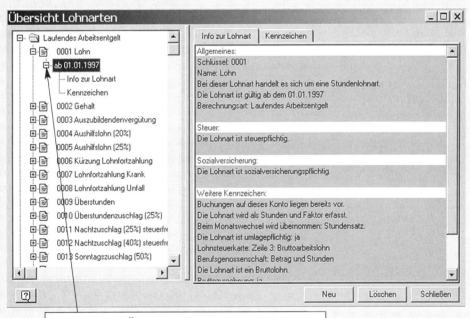

Mausklick zum Öffnen des Dialog: „Info zur Lohnart"

> **PRAXIS-TIPP**
>
> *Beim Kopieren von Lohnarten ist besonders auf die Berücksichtigung der Berufsgenossenschaft und den Ausweis auf der Lohnsteuerkarte bei der Kopiervorlage zu achten. Wird z. B. eine Zuschlagslohnart neu angelegt, so sind die Stunden in der Regel bereits in der Basislohnart berücksichtigt. Als Kopiervorlage ist deshalb eine Lohnart zu wählen, die nur den Betrag, nicht jedoch die Stunden in der BG-Liste berücksichtigt. Es empfiehlt sich, die Lohnartenliste auszudrucken und vor der Neuanlage eine geeignete Kopiervorlage zu bestimmen. Die Lohnartenliste lässt sich über den Menüpfad „DATEI/DRUCKEN/LOHNARTENLISTE …" aufrufen.*

So bereiten Sie die Lohnabrechnung vor

> *Beim Kopieren von Lohnarten wird die Zuordnung des Finanzbuchhaltungskontos der Kopiervorlage übernommen. Nach dem Kopieren sollten Sie über den Menüpfad „VERWALTUNG/KONTENVERWALTUNG ..." die Zuordnung überprüfen und diese ggf. ändern (siehe auch Kapitel 3.4).*

Sie können neu angelegte Lohnarten nur so lange ändern, bis mit dieser Lohnart ein Monatsabschluss durchgeführt wurde. Nach dem Monatsabschluss wird die Lohnart von Lexware lohn + gehalt/*plus* auf „bebucht" gestellt und kann nicht mehr geändert werden. Das Löschen der Lohnart ist nach einem Monatsabschluss ebenfalls ausgeschlossen. Mit Lexware lohn + gehalt ausgelieferte Lohnarten sind grundsätzlich auf „bebucht" gesetzt (mit rotem Haken versehen), auch wenn noch kein Monatsabschluss durchgeführt wurde. Diese Lohnarten sind mit bestimmten Einträgen auf der Lohnsteuerkarte und dem Lohnkonto fest verknüpft und können aus diesem Grund nicht gelöscht werden.

3.3.3 Anpassen bestehender Lohnarten

Auch die mit Lexware lohn + gehalt/*plus* ausgelieferten Basislohnarten lassen sich in ihren Eigenschaften anpassen. Die Anpassung von bestehenden Lohnarten ist immer dann erforderlich, wenn die Funktion der automatischen Kürzung von Bezügen bei untermonatigem Ein- oder Austritt genutzt werden soll.

Nach dem Aufruf der Lohnartenverwaltung über die Menüfunktion „VERWALTUNG/LOHNARTEN ..." oder über den Hyperlink „Lohnarten" auf der Startseite ist zunächst die Lohnartenklasse in der „Übersicht der Lohnarten" per Mausklick zu wählen. Durch Anklicken des Pluszeichens ⊞ mit der Maus werden die Basislohnarten der ausgewählten Lohnartenklasse dargestellt.

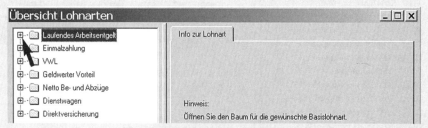

Die Eigenschaften der Lohnart lassen sich über die weitere Auswahl der Pluszeichen darstellen. Unter der Funktion „Kennzeichen" lassen sich die aktuellen Parameter der Lohnart visualisieren.

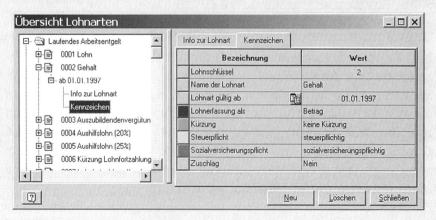

So bereiten Sie die Lohnabrechnung vor

Soll beispielsweise für die Lohnart „0002 Gehalt" die Kürzung aktiviert werden, müssen über die Schaltfläche „Neu" die Kennzeichen der Lohnart geändert werden.

Lohnart Gültig ab

Zunächst ist der Gültigkeitsbeginn für die geänderten Kennzeichen der Lohnart festzulegen. Der Gültigkeitsbeginn kann frühestens der aktuelle Abrechnungsmonat sein. Wird ein Datum für eine zukünftige Periode gewählt, behält die Lohnart bis zu dieser Periode die bestehenden Eigenschaften. Das Gültigkeitsdatum muss immer zum Ersten einer Abrechnungsperiode beginnen.

Kürzung

Mit der Option „Kürzung" lässt sich festlegen, ob der Lohnbestandteil bei Ein-/Austritt und bei Fehlzeiten während des Abrechnungszeitraums anteilig gekürzt werden soll oder nicht. Bedeutsam ist die Option für Entgeltbestandteile, die als gleich bleibender Betrag bezahlt werden, z. B. „0002 Gehalt". Tritt ein Mitarbeiter zum 15. des laufenden Monats in das Unternehmen ein und erhält ein festes Gehalt, kürzt Lexware lohn + gehalt/*plus* den Bezug in diesem Monat anteilig nach den Kalendertagen, den Arbeitstagen oder nach der Dreißigstel-Methode. Die Steuerung der Kürzung erfolgt über das Ein- bzw. Austrittsdatum in den Stammdaten des Mitarbeiters. Bestand die Beschäftigung während des gesamten laufenden Abrechnungszeitraums, bleibt die Option ohne Wirkung. Steuer- und sozialversicherungsrechtlich erfolgt bei Ein- bzw. Austritt während des Kalendermonats eine anteilige Kürzung nach den Kalendertagen. Die Kürzung kann getrennt für den untermonatigen Ein-/Austritt und für Fehlzeiten ohne Lohnfortzahlung festgelegt werden. Fehlzeiten ohne Lohnfortzahlung können z. B. „Krankheit/Kur nach Ablauf der Lohnfortzahlung" oder „Pflege eines kranken Kindes" sein.

Steuerpflicht/Sozialversicherungspflicht/Zuschlag

Die Angaben zur Steuerpflicht, Sozialversicherungspflicht und zur Verknüpfung mit bestehenden Lohnarten werden entsprechend den Ausführungen im Kapitel „3.3.1 Manuelles Anlegen einer Lohnart" festgelegt.

Die neuen Eigenschaften der Lohnart lassen sich über die Schaltfläche „Schließen" sichern. Es wird in der Lohnartenstruktur ein neuer „Zweig" mit dem entsprechenden Gültigkeitsbeginn für die Lohnart angelegt.

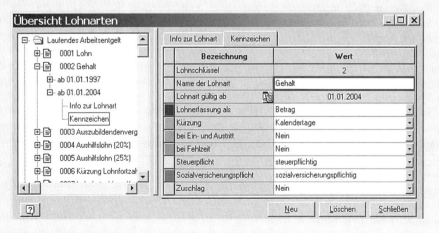

So bereiten Sie die Lohnabrechnung vor

Soll die Lohnart nach dem Schließen nochmals geändert werden, besteht die Möglichkeit, über das Anklicken der Pluszeichen die Kennzeichen im neu angelegten Zweig zur Lohnart auszuwählen. Die Lohnart kann bis zur Durchführung des Monatsabschlusses geändert werden. Erfolgt eine Änderung nach einem Monatswechsel, wird ein neuer Zweig in der Baumstruktur angelegt. Die Eigenschaften, die im Vormonat galten lassen sich nicht mehr ändern. Im aktuellen Monat lässt sich das Gültigkeitsdatum durch Anklicken des Kalender-Symbols in der Zeile „Lohnart gültig ab" ändern.

3.4 Zuweisung von Buchhaltungskonten zu Lohnarten

Die Lohnbuchhaltung ist kein eigenständiges Rechnungswesen, sondern wie die Anlagebuchhaltung eine Nebenbuchhaltung der Finanzbuchhaltung. Nach der Installation von Lexware lohn + gehalt sind zu den Lohnarten noch keine Aufwands- oder Verrechnungskonten der Finanzbuchhaltung hinterlegt. Mit der Funktion „Kontenverwaltung" müssen Sie den Lohnarten entsprechende Verbindlichkeits-, Aufwands- oder Verrechnungskonten zuweisen. Über die Menüfunktion „VERWALTUNG/KONTENVERWALTUNG ..." können Sie die Zuweisung der Finanzbuchhaltungskonten zu Lohnarten vornehmen.

Verrechnungskonto

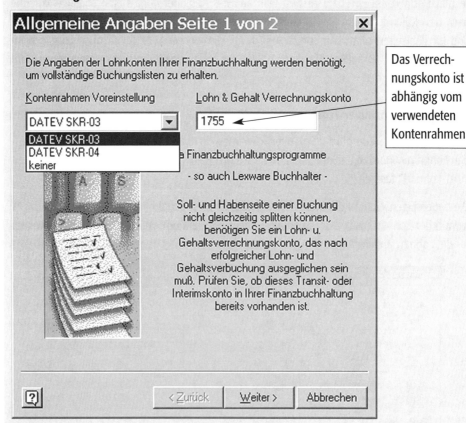

Das Verrechnungskonto ist abhängig vom verwendeten Kontenrahmen

Finanzbuchhaltungsprogramme können in aller Regel die Soll- und Habenseite einer Buchung nicht gleichzeitig splitten und sind deshalb mit einem Lohn- und Gehaltsverrechnungs-

So bereiten Sie die Lohnabrechnung vor

konto auszustatten. Dies ist ein reines Transit- oder Interimskonto und muss nach erfolgreicher Lohn- und Gehaltsverbuchung ausgeglichen sein. In den DATEV-Standardkontenrahmen ist jeweils ein eigenes Interimskonto vorgesehen.

Vor Festlegung des Interimskontos sollten Sie überprüfen, ob das angegebene Konto in der Finanzbuchhaltung vorhanden ist, und es ggf. als Transit- oder Interimskonto in der Finanzbuchhaltung anlegen. Welches Konto als Interimskonto fungieren soll, können Sie im Dialog „Allgemeine Angaben" unter der Option „Lohn & Gehalt Verrechnungskonto" angeben.

In Lexware financial office ist der Kontenrahmen im Programm hinterlegt. Über die Schaltfläche „Kontenauswahl" lässt sich der Kontenrahmen öffnen und ggf. ein anderes Verrechnungskonto auswählen.

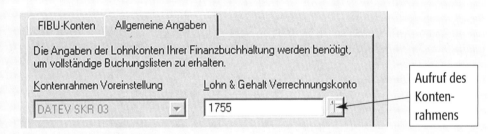

Aufruf des Kontenrahmens

Es empfiehlt sich, neue Konten immer als Kopie von bestehenden anzulegen, um die entsprechende Kategorie, den Bilanzausweis und den Ausweis in der betriebswirtschaftlichen Auswertung (BWA) zu übernehmen.

Kontenzuweisung

Verwendet die Finanzbuchhaltung den DATEV-Kontenrahmen SKR 03 oder SKR 04, kann die Standardkontierung für die Lohnarten automatisch übernommen werden. Über die Option „Kontenrahmen Voreinstellung" lässt sich der Kontenrahmen den Lohnarten zuordnen. Benutzt das Unternehmen einen anderen Kontenrahmen, wählen Sie zunächst den Standardkontenrahmen SKR 03 und ändern diesen im Dialog „FIBU-Konten", indem Sie die Kontennummern entsprechend anpassen.

So bereiten Sie die Lohnabrechnung vor

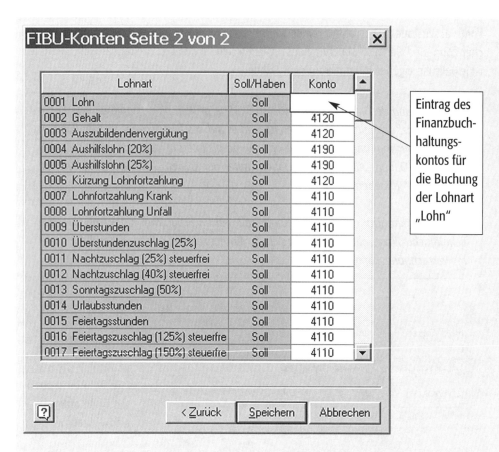

Sofern Sie eigene Lohnarten manuell angelegt haben, wird diesen nicht automatisch ein Finanzbuchhaltungskonto zugewiesen. Damit eine Übergabe der Daten in die Finanzbuchhaltung möglich ist bzw. eine vollständige Buchungsliste erstellt werden kann, müssen Sie neu angelegten Lohnarten das entsprechende Aufwands- oder Verrechnungskonto zuweisen. Bei Anlage von eigenen Lohnarten über die Kopierfunktion wird das Konto der Kopiervorlage für die neue Lohnart automatisch übernommen. Soll die neue Lohnart auf ein eigenes Konto gebucht werden, ist die Kontenzuweisung entsprechend abzuändern. Die Kontenzuordnung kann jederzeit über die Menüfunktion „VERWALTUNG/KONTENVERWALTUNG ..." geändert werden. Die Zuweisung von neuen oder geänderten Finanzbuchhaltungskonten gilt für den aktuellen und alle zukünftigen Abrechnungszeiträume.

PRAXIS-TIPP

Wenn Sie für die Finanzbuchhaltung den Lexware buchhalter oder Lexware financial office einsetzen, können Sie die Daten über eine Exportdatei direkt in die Buchhaltung übertragen. Voraussetzung für eine Übertragung der Buchungssätze ist, dass der entsprechende Kontenrahmen bzw. die Finanzkonten in der Buchhaltung angelegt sind. Über die Menüfunktion „BERICHTE/BUCHUNGSLISTE ..."und Auswahl des Karteikartenreiters „Einstellungen" können Sie die Buchungssätze in eine Datei exportieren und übertragen. In Lexware financial office ist diese Funktion automatisiert und wird beim Monatswechsel automatisch durchgeführt.

So bereiten Sie die Lohnabrechnung vor

Beachten Sie: Es ist nicht möglich, die Kontenzuordnung zeitlich abzugrenzen oder die Zuweisung der Finanzbuchhaltungskonten rückwirkend zu ändern. Wird nach einem Monatswechsel die Kontenzuordnung geändert, gilt die Änderung für alle zukünftigen Zeiträume. Fehlende Kontenzuweisungen in abgeschlossenen Monaten lassen sich nicht mehr korrigieren. Die Kontenzuordnung ist für jede Firma/jeden Mandant getrennt vorzunehmen.

Lexware financial *office* bietet zusätzlich die Möglichkeit, die Kontenzuweisung über den Kontenrahmen vorzunehmen

Lohnart	Soll/Haben	Konto
0001 Lohn	Soll	4110
0002 Gehalt	Soll	4120
0003 Auszubildendenvergütung	Soll	4120
0004 Aushilfslohn (20%)	Soll	4190
0005 Aushilfslohn (25%)	Soll	4190

Durch Auswahl des Kontenrahmensymbols neben der Konto-Nr. per Mausklick wird der entsprechende Kontenrahmen aufgerufen. Die Kontenzuweisung zur Lohnart kann direkt aus dem Kontenrahmen per doppelten Mausklick erfolgen. Sollen vom Standardkontenrahmen abweichende Konten hinterlegt werden, sind diese zuvor über die Kontenverwaltung in den Stammdaten anzulegen. Die Kontenverwaltung lässt sich im Modul buch*halter* über die Menüfunktion „VERWALTUNG/KONTENVERWALTUNG ..." aufrufen. Zuvor ist über die Auswahlleiste in das Buchhaltungsmodul zu verzweigen.

3.5 Einrichten des Lohnabrechnungsfensters

Lexware lohn + gehalt sowie Lexware lohn + gehalt *plus* wird mit zahlreichen Lohnarten in jeder Lohnartenklasse ausgeliefert. Die meisten Unternehmen benötigen nur einige ausgewählte der vorgegebenen Lohnarten und einige neu angelegte Lohnbestandteile. Zur besseren Übersicht und schnelleren Eingabe lassen sich alle nicht benötigten Lohnarten aus der Anzeige ausblenden.

Das so genannte Customizing des Lohnabrechnungsfensters ist über die rechte Maustaste zu bedienen. Für die Auswahl der benötigten Lohnarten öffnen Sie zunächst den Abrechnungsdialog für einen bereits angelegten Mitarbeiter. Über den Menüpfad „DATEI/MITARBEITER ÖFFNEN ..." und „Auswahl eines beliebigen Mitarbeiters" wird nach der Bestätigung über die Schaltfläche „OK" die Bruttoansicht dargestellt. Sollte noch kein Arbeitnehmer angelegt sein, können Sie über die Menüfunktion „DATEI/NEU/MITARBEITER ..." die Stammdaten eines Arbeitnehmers erfassen (vgl. Kapitel 2).

So bereiten Sie die Lohnabrechnung vor

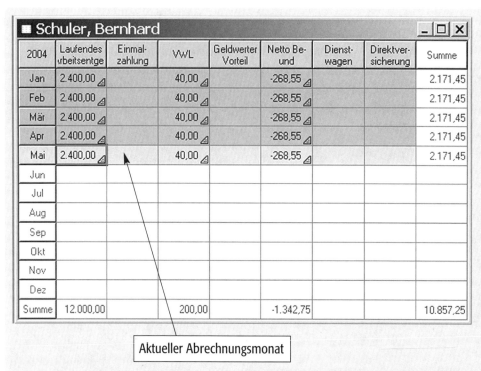

Aktueller Abrechnungsmonat

Der Abrechnungsdialog wird geöffnet und Sie können aus der Bruttoansicht über den Menüpfad „BEARBEITEN/ABRECHUNG FÜR [Monat]" den Eingabedialog für den aktuellen Abrechnungsmonat öffnen. Alternativ besteht die Möglichkeit, den Eingabedialog per doppelten Mausklick in den aktuellen Abrechnungsmonat zu öffnen.

Im Abrechnungsfenster sind standardmäßig alle Basislohnarten der Lohnklasse „Laufendes Arbeitsentgelt" dargestellt. Haben Sie eigene Lohnarten angelegt, sind diese im unteren Bereich des Abrechnungsfensters verfügbar. Wird der Mauszeiger auf die Lohnart „0001 Lohn" positioniert und anschließend mit der rechten Maustaste die Lohnart angeklickt, öffnet Lexware lohn + gehalt/*plus* einen Zusatzdialog mit der Option „Zeilen wählen".

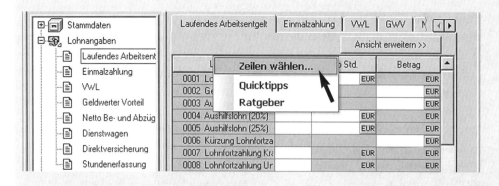

Die Option „Zeilen wählen ..." lässt sich durch Anklicken mit der linken Maustaste auswählen. Alternativ können Sie den Customizing-Dialog bei geöffnetem Abrechnungsdialog über die Menüfunktion „ANSICHT/ZEILEN WÄHLEN FÜR/LOHNART" aufrufen. Bei beiden Varianten öffnet sich folgendes Dialogfenster:

So bereiten Sie die Lohnabrechnung vor

Einblenden von Lohnarten

In der oberen Hälfte des Dialogs „Verfügbare Werte" werden alle im Abrechnungsdialog zusätzlich darstellbaren Lohnarten aufgelistet. Das heißt, in diesem Fenster stehen Lohnarten zur Auswahl, die zwar angelegt sind, im Abrechnungsfenster jedoch nicht dargestellt werden. Durch Anklicken der Lohnart wird diese zunächst ausgewählt. Anschließend kann sie per Mausklick auf den roten Pfeil zwischen den Fenstern in den unteren Bereich des Dialogs „Ausgewählte Werte" übernommen werden. Die Reihenfolge bzw. die Position im Lohnabrechnungsdialog lässt sich mit den blauen Pfeilen rechts neben der unteren Fensterhälfte festlegen. Durch Anklicken der Lohnart im Fenster „Ausgewählte Werte" und anschließendem Mausklick auf den blauen Pfeil ⬆ wird die Lohnart um eine Position nach oben verschoben.

Ausblenden von Lohnarten

Möchten Sie Lohnarten aus dem Abrechnungsdialog entfernen, markieren Sie die entsprechende Lohnart mit der Maus im Fenster „Ausgewählte Werte" (unten). Sobald eine Lohnart in diesem Dialogteil angeklickt wird, ändert der rote Pfeil zwischen den Dialoghälften seine Richtung und zeigt nach oben. Durch einen Mausklick auf die Schaltfläche mit dem Pfeil wird die Lohnart im Fenster „Ausgewählte Werte" gelöscht und erscheint in der Dialoghälfte „Verfügbare Werte".

So bereiten Sie die Lohnabrechnung vor

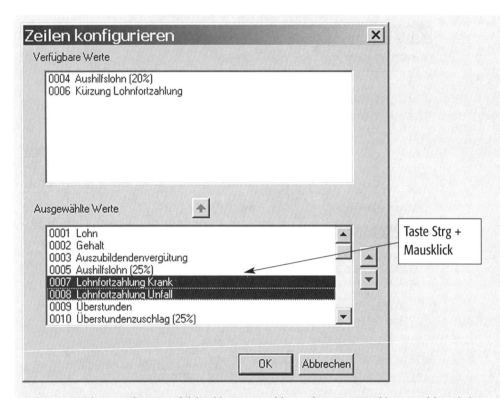

Es können mehrere Lohnarten gleichzeitig ausgewählt werden. Zum Markieren wählen Sie im Fenster „Ausgewählte Werte" die erste Lohnart per Mausklick aus, drücken anschließend die Taste zur Großschreibung (SHIFT) und klicken dann bei gedrückter Shift-Taste eine weitere Lohnart an. Alle zwischen diesen beiden Lohnarten liegenden Lohnarten sind nun farbig unterlegt und können per Mausklick auf den roten Pfeil aus der Anzeige entfernt werden. Die Auswahl mehrerer Positionen ist auch möglich, indem Sie die Taste „Strg" gedrückt halten und gleichzeitig mit der linken Maustaste die gewünschten Lohnarten anklicken.

Nach der Zusammenstellung der anzuzeigenden Lohnarten und deren Reihenfolge im Abrechnungsdialog kann die Auswahl über die Schaltfläche „OK" gesichert werden. Der mithilfe der Funktion „Zeilen wählen ..." zusammengestellte Abrechnungsdialog gilt für alle Arbeitnehmer eines Mandanten bzw. einer Firma. Wird eine Firma neu angelegt, stehen immer alle Systemlohnarten im Fenster „Ausgewählte Werte" zur Verfügung.

PRAXIS-TIPP

Lohnarten, die über den Dialog „Zeilen wählen ..." aus der Darstellung entfernt werden, sind nicht gelöscht und können somit jederzeit wieder in die Ansicht bzw. in die „Ausgewählten Lohnarten" aufgenommen werden. Über die Funktion „Zeilen wählen ..." kann nur das Abrechnungsfenster in der jeweils aktuellen Lohnartenklasse zusammengestellt werden. Möchten Sie beispielsweise zusätzlich den Dialog „Einmalzahlung" anpassen, müssen Sie diesen erst in der Lohnartenübersicht per Mausklick auswählen. Auch im Dialog „Einmalzahlungen" steht die Funktion der rechten Maustaste zur Verfügung.

So bereiten Sie die Lohnabrechnung vor

Σ Zusammenfassung

In diesem Kapitel haben Sie die Lohnartenverwaltung und die Möglichkeiten zur Neuanlage von Lohnarten kennen gelernt. Als vorbereitende Tätigkeit vor der eigentlichen Lohnabrechnung wurde das Customizing des Abrechnungsdialogs vorgestellt.

- Über die Menüfunktion „Lohnartenverwaltung" können Sie in den Lohnartenklassen „Laufendes Arbeitsentgelt", „Einmalzahlung", „geldwerter Vorteil" und „Nettobe- und -abzüge" neue Lohnarten anlegen.

- Beim Anlegen einer neuen Lohnart stehen Ihnen die Optionen „manuelle Anlage" oder „Kopieren von einer Vorlage" zur Verfügung. Als Kopiervorlage stehen auch Lohnarten aus anderen angelegten Firmen/Mandanten zur Verfügung.

- Lohnarten sollten möglichst immer als Kopie einer Basislohnart angelegt werden. Vor der Neuanlage sollten mithilfe der Lohnartenliste die Eigenschaften der Kopiervorlage überprüft werden. Wichtige Eigenschaften sind der Ausweise auf der Lohnsteuerkarte, die Zuordnung zur Berufsgenossenschaftsliste (BG) und die Übernahme in den Folgemonat.

- Lohnarten in der Klasse „Laufendes Arbeitsentgelt" lassen sich untereinander verknüpfen. Somit besteht die Möglichkeit, Zuschlagslohnarten und Abhängigkeiten zwischen Lohnarten zu erfassen.

- Sollen feste Lohnbestandteile, z. B. Gehalt, bei untermonatigem Ein- oder Austritt automatisch gekürzt werden, ist die Kürzung bei der Lohnart getrennt für Ein-/Austritt und bei Fehlzeiten zu hinterlegen. Die jeweilige Kürzung wird im Erfassungsdialog der Lohnarten dargestellt.

- Vor der ersten Lohnabrechnung müssen Sie einen Finanzbuchhaltungskontenrahmen wählen und den Lohnarten ihr Buchhaltungskonto zuweisen. Außerdem ist für Lohnarten, die Sie manuell neu angelegt haben, ein Finanzbuchhaltungskonto zu hinterlegen. Wurde eine neue Lohnart als Kopie einer bestehenden erstellt, muss die Kontierung überprüft werden.

- Über die Funktion „rechte Maustaste" lässt sich das Customizing des Lohnabrechnungsdialogs durchführen. Nicht benötige Lohnarten können Sie aus der Ansicht ausblenden und bei Bedarf zur Bearbeitung wieder einblenden. Die Funktion lässt sich direkt aus der Einzelabrechnung aufrufen. Im Abrechnungs-Assistenten ist die Einzelabrechnung über die Schaltfläche „Lohnarten bearbeiten ..." verfügbar.

So bereiten Sie die Lohnabrechnung vor

📖 Übung

Legen Sie folgende Lohnarten neu an:

Lohnart 1 (manuell)

Lohnschlüssel:	030
Name:	Aushilfsbezüge
Lohnerfassung:	Stunden und Faktor
Gültig ab:	01.01.2004
Kürzung:	keine Kürzung
Steuerpflicht:	steuerpflichtig
Sozialversicherungspflicht:	sozialversicherungspflichtig
Zuschläge:	keine
Ausweis auf der Lohnsteuerkarte:	Zeile 3 – Bruttolohn
Berufsgenossenschaft:	Betrag und Stunden
Konto:	4110

Lohnart 2 (als Kopie)

Lohnschlüssel:	031
Name:	Tariferhöhung
Lohnerfassung:	Stunden und Faktor
Gültig ab:	01.01.2004
Kürzung:	keine Kürzung
Steuerpflicht:	steuerpflichtig
Sozialversicherungspflicht:	sozialversicherungspflichtig
Zuschläge:	2,6 %
Zuschlag auf:	0001 Lohn
Ausweis auf der Lohnsteuerkarte:	Zeile 3 – Bruttolohn
Berufsgenossenschaft:	Betrag
Konto:	4110

Lohnart 3 (Abändern einer Lohnart)

Lohnschlüssel:	0002
Name:	Gehalt
Lohnerfassung:	Betrag
Gültig ab:	01.01.2004
Kürzung:	Kalendertage
Ein-/Austritt:	ja
Fehlzeiten:	ja
Steuerpflicht:	steuerpflichtig
Sozialversicherungspflicht:	sozialversicherungspflichtig
Zuschläge:	nein

4 So führen Sie die Lohnabrechnung durch

✓ Lernziele des Kapitels

In diesem Kapitel lernen Sie die beiden Möglichkeiten einer Lohnabrechnung mit Lexware lohn + gehalt bzw. Lexware lohn + gehalt *plus* kennen. An einem Beispiel werden einige Besonderheiten der Abrechnung erläutert. Am Ende dieses Kapitels sollten Sie in der Lage sein, für alle Mitarbeiter im Unternehmen

- ✎ Zeitdaten zu erfassen und Arbeitszeitpläne aus den Stammdaten zu übernehmen,

- ✎ die Lohnabrechnung einzeln und mit dem Abrechnungs-Assistenten durchzuführen,

- ✎ alle benötigten Ausdrucke für den Mitarbeiter, die Lohnunterlagen, das Finanzamt und die Krankenkassen zu erstellen,

- ✎ zwischen den Abrechnungsklassen über die Baumstruktur zu navigieren,

- ✎ einfache Abrechnungen auf ihre Vollständigkeit und Richtigkeit zu überprüfen,

- ✎ Zuschläge auf laufenden Arbeitslohn zu erfassen.

So führen Sie die Lohnabrechnung durch

4.1 Erfassen der Bezüge und sonstiger Angaben

Für die Eingabe der monatlichen Lohnabrechnungsdaten stehen Ihnen mit Lexware lohn + gehalt/*plus* zwei Möglichkeiten zur Verfügung. Arbeitnehmerdaten lassen sich einzeln über das Abrechnungsfenster bearbeiten oder es kann eine Gruppe von Mitarbeitern über den Abrechnungs-Assistenten abgerechnet werden.

4.1.1 Eingabe der Bruttobezüge

Alle Entlohnungsbestandteile wie Lohn, Gehalt, VWL, Fahrgeld, Dienstwagen, Direktversicherung können über die so genannte Bruttoansicht eingegeben werden. Die Bruttoansicht in Form eines Lohnkontos wird über den Menüpfad „DATEI/MITARBEITER ÖFFNEN …" oder über die Funktion „Einzelabrechnung" auf der Startseite aufgerufen. Alternativ können Sie die Mitarbeiterauswahl über die Schaltfläche „Einzelabrechnung" in der Symbolleiste aufrufen. Das Icon „Einzelabrechnung" steht Ihnen nach dem Anklicken der Funktion „Abrechnung" zur Verfügung.

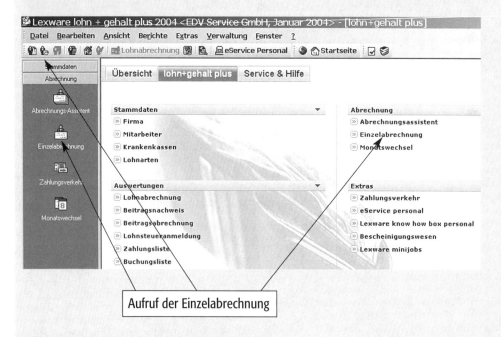

Aufruf der Einzelabrechnung

Vor der Darstellung des Eingabedialogs öffnet Lexware lohn + gehalt die Übersicht der im System angelegten Arbeitnehmer. Nach der Auswahl per Doppelklick auf den Namen des abzurechnenden Mitarbeiters wird die Bruttoansicht der Bezüge dargestellt. Bei einer größeren Anzahl von Arbeitnehmern im Unternehmen kann es sinnvoll sein, das Sortierkriterium in der Mitarbeiterauswahl zu ändern. Durch das Anklicken der Spaltenüberschrift in der Mitarbeiterauswahl stellt sich die Sortierreihenfolge um.

So führen Sie die Lohnabrechnung durch

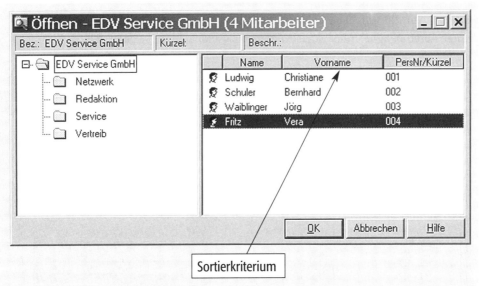

Nach Auswahl der Funktion „Mitarbeiter öffnen ..." bzw. „Einzelabrechnung" werden alle aktiven Mitarbeiter in der Mitarbeiterauswahl angezeigt. Haben Sie beim Anlegen der Stammdaten den Mitarbeitern eine Abteilung zugewiesen, sind diese in der linken Dialoghälfte dargestellt. In der rechten Dialoghälfte sind alle Mitarbeiter aufgeführt, für die im Vormonat kein Austrittsdatum eingetragen wurde. Voreingestellt ist eine Sortierung nach dem Namen. Durch einen Mausklick auf die Spaltenüberschrift (z. B. Pers.Nr.) können Sie die Sortierreihenfolge ändern. Über einen doppelten Mausklick auf den Namen des Mitarbeiters rufen Sie die Bruttoansicht auf. Alternativ besteht die Möglichkeit, den Namen per einfachen Mausklick auszuwählen und die Auswahl über die Schaltfläche „OK" zu bestätigen.

Nach der Auswahl des Mitarbeiters wird die Jahresübersicht – Bruttoansicht – für den Mitarbeiter geöffnet.

So führen Sie die Lohnabrechnung durch

Die Bruttoansicht gibt einen Überblick über alle bereits abgerechneten Bezüge für das gesamte Abrechnungsjahr. Der aktuelle Abrechnungsmonat ist farbig dargestellt.

Über die Menüfunktion „BEARBEITEN/ABRECHNUNG FÜR MONAT/[Monat]" können Sie die Übersicht der Lohnarten aufrufen. Alternativ besteht die Möglichkeit, im aktuellen Abrechnungsmonat mit einem doppelten Mausklick in ein beliebiges Feld der Übersicht in die Lohnartenübersicht zu gelangen.

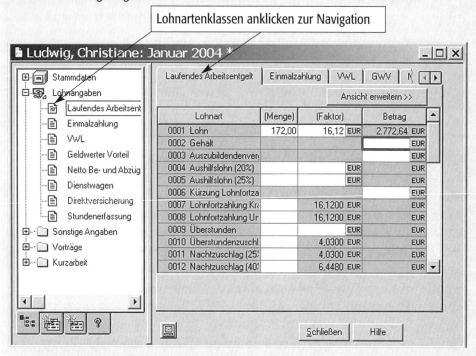

Laufendes Arbeitsentgelt

Die Lohnartenübersicht ist unterteilt in Lohnartenklassen. In der Klasse „Laufendes Arbeitsentgelt" sind Lohnarten zu erfassen, die regelmäßig bezahlt werden. Steuerpflichtige Lohnarten in dieser Klasse werden nach der Tages- bzw. Monatslohnsteuertabelle versteuert und unterliegen den Beiträgen zu den Sozialversicherungen. Sind die Lohnarten steuerfrei (z. B. 0011 Nachtzuschlag [25 %] steuerfrei) oder können sie mit einem pauschalen Steuersatz versteuert werden (z. B. 0022 Fahrgeld pauschal AG), berechnet Lexware lohn + gehalt/*plus* keine Beiträge zu den Sozialversicherungen, obwohl der Mitarbeiter beitragspflichtig sein kann. Sie können die Definition der Lohnarten (Steuerpflicht/Sozialversicherungspflicht) über die Menüfunktion „VERWALTUNG/LOHNARTEN ..." überprüfen.

Die Bezüge des Mitarbeiters lassen sich in der rechten Dialoghälfte in den hellen Feldern hinter den Lohnarten eingeben. Die grauen Felder sind gesperrt, da deren Werte automatisch aus anderen Eingaben berechnet werden. Eine Navigation zwischen den Lohnartenklassen („Laufendes Arbeitsentgelt", „Einmalzahlung" etc.) ist über die Baumstruktur in der linken Dialoghälfte oder durch Anklicken der Kartenreiter möglich.

Werden Bezüge bei einer steuerpflichtigen Lohnart eingetragen, unterbleibt eine Steuerberechnung, wenn der Arbeitnehmer nicht steuerpflichtig ist oder die Höhe der Bezüge unter

So führen Sie die Lohnabrechnung durch

der Lohnsteuerfreigrenze liegt. Die Steuerpflicht des Arbeitnehmers wird in den Personalstammdaten im Dialog „Steuerkarte" festgelegt. In die Stammdatenverwaltung können Sie über die Menüfunktion „BEARBEITEN/STAMMDATEN" oder durch einen doppelten Mausklick auf das Wort „Stammdaten" in der linken Fensterhälfte des Lohnerfassungsdialogs verzweigen.

Einmalzahlung

In der Klasse „Einmalzahlung" sind die Lohnbestandteile zu erfassen, die zusätzlich zum laufenden Arbeitslohn/Arbeitsentgelt gezahlt werden. Wird beispielsweise Urlaubs- oder Weihnachtsgeld zusätzlich zum laufenden Arbeitsentgelt bezahlt, ist dieses in der Klasse „Einmalzahlung" einzutragen. Die Lohnartenklasse „Einmalzahlung" lässt sich nach dem öffnen des Abrechnungsdialoges (DATEI/MITARBEITER ÖFFNEN …) durch Auswahl der Klasse „Einmalzahlung" in der linken Dialoghälfte oder durch Anklicken des Kartenreiters „Einmalzahlung" öffnen.

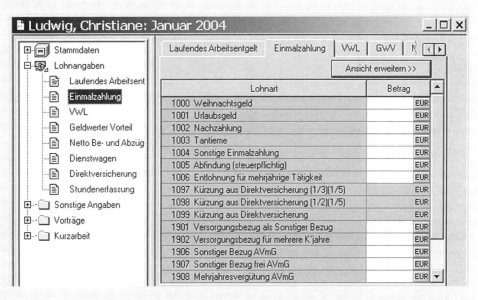

Alle Entgeltbestandteile in der Klasse „Einmalzahlung" zeichnen sich dadurch aus, dass sie mit der Jahreslohnsteuertabelle versteuert werden, sie der anteiligen Jahresbeitragsbemessungsgrenze in den Sozialversicherungen unterliegen und bei einem Monatswechsel nicht automatisch in den Folgemonat übernommen werden.

Beispiele für Einmalzahlungen sind:

- 13. und 14. Monatsgehälter,
- einmalige Abfindungen und Entschädigungen,
- Gratifikationen und Tantiemen, die nicht fortlaufend gezahlt werden,
- Jubiläumszuwendungen,
- Urlaubsgelder, die nicht fortlaufend gezahlt werden, und Entschädigungen zur Abgeltung nicht genommenen Urlaubs,
- Vergütungen für Erfindungen,
- Weihnachtszuwendungen.

So führen Sie die Lohnabrechnung durch

Eine Berechnung von Urlaubsgeld abhängig von den genommenen Urlaubsstunden ist nicht möglich. Soll bei einem Stundenlohnempfänger für z. B. 40 Urlaubsstunden das Urlaubsgeld ausbezahlt werden, ist dieses zunächst manuell zu ermitteln und unter der Lohnart „1001 Urlaubsgeld" als Summe einzutragen.

VWL

Die Eingabe von Lohnbestandteilen in den Lohnartenklassen „Vermögensbildung (VWL)", „Geldwerter Vorteil", „Nettobe- und -abzüge", „Dienstwagen" und „Direktversicherung" können Sie analog zur Eingabe unter „Laufendes Arbeitsentgelt" vornehmen.

In der Klasse „VWL" legen Sie vermögenswirksame Sparverträge zur Abrechnung an. Unter der Option „Zuschuss" kann ein Arbeitgeberzuschuss zur Vermögensbildung erfasst werden. In das Eingabefeld „Überweisung" ist der auf den vermögenswirksamen Sparvertrag zu zahlende Betrag einzutragen. Geben Sie den Empfänger, die Zahlungsart und die Bankverbindung an, daraufhin erfolgt im Zahlungsverkehr automatisch die Überweisung an den Träger der Vermögensbildung.
Hat der Arbeitnehmer mehrere VWL-Verträge, können alle Angaben im Dialog „VWL" erfasst werden. Zur Eingabe der Vertragsnummer, Bankverbindung etc. wählen Sie im Dialog „Vertrag 1", „Vertrag 2" oder „Vertrag 3". Bei Auswahl der Option „Vertrag 1", werden die vertraglichen Angaben zu Vertrag 1 gespeichert und die Eingabefelder geleert. Gleiches gilt für die Erfassung eines dritten Vertrags.

GWV

Alle Lohnarten in der Klasse „Geltwerter Vorteil" (GWV) zeichnen sich dadurch aus, dass die eingetragenen Bezüge zum Bruttolohn addiert werden, ggf. der Lohnsteuer und den Beiträgen zur Sozialversicherung unterliegen, jedoch nicht an den Arbeitnehmer ausgezahlt werden. Beispiele für Entgeltbestandteile die in der Klasse „GWV" einzutragen sind:

- geltwerter Vorteil aus der PKW-Nutzung, wenn ein Fahrtenbuch geführt wird,
- Sachleistungen an den Arbeitnehmer,
- geldwerte Vorteile aus verbilligten oder kostenlosen Mahlzeiten,
- geldwerte Vorteile aus Betriebsfeiern, die mehr als 110 € pro Mitarbeiter kosten.

Die Bezüge in der Klasse „GWV" werden auf der Entgeltabrechnung zwischen „Nettoverdienst" und „Auszahlung" abgezogen. Der Bezug wird im Lohnkonto getrennt ausgewiesen und im Zahlungsverkehr nicht berücksichtig. Geldwerte Vorteile können zum Teil mit einem festen (pauschalen) Satz versteuert werden und unterliegen dann nicht mehr den Beiträgen zu den Sozialversicherungen. Werden neben den ausgelieferten geldwerten Vorteilen weitere Lohnarten benötigt, lassen sich diese über den Menüpfad „VERWALTUNG/LOHNARTEN ..." neu anlegen. Für die Anlage der Lohnart ist zunächst die Klasse „GWV" in der linken Dialoghälfte auszuwählen (siehe Kapitel 3).

So führen Sie die Lohnabrechnung durch

Nettobe- und -abzüge

Nettobe- und -abzüge erhöhen oder verringern die Auszahlung an den Arbeitnehmer. Alle Lohnarten in dieser Lohnartenklasse sind steuerfrei und unterliegen nicht den Beiträgen zu den Sozialversicherungen. Auf der Entgeltabrechnung werden die Lohnarten dieser Klasse im Teil „Netto Be- und Abzüge" ausgewiesen.

Bei den Lohnarten „Pfändung" und „Vorschuss" können zusätzliche Angaben zu einem abweichenden Empfänger im Programm hinterlegt werden.

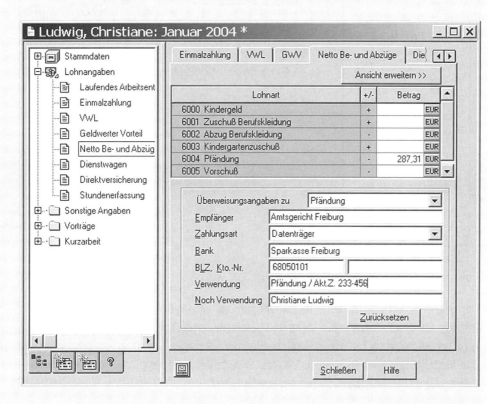

Die Eingabemöglichkeiten zu Empfänger, Bankverbindung und Verwendungszweck werden freigegeben, sobald in die entsprechende Lohnart ein Betrag eingegeben wurde und im Feld „Überweisungsangaben zu" die Option „Pfändung" oder „Vorschuss" gewählt wurde. Der Pfändungs- bzw. Vorschussbetrag wird automatisch im Zahlungsverkehr berücksichtigt.

Dienstwagen

In der Lohnartenklasse „Dienstwagen" können die Angaben zu einem Firmenwagen des Mitarbeiters hinterlegt werden. Mit den Angaben des Dialogs „Dienstwagen" wendet Lexware lohn + gehalt/*plus* die so genannte 1-%-Regelung an. In das Feld „Listenpreis + Zubehör" ist der Bruttolistenpreis (Neupreis) des Fahrzeugs zum Zeitpunkt seiner Erstzulassung einzutragen. Auch wenn das Unternehmen den Vorsteuerabzug in Anspruch nehmen konnte, muss der Preis einschließlich Umsatzsteuer eingegeben werden. Der Bruttolistenpreis (Neuwagen) gilt auch, wenn das Fahrzeug gebraucht erworben wurde. Nutzt der Mitarbeiter den Wagen für die täglichen Fahrten zur Arbeit, ist in das Feld „Kilometerangaben je nach Nutzung" die

So führen Sie die Lohnabrechnung durch

einfache Entfernung zwischen Wohnung und Arbeitsstätte einzutragen. Die Angabe kann unterbleiben, wenn die Entfernung geringer als ein Kilometer ist.

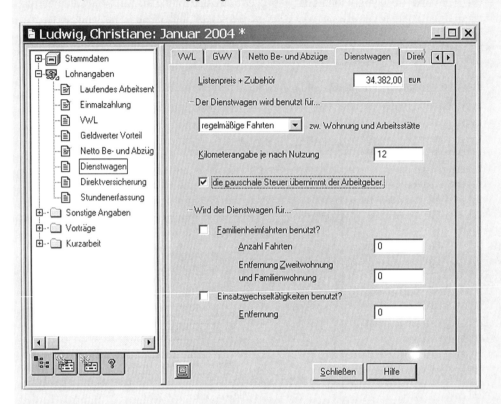

Der geldwerte Vorteil aus der Firmenwagennutzung erhöht den Bruttolohn, unterliegt den Beiträgen zu den Sozialversicherungen und ist lohnsteuerpflichtig. Auf der Entgeltabrechnung wird der Bruttobetrag unter den Bruttobezügen ausgewiesen und zwischen Nettoverdienst und Auszahlung wieder abgezogen. Mit diesem Verfahren wird die Versteuerung und die Verbeitragung zu den Sozialversicherungen gewährleistet.

Direktversicherung

Direktversicherungen sind eine lohnsteuerrechtlich begünstigte Form der Lebens-, Renten- und Vorsorgeversicherung. Bei einer Direktversicherung ist der Arbeitgeber Versicherungsnehmer, Begünstigter aus der Versicherung ist der Arbeitnehmer. Sind die Voraussetzungen für die besondere Form der Direktversicherung erfüllt, darf der Arbeitgeber den Beitrag zu einer Direktversicherung mit einem pauschalen (festen) Steuersatz von 20 % versteuern.

So führen Sie die Lohnabrechnung durch

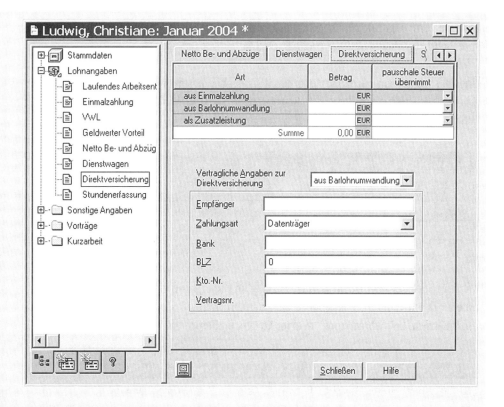

Lexware lohn + gehalt/*plus* ermöglicht die Abrechnung drei unterschiedlicher Arten von Direktversicherungen. Bei Direktversicherung aus „Einmalzahlung" wird ein Teil oder die gesamte Einmalzahlung des aktuellen Abrechnungsmonats nicht an den Mitarbeiter ausbezahlt, sondern in die Direktversicherung eingestellt. Das Feld zur Eingabe des Beitrags an die Direktversicherung aus „Einmalzahlung" ist erst dann freigegeben, wenn zuvor in der Lohnartenklasse „Einmalzahlung" bei einer Lohnart ein Betrag erfasst wurde. Die pauschale Lohnsteuer auf den Beitrag zur Direktversicherung kann im Innenverhältnis auf den Arbeitnehmer übertragen werden. Entsprechend ist in der Spalte „pauschale Steuer übernimmt" festzulegen, ob der Arbeitgeber die Pauschalsteuer trägt oder diese auf den Mitarbeiter übertragen wird.

Wird der Beitrag zur Direktversicherung unter „Barlohnumwandlung" eingeben, kürzt Lexware lohn + gehalt/*plus* den laufenden Bezug des aktuellen Monats um den Beitrag zur Direktversicherung. Der Bezug wird somit der pauschalen Versteuerung unterworfen, bleibt allerdings sozialversicherungspflichtig.

Eine Direktversicherung als „Zusatzleistung" erhöht den Bezug des Mitarbeiters. Der Beitrag zur Direktversicherung ist „als Zusatzleistung" zu erfassen, wenn der Arbeitgeber den Beitrag zusätzlich zu den laufenden und einmaligen Bezügen übernimmt. Der vom Arbeitgeber übernommene Beitrag wird pauschal versteuert und unterliegt nicht den Beiträgen zu den Sozialversicherungen. Die pauschale Lohnsteuer von 20 % kann der Arbeitgeber oder der Mitarbeiter tragen – entsprechend ist die Auswahl in der Spalte „pauschale Steuer übernimmt" festzulegen.

Nach Eingabe der Versicherungsprämie unter „Einmalzahlung", „Barlohnumwandlung" oder „Zusatzleistung" sind im Feld „Vertragliche Angaben zur Direktversicherung" die Art der Versicherung auszuwählen und anschließend die Angaben zur Bankverbindung zu erfassen.

So führen Sie die Lohnabrechnung durch

Lexware Lohn + gehalt/*plus* berücksichtigt den abweichenden Empfänger der Zahlung entsprechend im Zahlungsverkehr (siehe Kapitel 5).

Über die Schaltfläche „Schließen" werden die Eingaben bestätigt und die Bezüge für den Mitarbeiter gesichert. Nach dem Schließen gelangen Sie zurück in die Bruttoansicht, in der je Lohnartenklasse die kumulierten Bezüge dargestellt sind.

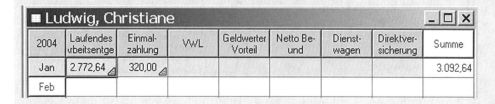

Mit dem Speichern der Daten wird gleichzeitig im Hintergrund eine Abrechnung für den Mitarbeiter durchgeführt. Die Ergebnisse der Lohnabrechnung können Sie über die Schaltfläche „Seitenansicht Lohnabrechnung" in einer Vorschau überprüfen.

Die Seitenansicht ist eine Art Simulation der Entgeltabrechnung. Die Abrechnungsdaten können bis zum Monatswechsel jederzeit geändert und neu abgerechnet/simuliert werden. Die Ausgabe der Abrechnungsergebnisse ist über den Menüpunkt „BERICHTE" möglich.

4.1.2 Erfassen von Kürzungen

Tritt ein Arbeitnehmer nicht zu Beginn eines Abrechnungsmonats in das Unternehmen ein oder scheidet er vor dem Ende aus dem Unternehmen aus, kann es zu einer Kürzung von festen Bezügen wie beispielsweise Gehalt kommen. Endet bei Krankheit mit oder ohne Lohnfortzahlung die Entgeltfortzahlung des Arbeitgebers, müssen in der Regel die festen Bezüge anteilig für den laufenden Abrechnungsmonat gekürzt werden. Lexware lohn + gehalt ermöglicht über die Lohnartenverwaltung eine automatische Kürzung von festen Bezügen. Die gekürzten Bezüge werden in der Übersicht der Entgelteingabe dargestellt.

So führen Sie die Lohnabrechnung durch

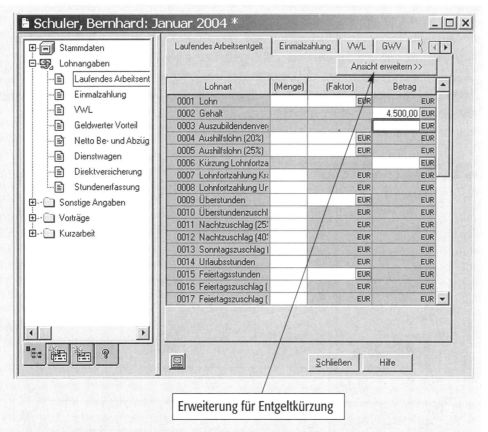

Erweiterung für Entgeltkürzung

Die Standardeinstellung sieht keine automatische Kürzung der Entgelte vor. Soll bei untermonatigem Ein- oder Austritt oder bei Fehlzeiten ohne Lohnfortzahlung ein Kürzung des Entgelts durchgeführt werden, so ist diese Funktion für jede Lohnart einzeln auszuwählen. Die Durchführung der Kürzung erfordert eine Anpassung der Lohnart. Über den Menüpfad „VERWALTUNG/LOHNARTEN ..." gelangen Sie in die Lohnarten-Verwaltung. Per Mausklick auf das Pluszeichen vor Lohnartenklasse, z. B. „Laufendes Arbeitsentgelt" lassen sich alle Lohnarten dieser Klasse darstellen.

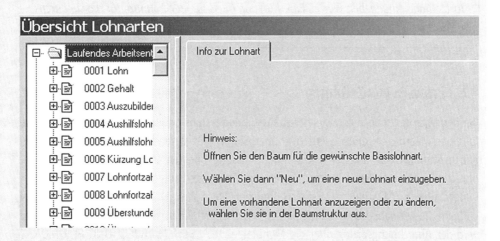

Ist beispielsweise vorgesehen, dass das Gehalt bei untermonatigem Eintritt anteilig gekürzt werden soll, müssen die Eigenschaften der Lohnart angepasst werden. Durch Auswahl der Lohnart per doppeltem Mausklick kann der aktuelle Gültigkeitszeitraum dargestellt werden.

So führen Sie die Lohnabrechnung durch

Klicken Sie mit der rechten Maustaste auf den aktuellen Gültigkeitszeitraum und bestätigen die Auswahl über die Schaltfläche „Neu". Die Lohnart wird erweitert – es kann ein neuer Gültigkeitszeitraum und das Verfahren der Entgeltkürzung gewählt werden. Über die Option „Kürzung bei Ein-/Austritt – Ja" wird die Lohnart grundsätzlich auf eine automatische Kürzung umgestellt (vgl. Kapitel 3.3). Wurde in den Stammdaten des Mitarbeiters im Dialog „Firma" ein Ein- oder Austrittsdatum während des laufenden Abrechnungsmonats eingegeben, kommt es zu einer automatischen Kürzung der Bezüge.

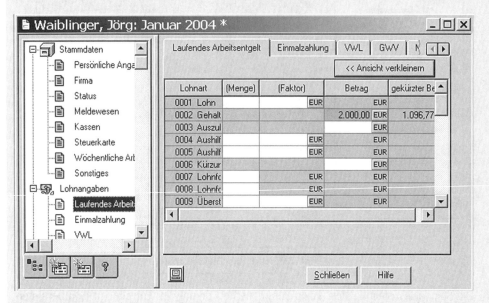

Die gekürzten Bezüge werden in der Entgeltabrechnung, den Lohnunterlagen und im Meldewesen berücksichtigt.

PRAXIS-TIPP

> *Beachten Sie: Die Kürzung der Bezüge tritt nur ein, wenn für den Mitarbeiter im aktuellen Abrechnungsmonat ein Ein- oder Austrittsdatum in den Stammdaten gepflegt oder für den Mitarbeiter im aktuellen Abrechnungsmonat eine Fehlzeit ohne Entgeltfortzahlung eingegeben wurde. Eine Kürzung muss für jede Lohnart, für die sie durchgeführt werden soll, gesondert angelegt weden.*

4.1.3 Erfassen von Zeitdaten

Werden Mitarbeiter nach geleisteten Arbeitsstunden bezahlt oder müssen Stundennachweise für einen Mitarbeiter geführt werden, können Sie die geleisteten Arbeitsstunden minutengenau im Stundendialog erfassen. Die Stundenerfassung für einen Arbeitnehmer kann über den Abrechnungsdialog oder über den Abrechnungs-Assistenten aufgerufen werden. Der Abrechnungsdialog des Mitarbeiters lässt sich über den Menüpfad „DATEI/MITARBEITER ÖFFNEN …" und die Auswahl des zu bearbeitenden Mitarbeiters öffnen. Bei geöffneter Bruttoansicht wird der Abrechnungsdialog über die Menüfolge „BEARBEITEN/ABRECHUNG FÜR MONAT [Monat]" aufgerufen. Im Abrechnungsdialog lässt sich die Stundenerfassung durch Anklicken des gleichnamigen Kartenreiters oder durch Anklicken des Wortes „Stundenerfassung" in der linken Fensterhälfte auswählen.

So führen Sie die Lohnabrechnung durch

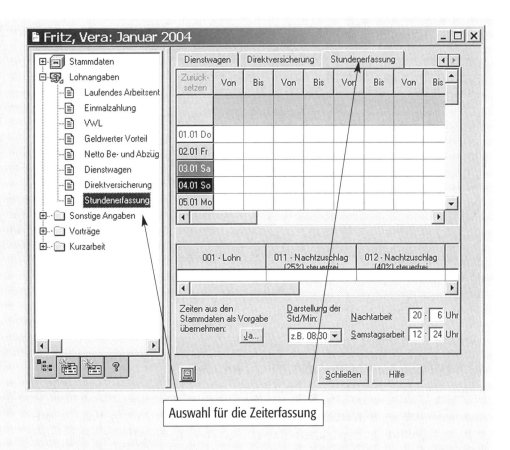

Auswahl für die Zeiterfassung

Es besteht die Möglichkeit, die Kommen-Gehen-Zeiten zu erfassen oder die geleistete Arbeitszeit pro Kalendertag in Summe einzutragen. In den ersten acht Spalten lässt sich pro Tag das bis zu viermalige Kommen und Gehen erfassen. Nicht benötigte Spalten können aus der Anzeige ausgeblendet werden. Klicken Sie zum Entfernen mit der rechten Maustaste auf die Spaltenüberschrift (z. B. „Von") und wählen Sie die Option „Spalten entfernen". Es wird immer ein Spaltenpaar „Von-Bis" ausgeblendet. Bei Bedarf lassen sich die Spalten durch Anklicken mit der rechten Maustaste wieder einblenden.

Sollen nur die Gesamtstunden pro Tag erfasst werden, sind diese in der Spalte „Grundlohnart" einzutragen. Wurden die Stunden nach 20 Uhr oder an Sonn- und Feiertagen geleistet, können sie in den entsprechenden Spalten erfasst werden. Anschließend lassen sich die Arbeitsstunden bestimmten Lohnarten zuordnen. So können beispielsweise Arbeitsstunden zwischen 6 Uhr und 20 Uhr der Lohnart „0001 Lohn", einer Zuschlagslohnart wie „0009 Überstunden" oder einer unternehmensindividuellen Lohnart zugewiesen werden. Hat der Mitarbeiter nach 20 Uhr gearbeitet, besteht die Möglichkeit, zusätzlich zum laufenden Lohn einen steuerfreien Nachtzuschlag von 25 % auf den Grundlohn zu hinterlegen. Analoges gilt für Arbeitszeiten an Samstagen, Sonn- und Feiertagen.

Wurde für den Mitarbeiter in den Stammdaten der Wochenarbeitszeitplan detailliert gepflegt, kann dieser für den gesamten Monat übernommen werden (vgl. „Angaben zur Arbeitszeit" in Kapitel 2). Eine Übernahme in die Monatsübersicht erfolgt über die Schaltfläche „Zeitdaten aus den Stammdaten als Vorgabe übernehmen – Ja".

So führen Sie die Lohnabrechnung durch

001 - Lohn	011 - Nachtzuschlag (25%) steuerfrei	012 - Nachtzuschlag (40%) steuerfrei	(keine Zuordnun;
16:14			

Zeiten aus den Stammdaten als Vorgabe übernehmen: Ja...

Darstellung der Std/Min: z.B. 08:30

Nachtarbeit 20 - 6 Uhr
Samstagsarbeit 12 - 24 Uhr

Übernahme der Arbeitsstunden aus den Stammdaten

Nach Auswahl der Option und einer Bestätigung des Hinweises mit „Ja" werden die Vorgaben aus einer Arbeitswoche für den gesamten aktuellen Abrechnungsmonat übernommen. Bei der Übernahme werden Feiertage und Fehlzeiten berücksichtigt.

4.1.4 Erfassen abrechnungsrelevanter Fehlzeiten

Neben der Eingabe von Lohnbestandteilen besteht im Abrechnungsdialog über die Funktion „Sonstige Angaben" die Möglichkeit, Arbeitsunterbrechungen (Fehlzeiten), Urlaub und Erstattungsansprüchen aus dem Umlageverfahren sowie Freitext auf den Lohnabrechnungen zu vermerken. Außerdem können Sie sich mit der Option „SV-Meldungen" die Meldungen zur Sozialversicherung darstellen lassen und diese überprüfen, sofern sie im aktuellen Abrechnungsmonat zu versenden sind.

Sonstige Angaben können Sie im Abrechnungs-Assistenten oder über die Einzelabrechnung erfassen. Dazu öffnen Sie zunächst das Abrechnungsfenster für einen Mitarbeiter. Über die Menüfunktion „DATEI/MITARBEITER ÖFFNEN..." und anschließend „BEARBEITEN/ABRECHNUNG FÜR MONAT/[aktueller Abrechnungsmonat]" lässt sich die Bruttoansicht öffnen. Durch Anklicken des Pluszeichens ⊞ vor der Funktion „Sonstige Angaben" öffnen Sie die Verwaltung.

So führen Sie die Lohnabrechnung durch

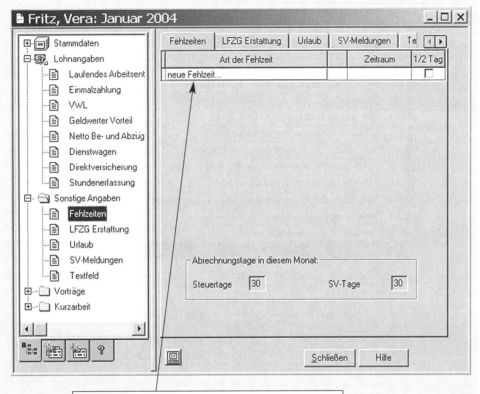

Eingabe der Fehlzeit durch Anklicken mit der Maus

Grundsätzlich sind Fehlzeiten Zeiträume, in denen das Arbeitsverhältnis zwar weiterbesteht, der Arbeitnehmer aber nicht seiner Arbeitstätigkeit nachgeht. Fehlzeiten können, müssen aber nicht zu einer Kürzung der Sozialversicherungstage (SV-Tage) führen. Fallen in den Lohnzahlungszeitraum Arbeitstage, für die der Arbeitnehmer keinen Anspruch auf Lohnzahlung hat, und bleibt das Dienstverhältnis weiter bestehen, muss die Unterbrechung des Arbeitsverhältnisses den Sozialversicherungsträgern gemeldet werden. Typische Fälle für den Wegfall des Lohnanspruchs an bestimmten Arbeitstagen sind unbezahlter Urlaub, das Ende der Lohnfortzahlung in Krankheitsfällen oder der Bezug von Kurzarbeit- und Winterausfallgeld. Alle Fehlzeiten des Arbeitnehmers sind vom Arbeitgeber aufzuzeichnen.

Lexware lohn + gehalt/*plus* fasst unter Fehlzeiten bezahlte Abwesenheiten wie Urlaub, Krankheit mit Lohnfortzahlung etc. und unbezahlte Abwesenheiten wie Erziehungsurlaub, Krankheit nach Ablauf der Lohnfortzahlung oder unbezahlten Urlaub zusammen. Fehlzeiten für einen Mitarbeiter können Sie durch einfaches Anklicken des Wortes „neue Fehlzeiten" mit der Maus eingeben. Es öffnet sich der Dialog Fehlzeitenübersicht.

So führen Sie die Lohnabrechnung durch

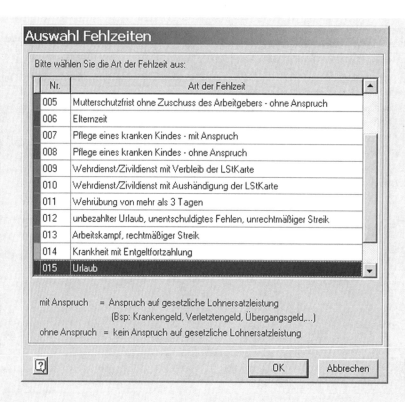

Per Mausklick lässt sich die Art der Abwesenheit aus der Fehlzeitenübersicht auswählen. Wurde in der Lohnartenverwaltung die Kürzung des Arbeitsentgelts bei Fehlzeiten hinterlegt, kann die Eingabe der Fehlzeit zu einer Kürzung des Bezugs eines Mitarbeiters führen.

Krankheit/Kur nach Ablauf der Lohnfortzahlung – mit Anspruch

Nach 42 Arbeitstagen endet bei Krankheit die Lohnfortzahlung und der Arbeitnehmer hat in der Regel Anspruch auf Krankengeld von seiner Krankenkasse (nicht Heimarbeiter oder geringfügig Beschäftigte). Hat der Arbeitnehmer Anspruch auf Krankengeld, ist „Krankheit/Kur nach Ablauf der Lohnfortzahlung – mit Anspruch" zu wählen. Nach Auswahl der Option muss in die Felder „von" bzw. „bis" der erste bzw. letzte Tag des Krankengeldbezugs eingetragen werden. Alternativ können Sie über das Kalender-Symbol einen Kalender aufrufen und die Zeiten per Mausklick erfassen.

Unter der Option „Krankheit/Kur nach Ablauf der Lohnfortzahlung – mit Anspruch" erfassen Sie die Zeiten, während deren der Arbeitnehmer Krankengeld von seiner Krankenkasse bezieht. Zeiten, in denen der Lohn vom Arbeitgeber fortgezahlt wird, erfassen Sie unter der Fehlzeit „014 Krankheit mit Entgeltfortzahlung".

Dauert die Arbeitsunfähigkeit ohne Lohnfortzahlung (Krankengeldbezug) länger als einen vollen Kalendermonat, muss der Arbeitgeber eine Unterbrechungsmeldung mit Grund der Abgabe: 51 bei der Krankenkasse des Arbeitnehmers einreichen. Lexware lohn + gehalt/*plus* prüft die Frist und generiert automatisch eine Meldung generieren. Außerdem werden die Sozialversicherungstage (SV-Tage) entsprechend gekürzt, was zu einer Verringerung der monatlichen Beitragsbemessungsgrenze führt. Haben Sie in der Lohnartenverwaltung eine Kürzung

So führen Sie die Lohnabrechnung durch

des Entgelts bei Fehlzeiten definiert, werden zusätzlich die Bezüge des Mitarbeiters anteilig gekürzt.

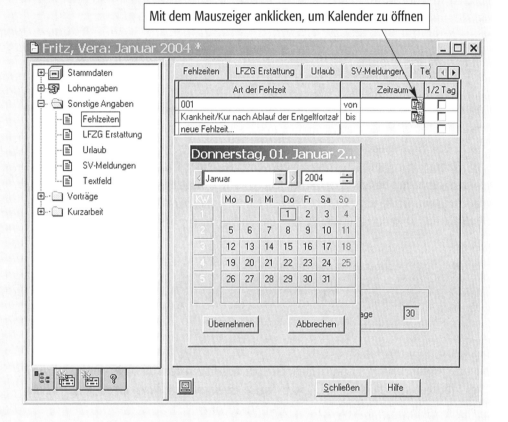

PRAXIS-TIPP

Lexware lohn + gehalt/plus stellt die Unterbrechungsmeldung erst dann zur Verfügung, wenn ein Monat ohne Arbeitsentgelt vorliegt. Es muss also mindestens ein Abrechnungszeitraum ohne Entgelt vorliegen und ein Monatswechsel durchgeführt sein, bevor die Meldung mit dem Abrechnungs-Assistenten oder über die Menüfunktion „BERICHTE" gedruckt werden kann.

Krankheit/Kur nach Ablauf der Lohnfortzahlung – ohne Anspruch

Nr.	Art der Fehlzeit
001	Krankheit/Kur nach Ablauf der Entgeltfortzahlung - mit Anspruch
002	Krankheit/Kur nach Ablauf der Entgeltfortzahlung - ohne Anspruch

Für Heimarbeiter und Arbeitnehmer, die das 64. Lebensjahr vollendet haben, besteht kein Anspruch auf Krankengeld von der Krankenkasse. Diese Arbeitnehmer entrichten nur den ermäßigten Beitrag zur Krankenversicherung. Entsprechend ist in den Stammdaten im Dialog „Kassen" der Schlüssel 3 im Beitragsgruppenfeld KV zu hinterlegen. Kein Anspruch auf Lohnersatzleistungen besteht auch dann, wenn der Arbeitnehmer beispielsweise nach einer Krankheit unbezahlten Urlaub nimmt oder zur Wehrübung einberufen wird. Lexware lohn + gehalt/*plus* prüft selbstständig die Meldefristen und generiert entsprechend den Angaben „von" und „bis" die Meldung zur Sozialversicherung.

Mutterschutzfrist

Nr.	Art der Fehlzeit
003	Mutterschutzfrist mit Zuschuss des Arbeitgebers - mit Anspruch
004	Mutterschutzfrist ohne Zuschuss des Arbeitgebers - mit Anspruch
005	Mutterschutzfrist ohne Zuschuss des Arbeitgebers - ohne Anspruch
006	Elternzeit

Werdende Mütter dürfen in den letzten sechs Wochen vor ihrem Entbindungstermin nicht mehr beschäftigt werden, außer wenn sie dies ausdrücklich wünschen. Wöchnerinnen sind bis zu acht Wochen nach der Geburt (bzw. zwölf Wochen bei Mehrlingsgeburten) freizustellen. Während der Mutterschutzfrist und der anschließenden Elternzeit bleibt zwar das Versicherungsverhältnis bestehen, es werden jedoch keine SV-Tage angerechnet, das heißt, die SV-Tage sind entsprechend zu kürzen. Lexware lohn + gehalt/*plus* nimmt die Kürzung automatisch vor und weist die gekürzten SV-Tage im Fehlzeitendialog aus.

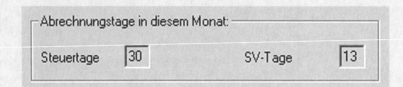

Hat die Arbeitnehmerin Anspruch auf Mutterschaftsgeld von der Krankenkasse und erhält einen Arbeitgeberzuschuss zum Mutterschaftsgeld, ist entsprechend die Option „Mutterschutzfrist mit Zuschuss des Arbeitgebers – mit Anspruch" zu wählen.

PRAXIS-TIPP

Der Arbeitgeberzuschuss zum Mutterschaftsgeld ist steuer- und beitragsfreier Arbeitslohn. Er muss in der Klasse „Laufendes Arbeitsentgelt" unter der Lohnart „0028 Zuschuss zum Mutterschaftsgeld" erfasst werden. Der Zuschuss ist im Lohnkonto zu vermerken und muss in Zeile 16 auf der Lohnsteuerkarte gesondert ausgewiesen werden.

Arbeitnehmerinnen, die nicht in der gesetzlichen Krankenkasse versichert sind (z. B. privat Versicherte), erhalten kein Mutterschaftsgeld von der Krankenkasse. Entsprechend ist die Option „Mutterschutzfrist mit Zuschuss des Arbeitgebers – ohne Anspruch" zu wählen.

PRAXIS-TIPP

Nimmt das Unternehmen am Umlageverfahren teil, kann der Zuschuss zum Mutterschaftsgeld erstattet werden. Die Berechnung des Erstattungsanspruchs wird von Lexware lohn + gehalt automatisch durchgeführt und im Dialog „LFZG Erstattung" ausgewiesen. In der Version Lexware lohn + gehalt plus ist zudem eine Assistenten-gestützte Erstellung der Bescheinigung für die Krankenkasse möglich. Diese Funktion steht in der Standardversion nicht zur Verfügung.

So führen Sie die Lohnabrechnung durch

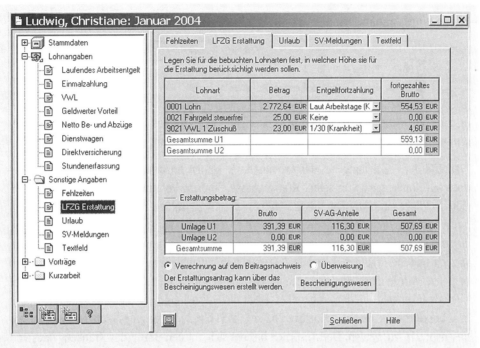

Beträgt der durchschnittliche Nettoverdienst arbeitstäglich höchstens 13 €, besteht keine Zuschusspflicht des Arbeitgebers. Die Arbeitnehmerin hat jedoch Anspruch auf das Mutterschaftsgeld von ihrer Krankenkasse. Für diese Mitarbeiterin ist die Option „Mutterschutzfrist ohne Zuschuss des Arbeitgebers – mit Anspruch" zu wählen.

Elternzeit

Nr.	Art der Fehlzeit	
003	Mutterschutzfrist mit Zuschuss des Arbeitgebers - mit Anspruch	Auswahl der Fehlzeit bei Antritt der Elternzeit
004	Mutterschutzfrist ohne Zuschuss des Arbeitgebers - mit Anspruch	
005	Mutterschutzfrist ohne Zuschuss des Arbeitgebers - ohne Anspruch	
006	Elternzeit ◄	

Väter und Mütter haben Anspruch auf Elternzeit (ehemals Erziehungsurlaub) von zusammen drei Jahre. Tritt der Arbeitnehmer im aktuellen Abrechnungsmonat die Elternzeit an, ist die Fehlzeit „006 Elternzeit" sowie Beginn und Ende unter „von" bzw. „bis" einzutragen. Tritt eine werdende Mutter im laufenden Abrechnungsmonat die Mutterschutzfrist an oder schließt sich an die Mutterschutzfrist die Elternzeit an, ist zunächst die Fehlzeit Mutterschutzfrist zu erfassen und beim Übergang die neue Fehlzeit „Elternzeit" als zweite Fehlzeit zu addieren.

Wird eine Arbeitnehmerin nach der Mutterschutzfrist für bis zu 30 Stunden pro Woche beschäftigt, ist sie mit einer neuen Personalnummer im System anzulegen. Die Personalnummer kann über die Menüfunktion „DATEI/DRUCKEN/PERSONALSTAMMBLATT ..." kopiert und anschließend mit der Menüfunktion „DATEI/IMPORTIEREN/ASCII F1 Mitarbeiter" eingefügt werden. Achten Sie beim Import auf die Vergabe einer neuen Personalnummer und des entsprechenden Beitragsgruppenschlüssels im Dialog „Kassen".

So führen Sie die Lohnabrechnung durch

Pflege eines kranken Kindes

Nr.	Art der Fehlzeit
007	Pflege eines kranken Kindes - mit Anspruch
008	Pflege eines kranken Kindes - ohne Anspruch

Arbeitnehmer mit Kindern haben bei Erkrankung eines Kindes nach § 45 SGB V unter bestimmten Voraussetzungen Anspruch auf unbezahlte Freistellung von der Arbeitsleistung.

Während der Freistellung hat der Arbeitnehmer keinen Anspruch auf Lohnfortzahlung, jedoch auf Krankengeld von seiner Krankenkasse. Sind die Voraussetzungen gegeben, ist die Option „Pflege eines kranken Kindes – mit Anspruch" zu wählen. Ist das erkrankte Kind zwölf Jahre oder älter, kann der Arbeitgeber zwar die Freistellung von der Arbeitsleistung verfügen, ein Anspruch auf „Kinderkrankengeld" von der Krankenkasse besteht jedoch nicht mehr. Zusätzlich sind die Tage der „bezahlten" Freistellung auf zehn Tage pro Kalenderjahr pro Kind begrenzt. Wurde diese Höchstgrenze bereits überschritten, besteht kein Anspruch mehr auf Kinderkrankengeld von der Krankenkasse. Für die Freistellung zur Pflege eines älteren Kindes bzw. bei Überschreitung der Höchstgrenze ist die Fehlzeit „Pflege eines kranken Kindes – ohne Anspruch" zu wählen. Der Anspruch bezieht sich auf den Bezug des Krankengeldes von der Krankenkasse.

Wehr- oder Zivildienst

Nr.	Art der Fehlzeit
009	Wehrdienst/Zivildienst mit Verbleib der LStKarte
010	Wehrdienst/Zivildienst mit Aushändigung der LStKarte
011	Wehrübung von mehr als 3 Tagen

Bei Antritt des Wehr- oder Zivildienstes ist der zuständigen Krankenkasse eine Unterbrechungsmeldung einzureichen. Außerdem müssen Sie dem Arbeitnehmer die Lohnsteuerkarte aushändigen.

Bei Wehrübungen bis zu drei Tagen besteht eine Lohnfortzahlungsverpflichtung des Arbeitgebers. Der Arbeitgeber erhält den betreffenden Arbeitslohn von der zuständigen Wehrbereichsverwaltung erstattet.

Für Wehrübungen, die drei Arbeitstage überschreiten, müssen die Sozialversicherungstage (SV-Tage) entsprechend gekürzt werden. Zusätzlich ist im Lohnkonto die Anzahl der Unterbrechungstage zu vermerken. Nur Wehrübungen von mehr als drei Tagen müssen unter den Fehlzeiten erfasst werden. Die Kürzung der SV-Tage erfolgt automatisch.

Unbezahlter Urlaub/unentschuldigtes Fehlen/unrechtmäßiger Streik

Nr.	Art der Fehlzeit
012	unbezahlter Urlaub, unentschuldigtes Fehlen, unrechtmäßiger Streik
013	Arbeitskampf, rechtmäßiger Streik

Bei einer Arbeitsunterbrechung wegen unbezahlten Urlaubs von mehr als einem Monat endet die Mitgliedschaft in der Krankenversicherung (Vgl. § 192 Abs. 1 Nr. 1 SGB V). Zu diesem

So führen Sie die Lohnabrechnung durch

Tag ist eine Abmeldung mit Grund der Abgabe: 34 bei der zuständigen Krankenkasse einzureichen. Innerhalb der Monatsfrist wird normalerweise kein Arbeitsentgelt gezahlt, wodurch sich auch keine Beitragszahlungen zu den Sozialkassen ergeben. Lexware lohn + gehalt/*plus* erstellt die Meldung automatisch. Sie kann über den Abrechnungs-Assistenten oder über die Menüfunktion „BERICHTE/SV-MELDUNGEN …" gedruckt werden.

Rechtmäßiger Streik

Nr.	Art der Fehlzeit
012	unbezahlter Urlaub, unentschuldigtes Fehlen, unrechtmäßiger Streik
013	Arbeitskampf, rechtmäßiger Streik

Bei einem rechtmäßigen Arbeitskampf kommt es nicht zu einer Arbeitsunterbrechung. Die Mitgliedschaft bleibt in diesen Fällen bis zur Beendigung des Arbeitskampfs ohne zeitliche Beschränkung erhalten. Nach Ablauf eines vollen Kalendermonats ist jedoch eine Abmeldung mit Grund der Abgabe: 35 bei der zuständigen Krankenkasse einzureichen. Lexware lohn + gehalt/*plus* prüft die Frist und erstellt die entsprechende Meldung automatisch.

Krankheit mit Entgeltfortzahlung

Nr.	Art der Fehlzeit
014	Krankheit mit Entgeltfortzahlung

Arbeitnehmer haben in der Regel Anspruch auf Fortzahlung des Arbeitsentgelts bei Krankheit für die Dauer von sechs Wochen (§ 3 EFZG). Krankheiten innerhalb der Entgeltfortzahlungsfrist sind unter der Option „014 Krankheit mit Entgeltfortzahlung" einzutragen. Die Eingabe der Krankheiten mit Entgeltfortzahlung dient der vollständigen Fehlzeitenübersicht für den Mitarbeiter. Über die Menüfunktion „BERICHTE/FEHLZEITEN/FEHLZEITENÜBERSICHT …" können Sie für einzelne Mitarbeiter oder für die Gesamtheit der Arbeitnehmer eine Fehlzeitenübersicht erstellen.

> *Nimmt das Unternehmen am Umlageverfahren teil, wird das fortgezahlte Entgelt an Arbeiter, Auszubildende und gewerbliche Aushilfen aus der Umlagekasse erstattet. Lexware lohn + gehalt/plus ermittelt den Erstattungsanspruch automatisch und weist ihn im Dialog „LFZG – Erstattung" aus. In der Version plus können zusätzlich die Formulare für die Krankenkasse erstellt und direkt ausgegeben werden (siehe dazu Abschnitt Lohnfortzahlung).*

Urlaub/Sonderurlaub/sonstige bezahlte Freistellung

Nr.	Art der Fehlzeit
015	Urlaub
016	Sonderurlaub
017	Sonstige bezahlte Freistellung

So führen Sie die Lohnabrechnung durch

Hat der Arbeitnehmer im laufenden Abrechnungszeitraum Urlaub genommen, erhält er Sonderurlaub oder wird er aus sonstigem Grund bezahlt freigestellt, so können Sie diese Fehlzeiten unter Angabe von Anfang- und Enddatum erfassen. Die Angaben fließen in die Fehlzeitenübersicht ein. Eine Übersicht der genommenen Urlaubstage können Sie mit der Urlaubsübersicht erstellen. Über die Menüfunktion BERICHTE/FEHLZEITEN/URLAUBSÜBERSICHT …" rufen Sie die Mitarbeiterauswahl auf. In diesem Dialog können Sie sowohl den Reportzeitraum wie auch die Anzahl der Mitarbeiter für den Bericht festlegen.

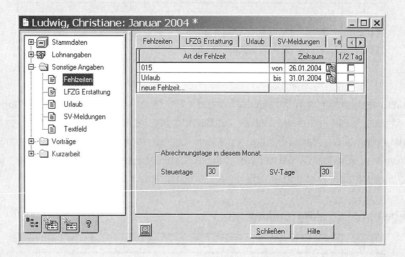

Durch Auswahl der Option „Jahresbericht" lässt sich eine vollständige Jahresstatistik oder eine Urlaubs-/Fehlzeitenstatistik für bereits abgerechnete Zeiträume des laufenden Jahres erstellen. Zusätzlich besteht die Möglichkeit, über den Karteikartenreiter „Einstellungen" die Urlaubsstatistik in Microsoft Excel zu übertragen und dort weiterzubearbeiten.

Mit Auswahl der Funktion „Export" und anschließend der Option „MS Excel" wird die Ausgabe in eine Microsoft-Excel-Tabelle festgelegt. Nach der Bestätigung über die Schaltfläche „Ausgabe" öffnet Lexware lohn + gehalt/*plus* eine Excel-Tabelle und gibt die Daten darin aus.

PRAXIS-TIPP

Die Fehlzeiten „016 Sonderurlaub" und „017 Sonstige bezahlte Freistellung" werden in der Urlaubsstatistik nicht berücksichtigt. Alle Arten von Urlaub können nur für den aktuellen Abrechnungszeitraum und in die Zukunft erfasst werden. Muss genommener Urlaub für einen bereits abgerechneten Monat nachgetragen werden, ist dies nur über den Korrekturmodus möglich.

So führen Sie die Lohnabrechnung durch

Lohnfortzahlung

Nimmt der Betrieb am Ausgleichsverfahren für Lohnfortzahlung (U1) und Mutterschutz (U2) teil, entsteht für fortgezahlten Lohn an Arbeiter und Auszubildende ein Erstattungsanspruch gegenüber der Umlagekasse U1. Zahlt der Arbeitgeber einen Zuschuss zum Mutterschaftsgeld, ist dieser zu 100 % aus der Umlagekasse U2 erstattungsfähig. Der Ausgleichsanspruch kann auf dem Beitragsnachweis mit den abzuführenden Beiträgen verrechnet werden.

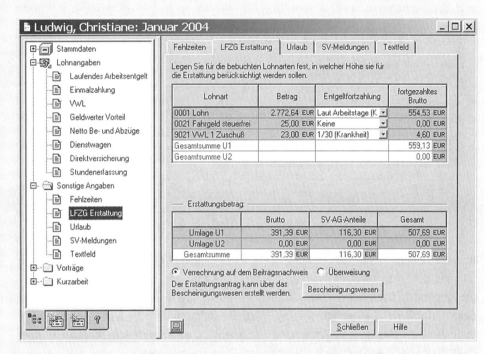

Der Erstattungsbetrag von fortgezahltem Lohn infolge Krankheit richtet sich nach dem Erstattungssatz. Je nach Krankenkasse bzw. nach der Wahl des Arbeitgebers kann er zwischen 50 % und 80 % des fortgezahlten Bruttolohns liegen. Für Zuschüsse zum Mutterschaftsgeld beträgt der Erstattungssatz stets 100 %.

War ein Arbeitnehmer beispielsweise im aktuellen Abrechnungsmonat krank, ist zunächst die Höhe des während der Krankheit fortgezahlten Bruttolohns zu ermitteln. Aus der Lohnfortzahlung ergibt sich entsprechend dem Erstattungssatz (60 %, 70 %, 80 %) der Erstattungsanspruch. Lexware lohn + gehalt/*plus* schlägt im Dialog „LFZG Erstattung" die Lohnarten vor, die erstattungsfähig sind und bei denen Entgelte erfasst wurden. Alle Lohnarten aus der Rubrik „Laufendes Entgelt" können zur Erstattung vorgeschlagen werden, mit Ausnahme der folgenden (nicht erstattungsfähigen):

0099 Kürzung aus Direktversicherung
0904 laufender Versorgungsbezug
0905 Pensionszuschuss steuerfrei Aufstockungsbetrag AtG
0906 Bezug pflichtig AVmG Aufstockungsbetrag AtG zusätzlich
0907 Kürzung AvmG
0914 Kurzarbeitergeld   (nur in *plus*)
0915 fiktives Entgelt Kurzarbeit   (nur in *plus*)
0916 Krankengeld i.H.v Kurzarbeitergeld (nur in *plus*)

So führen Sie die Lohnabrechnung durch

Lohnarten aus den Rubriken „Einmalzahlung", „Geldwerter Vorteil" und „Netto Be- und Abzüge" werden nicht dargestellt, da sie nicht erstattungsfähig sind. Von den Lohnarten mit einer Nummer ab 9000 oder höher sind nur folgende erstattungsfähig:

9005 Direktversicherung Zusatzleistung
9021 VWL1 Zuschuss
9022 VWL2 Zuschuss
9023 VWL3 Zuschuss

Lohnart	Betrag	Entgeltfortzahlung	fortgezahltes Brutto
0001 Lohn	1.966,64 EUR	Keine	0,00 EUR
0007 Lohnfortzahlung Krank	773,76 EUR	In voller Höhe (Krar	773,76 EUR
0021 Fahrgeld steuerfrei	25,00 EUR	Keine	0,00 EUR
9021 VWL 1 Zuschuß	23,00 EUR	1/30 (Krankheit)	6,13 EUR
Gesamtsumme U1			779,89 EUR
Gesamtsumme U2			0,00 EUR

Auswahl des Umfangs der Erstattung

Wird eine Lohnart als erstattungsfähig qualifiziert, ermittelt Lexware lohn + gehalt/*plus* den während der Fehlzeit fortgezahlten Bruttolohn und daraus den Erstattungsanspruch. Wurde der fortgezahlte Lohn in der Klasse „Laufendes Arbeitsentgelt" bereits gesondert erfasst, ist dieser „in voller Höhe" erstattungsfähig. Wird der fortgezahlte Lohn nicht separat erfasst, kann über die Optionen „Laut Arbeitstage (Krankheit)", „Laut Kalendertage (Krankheit)" oder „1/30 (Krankheit)" das anteilig fortgezahlte Entgelt ermittelt werden.

PRAXIS-TIPP

Beachten Sie: Nur wenn für den Mitarbeiter die Fehlzeit „014 Krankheit mit Entgeltfortzahlung" erfasst, in den Stammdaten die Umlagepflicht geschlüsselt und bei der Umlagekasse ein Erstattungssatz hinterlegt wurde, erfolgt eine korrekte Ermittlung des fortgezahlten Entgelts bzw. des Erstattungsanspruchs.

Erstattungsbetrag:	Brutto	SV-AG-Anteile	Gesamt
Umlage U1	545,92 EUR	162,22 EUR	708,14 EUR
Umlage U2	0,00 EUR	0,00 EUR	0,00 EUR
Gesamtsumme	545,92 EUR	162,22 EUR	708,14 EUR

Ermittlung des Erstattungsbetrags abhängig von der Höhe des Erstattungssatzes der Krankenkasse

○ Verrechnung auf dem Beitragsnachweis   ○ Überweisung
Der Erstattungsantrag kann über das Bescheinigungswesen erstellt werden.

Ausweis auf dem Beitragsnachweis der AOK, IKK oder BKK

So führen Sie die Lohnabrechnung durch

Lexware lohn + gehalt/*plus* bietet die Möglichkeit, den ermittelten Erstattungsanspruch auf dem Beitragsnachweis mit den abzuführenden Beiträgen zu verrechnen oder die Erstattung als Gutschrift der Krankenkasse zu behandeln. Entsprechend wird mit der Optionen „Verrechnung auf dem Beitragsnachweis" der Erstattungsbetrag auf dem Beitragsnachweis an die AOK oder IKK ausgedruckt und von den Verbindlichkeiten an die Krankenkasse abgezogen. Die verminderten Verbindlichkeiten werden auch in der Zahlungsliste, der Buchungsliste und beim Zahlungsverkehr berücksichtigt. Wird die Umlage an eine von der Firmenkrankenkasse abweichende Kasse entrichtet, ist der Erstattungsanspruch auf dem Beitragsnachweis der entsprechenden Kasse berücksichtigt. Die abweichende Krankenkasse ist in den Mitarbeiterstammdaten im Dialog „Status" hinterlegt.

> *Die U1-Umlage ist nur für Arbeiter und Auszubildende, nicht für Angestellte zu entrichten. Somit können Sie für angestellte Arbeitnehmer bei Fortzahlung des Entgelts im Krankheitsfall keinen Erstattungsanspruch geltend machen.*

PRAXIS-TIPP

Bescheinigungswesen

Lexware lohn + gehalt *plus* bietet die Möglichkeit, den Erstattungsantrag für das fortgezahlte Entgelt automatisch zu erstellen. Mit der Funktion „Bescheinigungswesen" kann das Formular für die Umlagekasse auf Blankopapier gedruckt werden.

LEXWARE*PLUS*

Erstattungsbetrag:	Brutto	SV-AG-Anteile	Gesamt
Umlage U1	545,92 EUR	162,22 EUR	708,14 EUR
Umlage U2	0,00 EUR	0,00 EUR	0,00 EUR
Gesamtsumme	545,92 EUR	162,22 EUR	708,14 EUR

⦿ Verrechnung auf dem Beitragsnachweis   ○ Überweisung
Der Erstattungsantrag kann über das Bescheinigungswesen erstellt werden. [Bescheinigungswesen] ← Erstellen des Erstattungsantrags

Voraussetzung für die Erstellung des Erstattungsantrags ist, dass die Fehlzeit „014 Krankheit mit Entgeltfortzahlung" gepflegt wurde. Die Ermittlung des Erstattungsanspruchs wird nur dann durchgeführt, wenn das Unternehmen grundsätzlich am Umlageverfahren teilnimmt – was in den Firmenstammdaten hinterlegt wurde.

Nach Auswahl der Funktion „Bescheinigungswesen" ist der Arbeitnehmer, für den der Antrag erstellt werden soll, und die Bescheinigungsart festzulegen.

So führen Sie die Lohnabrechnung durch

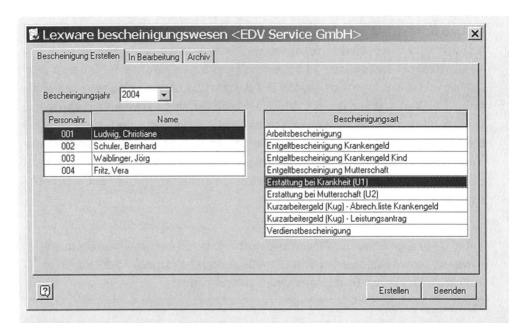

Für die Erstattung des fortgezahlten Entgelts aus der U1-Kasse ist die Bescheinigungsart „Erstattung bei Krankheit (U1)" zu wählen. Die Auswahl des Mitarbeiters und der Bescheinigungsart ist über die Schaltfläche „Erstellen" zu bestätigen. Es startet der Bescheinigungs-Assisten, der Sie in fünf Schritten durch die Bescheinigungserstellung führt.

Wurden für den Mitarbeiter bereits Bescheinigungen erstellt, so ist im ersten Dialog die aktuell zu erstellende Bescheinigung zu wählen. Über die Schaltfläche „Weiter" werden im zweiten Dialog die Angaben zur Firma, zur Krankenkasse sowie zum erkrankten Mitarbeiter zur Überprüfung dargestellt. Fehlende Angaben müssen in den Firmenstammdaten oder in den Krankenkassendaten nachgepflegt werden. Nach Bestätigung der Angaben über die Schaltfläche „Weiter" werden im dritten Dialog die Angaben zum fortgezahlten Arbeitsentgelt und zum Erstattungsanspruch dargestellt. Diese Informationen sind aus der Funktion „LFZG Erstattung" übernommen und können nur dort geändert werden. Die Angaben werden über die Schaltfläche „Weiter" bestätigt und Sie gelangen in den vierten Dialog zur Erfassung des Erstellungsdatums und des Sachbearbeiters.

So führen Sie die Lohnabrechnung durch

Im fünften Dialog lässt sich über die Schaltfläche „Vorschau" die Bescheinigung simulieren. Über die Schaltfläche „Ausdruck starten" wird der Erstattungsantrag an den lokalen Drucker bzw. an den Windows-Standarddrucker ausgegeben und im Archiv gespeichert. Soll die Bescheinigung nicht gedruckt werden, besteht die Möglichkeit, sie über die Schaltfläche „Sichern" zunächst zu archivieren. Über die Menüfunktion „EXTRAS/BESCHEINIGUNGSWESEN" lässt sich der gesicherte Antrag ausdrucken.

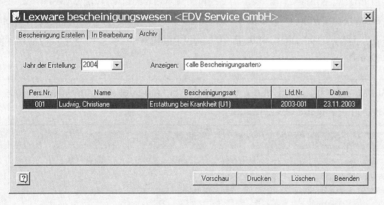

Über die Auswahl des Karteikartenreiters „Archiv" lassen sich alle gesicherten Bescheinigungen simulieren und drucken.

> *Bitte beachten Sie, dass bei Fehlzeiten, die über mehrere Monate gehen, für jeden Monat ein Erstattungsantrag erstellt werden muss. In diesem Fall stehen Ihnen die Monate in der Spalte „Für den Monat" in der Auswahltabelle zur Verfügung. Der Erstattungsantrag für den letzten Monat wird dann automatisch als Endabrechnung gekennzeichnet. Sämtliche Anträge für die Monate davor werden als Zwischenabrechnung gekennzeichnet.*

PRAXIS-TIPP

So führen Sie die Lohnabrechnung durch

4.1.4 Genommenen Urlaub erfassen

In der Stammdatenverwaltung des Arbeitnehmers wurde im Dialog „Sonstiges" der Urlaubsanspruch für den Mitarbeiter hinterlegt. Dieser bleibt in der Regel das gesamte Jahr über unverändert. Den im aktuellen Abrechnungszeitraum genommenen Erholungsurlaub tragen Sie unter Fehlzeiten bei der Option „015 Urlaub" ein.

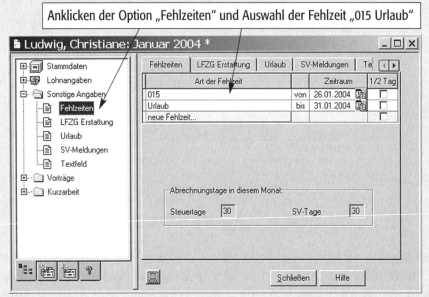

Anklicken der Option „Fehlzeiten" und Auswahl der Fehlzeit „015 Urlaub"

Alternativ können Sie in der laufenden Abrechnungsperiode genommenen Urlaub unter der Option „Direkt-Eingabe" eintragen. Die Option „Direkt-Eingabe" ist immer dann zu wählen, wenn der Mitarbeiter eine mehr als Fünf-Tage-Woche hat. Wurde zusätzlich Urlaub unter den Fehlzeiten erfasst, ist dieser im Feld „lt. Fehlzeitenverwaltung" ausgewiesen. Beide Eingabe werden addiert und vom Urlaubsanspruch laut. Stammdaten abgezogen. Die genommenen Urlaubstage reduzieren nicht den in den Stammdaten unter „Sonstiges" hinterlegten Urlaubsanspruch.

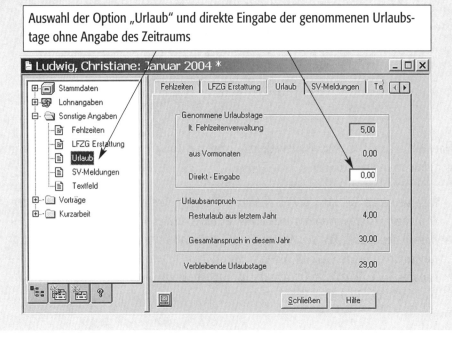

Auswahl der Option „Urlaub" und direkte Eingabe der genommenen Urlaubstage ohne Angabe des Zeitraums

So führen Sie die Lohnabrechnung durch

Der Dialog „Urlaub" dient sowohl zur Urlaubsübersicht für den aktuellen Mitarbeiter als auch zur Eingabe in Anspruch genommenen Urlaubs. Die Differenz aus Urlaubsanspruch und genommenen Urlaubstagen wird unter „Verbleibende Urlaubstage" ausgewiesen. Die Urlaubsstatistik wird auch auf der Entgeltabrechnung des Arbeitnehmers aufgeführt.

> *Die Option „Direkt-Eingabe" ist für Teilzeitkräfte und in Branchen mit sechs Arbeitstagen pro Woche von Bedeutung. In beiden Fällen kann bei Auswahl einer Urlaubswoche unter der Option „Fehlzeiten" eine zusätzliche Urlaubsabtragung für den Mitarbeiter eingegeben werden.*

Eine Urlaubsübersicht für die gesamte Firma oder eine Gruppe von Arbeitnehmern können Sie über den Menüpfad „BERICHTE/FEHLZEITEN/URLAUBSÜBERSICHT..." erstellen. Es lassen sich Urlaubslisten für den aktuellen Abrechnungszeitraum, einen zurückliegenden Monat oder das aktuelle Abrechnungsjahr drucken. Zusätzlich besteht die Möglichkeit, über den Karteikartenreiter „Einstellungen" alle Urlaubsauswertungen direkt in Microsoft Excel zu übertragen. Nach Auswahl der Funktion „Export" steht die Option „MS Excel" zur Verfügung.

4.1.5 Drucken der Abrechnungsunterlagen

Sobald alle Entgeltbestandteile, Fehlzeiten und genommener Urlaub bei allen Mitarbeitern gepflegt wurde, können die Lohnunterlagen gedruckt werden. Die gesamten monatlich benötigten Ausdrucke stehen unter der Menüfunktion „BERICHTE" zur Auswahl.

Alternativ zur Menüauswahl können die wichtigsten monatlich zu erstellenden Entgeltbelege über die Startseite aufgerufen werden. Unter der Rubrik „Auswertungen" besteht die Möglichkeit, durch Anklicken z. B. der Option „Lohnabrechnungen" die Entgeltbelege auf Blankopapier zu drucken. Im Regelfall benötigen Sie mindestens die Entgeltabrechnungen, die Beitragsnachweise und die Lohnsteueranmeldung für das Finanzamt.

So führen Sie die Lohnabrechnung durch

Lohnabrechnungen

Lexware lohn + gehalt/*plus* ermöglicht die Ausgabe der Entgeltabrechnung auf Blankopapier oder in verschlossene Lohntaschen. Für die Ausgabe in Lohntaschen ist eine besondere Vorlage im Programm hinterlegt. Zur Vorlage passende Lohntaschen können direkt bei Lexware bezogen werden. Sollen Lohntaschen eines anderen Herstellers eingesetzt werden, ist eine Anpassung der Formularvorlage erforderlich. Diese Funktion steht nach Auswahl des Menüpfads „BERICHTE/LOHNABRECHNUNG/LOHNTASCHEN …" über den Karteikartenreiter „Einstellungen" zur Verfügung. Für die Ausgabe auf Blankopapier kann der Aufruf „Lohnabrechnungen" auf der Startseite genutzt werden.

Nach Auswahl der Funktion „Lohnabrechnung" werden alle aktiven Mitarbeiter der aktuellen Abrechnungsperiode zur Ausgabe vorgeschlagen. Im Dialog „Lohnabrechnung" legen Sie den Zeitraum und den Personenkreis fest, für den die Entgeltbelege gedruckt werden sollen.

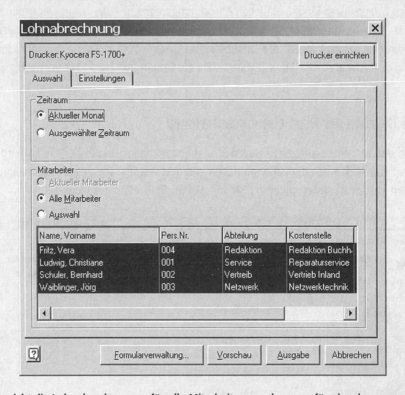

Sollen nicht die Lohnabrechnungen für alle Mitarbeiter, sondern nur für einzelne ausgewählte gedruckt werden, ist die Option „Mitarbeiter – Auswahl" mit der Maus anzuklicken. Anschließend lassen sich einzelne Mitarbeiternamen durch gleichzeitiges Drücken der Taste „Strg" und Anklicken mit der Maus auswählen. Über die Schaltfläche „Ausgabe" werden die Entgeltabrechnungen für die ausgewählten Arbeitnehmer ausgedruckt.

Lohnabrechnungen für bereits abgeschlossene Abrechnungszeiträume können nur über die Menüfunktion „Berichte" und nicht über den Abrechnungs-Assistenen erstellt werden. Sollen für einzelne Mitarbeiter Lohnabrechnungen für einen zurückliegenden Monat nochmals gedruckt werden, ist die Option „Ausgewählter Zeitraum" und der entsprechende Monat zu wählen.

So führen Sie die Lohnabrechnung durch

Beitragsnachweise

Die von den Mitarbeitern einbehaltenen Beiträge zur Kranken-, Renten-, Arbeitslosen- und Pflegeversicherung müssen zusammen mit dem Arbeitgeberanteil der/den Krankenkassen gemeldet werden. Für die Aufschlüsselung des Gesamtbeitrags ist jeder Krankenkasse, bei der ein Mitarbeiter versichert ist, monatlich ein Beitragsnachweis einzureichen. Über die Menüfunktion „BERICHTE/BEITRAGSNACHWEIS ..." erhalten Sie eine Übersicht aller in Lexware lohn + gehalt angelegten Krankenkassen.

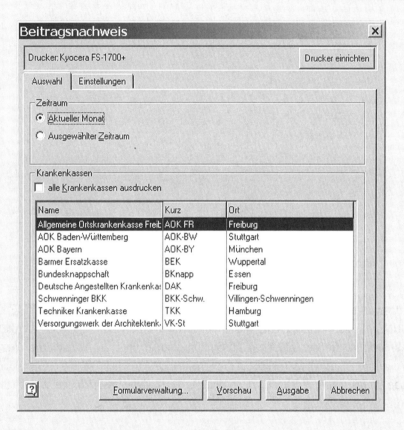

Über die Option „Alle Krankenkassen ausdrucken" werden zunächst alle im System angelegten Kassen markiert. Beim Ausdruck selektiert Lexware lohn + gehalt/*plus* jedoch nur die Kassen, die in der Firmenverwaltung dem Unternehmen zugeordnet sind (vgl. Kapitel 1.3 – Krankenkassen).

Über die Schaltfläche „Vorschau" kann eine Simulation der Ausdrucke erstellt werden. Alle zum Ausdruck anstehenden Beitragsnachweise werden am Bildschirm dargestellt und können über die Schaltfläche „Nächste" einzeln aufgerufen werden. Sollen nur einzelne oder eine Gruppe von Beitragsnachweisen erstellt werden, können in der Krankenkassen-Auswahl durch gleichzeitiges Drücken der Taste „Strg" und Anklicken von Krankenkassen mit der linken Maustaste die Kasse(n) gewählt werden.

So führen Sie die Lohnabrechnung durch

Lohnsteueranmeldung

Die von den Arbeitnehmerentgelten einbehaltene Lohn- und Kirchensteuer sowie der Solidaritätszuschlag ist dem Finanzamt regelmäßig zu melden. Mit dem Formular „Lohnsteueranmeldung" wird die Zusammensetzung der Steuerschuld aus Lohnsteuer, Kirchensteuern, Solidaritätszuschlag und Kammerbeitrag aufgeschlüsselt. Die Lohnsteueranmeldung wird von Lexware lohn + gehalt/*plus* in Form eines amtlich genehmigten Formats gedruckt. Der Ausdruck kann auf Blankopapier durchgeführt und dem Finanzamt bis zum 10. des dem Abrechnungsmonat folgenden Monats eingereicht werden.

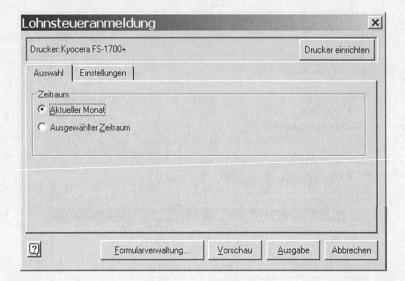

Nach Auswahl der Lohnsteueranmeldung über den Menüpfad „BERICHTE/LOHNSTEUERANMELDUNG ..." oder über die entsprechende Funktion auf der Startseite lässt sich die Lohnsteueranmeldung für den aktuellen Abrechnungsmonat über die Schaltfläche „Ausgabe" direkt ausdrucken. Durch Mausklick auf die Schaltfläche „Vorschau" kann eine Simulation der Ausgabe am Bildschirm durchgeführt werden. Die Darstellung lässt sich über die Schaltfläche „Vergrößern" anpassen.

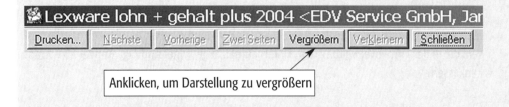

Anklicken, um Darstellung zu vergrößern

4.2 Die monatliche Abrechnung mit dem Abrechnungs-Assistenten

Für die Lohnabrechnung von Mitarbeitergruppen oder den monatlichen Lohnabrechnungslauf stellt Lexware lohn + gehalt/*plus* einen Abrechnungs-Assistenten zur Verfügung. Er kann über die Menüfunktion „EXTRAS/ABRECHNUNGS-ASSISTENT ..." aufgerufen werden. Mithilfe des Assistenten können Sie in fünf Schritten die Lohnabrechnung vollständig für alle oder eine Gruppe von ausgewählten Mitarbeitern durchführen.

So führen Sie die Lohnabrechnung durch

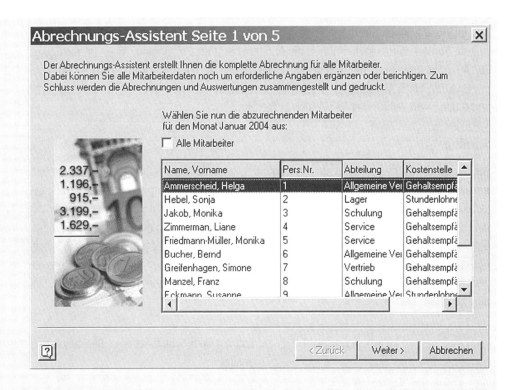

Schritt 1

Im Abrechnungs-Assistenten Seite 1 von 5 werden alle aktiven Mitarbeiter mit Namen, Personalnummer, Abteilung, Kostenstelle und Betriebsstätte dargestellt. Per Mausklick können Sie einzelne Arbeitnehmer oder eine Gruppe von Mitarbeitern selektieren. Eine Gruppe lässt sich folgendermaßen auswählen: Der erste Mitarbeitername wird angeklickt und anschließend die Taste zur Großschreibung (SHIFT) gedrückt. Die Shift-Taste wird gehalten und der letzte Mitarbeitername der Gruppe mit der Maus angeklickt. Die gewählten Arbeitnehmer sind in der Liste farbig hinterlegt. Sollen einzelne Mitarbeiter aus der Selektion entfernt werden, drücken Sie die Taste „Strg" und klicken mit der Maus bei gedrückter Strg-Taste die Namen an. Haben Sie beim Erfassen der Stammdaten die Abteilung und/oder die Kostenstelle gepflegt, können Sie die Liste der Arbeitnehmer nach diesen Merkmalen sortieren. Durch Anklicken der Spaltenüberschrift (z. B. Kostenstelle) werden die Mitarbeiter nach dem entsprechenden Merkmal sortiert dargestellt.

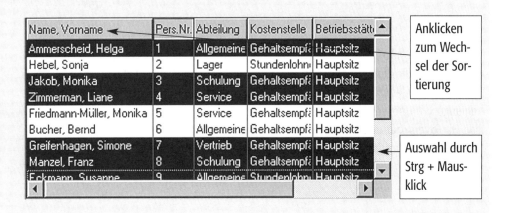

So führen Sie die Lohnabrechnung durch

Anschließend können Sie beispielsweise alle „gewerblichen" Arbeitnehmer markieren. Als weitere Sortierkriterien stehen Ihnen die Abteilung und die Personalnummer zur Verfügung. Zur Auswahl stehen nur die Arbeitnehmer, bei denen im Vormonat kein Austrittsdatum gepflegt wurde. Nach Auswahl der abzurechnenden Mitarbeiter wird über die Schaltfläche „Weiter >" der zweite Schritt des Assistenten aufgerufen.

Schritt 2

Auf der zweiten Seite des Abrechnungsassistenten sind alle ausgewählten Arbeitnehmer aufgelistet. Außerdem werden alle bereits aus dem Vormonat übernommenen oder neu eingegebenen Be- und Abzüge dargestellt. Hat das System beispielsweise durch einen Neueintritt eine Meldung zur Sozialversicherung generiert, ist diese ebenfalls in der Übersicht aufgeführt. Sollen Bezüge neu eingegeben, geändert oder entfernt werden, können Sie über die Schaltfläche „Lohnarten bearbeiten ..." in das Abrechnungsfenster für den Arbeitnehmer verzweigen. Alternativ besteht die Möglichkeit, per Doppelklick auf eine Lohnart in den Erfassungsdialog zu gelangen.

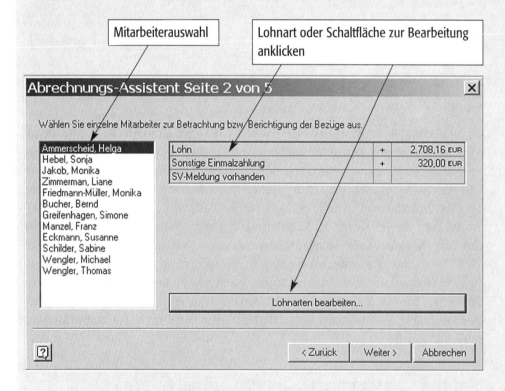

Der Abrechnungsdialog entspricht dem der Einzelabrechnung. Der Dialog ist die zentrale Pflegeinstanz für alle Stamm-, Abrechnungs- und Zeitdaten. Im Dialog „Lohnangaben" können Sie die Bezüge des Mitarbeiters eintragen. Neben den laufenden Bezügen lassen sich Einmalzahlungen, vermögenswirksame Leistungen, geldwerte Vorteile, Nettobezüge, Dienstwagen und Direktversicherungen für den Mitarbeiter pflegen. Über die Baumstruktur im linken Flügel des Dialogs besteht die Möglichkeit, zwischen den Angaben zu navigieren.

So führen Sie die Lohnabrechnung durch

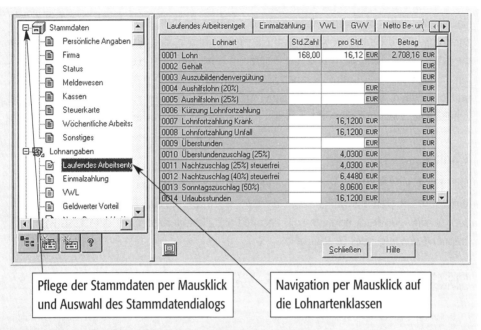

Pflege der Stammdaten per Mausklick und Auswahl des Stammdatendialogs

Navigation per Mausklick auf die Lohnartenklassen

Möchten Sie beispielsweise zum Zeitpunkt der Abrechnung die Steuerklasse für einen Mitarbeiter ändern, können Sie die Stammdaten durch einen doppelten Mausklick auf das Wort „Stammdaten" auswählen. Anschließend lassen sich die Steuerdaten per Mausklick auf das Wort „Steuerkarte" pflegen.

Die Erfassung von Fehlzeiten wie Krankheit oder Urlaub können Sie ebenfalls direkt im Pflegedialog des Abrechnungs-Assistenten durchführen. Durch Auswahl der Option „Sonstige Angaben" und anschließenden Mausklick auf die Option „Fehlzeiten" bestimmen Sie die Art der Fehlzeit und den Zeitraum. Geben Sie den Zeitraum direkt in die Felder „von/bis" ein oder selektieren diese im Kalender.

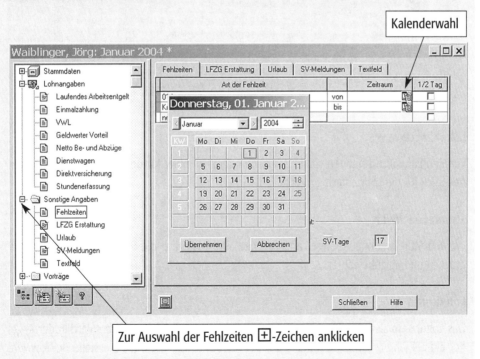

Kalenderwahl

Zur Auswahl der Fehlzeiten ⊞-Zeichen anklicken

So führen Sie die Lohnabrechnung durch

Nachdem Sie alle Lohnbestandteile (z. B. Lohn, Fahrgeld, VWL, Dienstwagen), Stammdatenänderungen und Fehlzeiten wie Urlaub eingegeben haben, bestätigen Sie die Einträge über die Schaltfläche „Schließen" und das Programm kehrt zurück in den Abrechnungs-Assistenten. Im linken Teil des Dialogs können Sie die Daten des nächsten Arbeitnehmers auswählen und bearbeiten. Wenn Sie alle Arbeitnehmerdaten bearbeitet haben, rufen Sie über die Schaltfläche „Weiter >" den dritten Schritt – Auswahl der Ausdrucke – auf.

Schritt 3

Auf Seite 3 des Abrechnungs-Assistenten können Sie alle relevanten Lohnabrechnungsunterlagen zum Drucken auswählen. Über die Option „Anzahl Ausdrucke" legen Sie fest, wie oft der jeweilige Ausdruck erfolgen soll. Rechnen Sie alle Mitarbeiter mit dem Assistenten ab, empfiehlt sich folgendes Druckprofil:

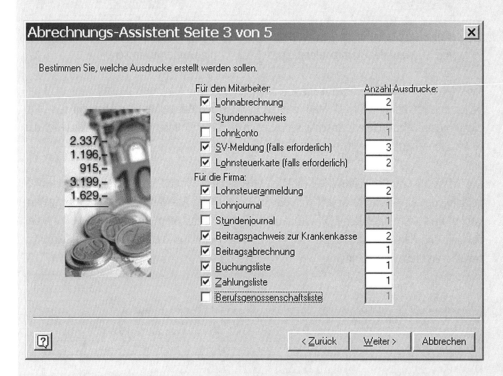

Lohnabrechnung

Von den Lohnabrechnungen sollten Sie neben dem Exemplar für den Mitarbeiter auch einen Ausdruck für die Lohnunterlagen erstellen.

Stundennachweis

Werden Stundenlohnempfänger abgerechnet, sind zusätzlich die Stundennachweise auszudrucken und aufzubewahren.

Lohnkonto

Das Lohnkonto als Übersicht über alle Be- und Abzüge des Arbeitnehmers wird in der Regel nur einmal jährlich (im Dezember) oder bei Austritt eines Mitarbeiters erstellt. Bei Auswahl

So führen Sie die Lohnabrechnung durch

der Option im Abrechnungs-Assistent werden für alle abzurechnenden Mitarbeiter die Lohnkonten erstellt. Das Lohnkonto kann bis zu acht Seiten pro Mitarbeiter umfassen und ist bei der Erstellung sehr rechen- und speicherintensiv.

SV-Meldung

SV-Meldungen (z. B. Anmeldungen, Abmeldungen, Unterbrechungsmeldungen) werden nur dann gedruckt, wenn das System erkennt, dass eine Meldung zu erstatten ist. Die Option kann immer gesetzt bleiben, es sei denn, es sollen explizit keine Meldungen gedruckt werden. Erkennt Lexware lohn + gehalt/*plus*, dass für einen Mitarbeiter eine Meldung zu erstellen ist, sollte ein Exemplar an den Mitarbeiter gehen, eines verbleibt in den Lohnunterlagen und ein drittes wird der Krankenkasse des Arbeitnehmers eingereicht.

Lohnsteuerkarte

Wie bei der SV-Meldung werden Lohnsteuerkartenaufkleber nur dann gedruckt, wenn der Mitarbeiter im aktuellen Abrechnungsmonat austritt. Zuvor müssen Sie in den Stammdaten im Dialog „Firma" das Austrittsdatum eingeben.

```
Ein- und/oder Austritt bewirkt die automatische Bereitstellung einer
Meldung zur Sozialversicherung
Bei einer Abmeldung wird der Meldegrund durch den Austrittsgrund
bestimmt.
```

Eintritt	Austritt	Austrittsgrund
01.07.2000	31.01.2004	Kündigung Arbeitnehme

Eine Ausnahme besteht im Abrechnungsmonat Dezember. In diesem Monat wird bei gesetzter Option für alle Mitarbeiter automatisch der Aufkleber für die Lohnsteuerkarte erstellt. Ein Exemplar sollte zu den Lohnunterlagen genommen werden und eines wird mit der Rückseite der Lohnsteuerkarte des Arbeitnehmers untrennbar verbunden.

Lohnsteueranmeldung

Sie müssen dem Firmenfinanzamt regelmäßig (monatlich, quartalsmäßig) eine Lohnsteueranmeldung zusenden. Der von Lexware lohn + gehalt/*plus* erstellte Ausdruck ist ein amtlich genehmigtes Formular und kann direkt dem Finanzamt eingereicht werden. Zu Kontrollzwecken bei Rückrechnungen sollte eine Kopie in den Lohnunterlagen verbleiben.

Lohnjournal

Das Lohnjournal ist die kumulierte Übersicht der Abrechnungsdaten über alle oder ausgewählte Mitarbeiter des aktuellen Monats. Die Summen ergeben die Verbindlichkeiten gegenüber dem Finanzamt, den Krankenkassen und den Arbeitnehmern. Das Lohnjournal dient in der Regel zu Abstimmungszwecken mit der Finanzbuchhaltung und wird nur im Bedarfsfall erstellt.

So führen Sie die Lohnabrechnung durch

Stundenjournal

Analog zum Lohnjournal ist das Stundenjournal eine Übersicht der geleisteten Arbeitsstunden über alle oder ausgewählte Mitarbeiter im aktuellen Abrechnungsmonat. Das Stundenjournal ist eine verdichtete Übersicht der Stundennachweise.

Beitragsnachweis

Den Krankenkassen ist bis spätestens 15. des dem Abrechnungsmonat folgenden Monats ein Nachweis über die einbehaltenen Beiträge zu den Sozialversicherungen einzureichen – der so genannte Beitragsnachweis. Die Beitragsnachweise werden in einem von den Sozialversicherungsträgern genehmigten Format erstellt und können direkt den Krankenkassen zugesandt werden. Für Kontrollzwecke bei Korrekturen und Rückrechnungen sollte eine Kopie zu den Lohnunterlagen genommen werden, während das Original an die jeweilige Krankenkasse geht.

Beitragsabrechnung

Die Beitragsabrechnung ist eine Aufschlüsselung der kumulierten Angaben des Beitragsnachweises. Sie gibt Aufschluss darüber, wie sich die Summen in den Zeilen des Beitragsnachweises (z. B. Allgemeiner Beitrag zur Krankenversicherung – 1000) zusammensetzen. Wenn Sie Mitarbeiter beschäftigen, die bei einem Versorgungswerk (z. B. Architektenkammer) rentenversichert sind, können Sie das Versorgungswerk als „Krankenkasse" anlegen und die Beitragsberechnung zur Aufschlüsselung der Beitragszahlung dem Versorgungswerk zusenden. Zu Kontrollzwecken sollten Sie in jedem Fall einen Ausdruck zu den Lohnunterlagen nehmen.

Buchungsliste

Die Zahlungen an die Mitarbeiter, das Finanzamt und die Krankenkassen müssen in der Finanzbuchhaltung gebucht werden. Die erforderlichen Buchungssätze können Sie der Buchungsliste entnehmen. Auch wenn Sie die Daten per Datei in die Buchhaltung übertragen, sollten Sie die Finanzbuchungen vor einer Überleitung anhand der Buchungsliste überprüfen. Aus der Buchungsliste können falsche oder vergessene Kontenzuweisungen zu Lohnarten erkannt werden. Die Kontenzuweisungen lassen sich gegebenenfalls über den Menüpfad „VERWALTUNG/KONTENVERWALTUNG ..." korrigieren.

Zahlungsliste

In der Zahlungsliste sind alle sich aus der Lohnabrechnung ergebenden Finanztransaktionen getrennt nach bar, Scheck, Überweisung und Datenträger aufgeführt. Führen Sie alle Zahlungen per Datenträger durch, kann die Auswahl dieser Option unterbleiben. Bei der Erstellung des Datenträgers oder bei Online-Banking wird eine detaillierte Zahlungsliste erstellt.

Berufsgenossenschaftsliste

Sie müssen der für Ihren Gewerbezweig zuständigen Berufsgenossenschaft bis Mitte Februar einen so genannten Lohnnachweis einreichen. Die Summen der Arbeitsentgelte und Arbeitsstunden können Sie der Berufsgenossenschaftsliste entnehmen. Voraussetzung ist, dass in den Stammdaten der Arbeitnehmer die Gefahrenklassen im Dialog „Sonstiges" für das ganze Jahr gepflegt wurden.

So führen Sie die Lohnabrechnung durch

Die Option „Berufsgenossenschaftsliste" sollten Sie bei der Abrechnung für Dezember wählen. Im Dezember stehen sowohl die Entgelte wie die Arbeitsstunden der Mitarbeiter fest. Eine Ausgabe über den Abrechnungs-Assistenten ist jedoch nur dann empfehlenswert, wenn Sie während des Berichtsjahres keine Austritte aus dem Unternehmen hatten. Die vollständige Aufstellung, auch aller ausgeschiedenen Mitarbeiter, ist über den Menüpfad „BERICHTE/BERUFSGENOSSENSCHAFT ..." möglich.

PRAXIS-TIPP

Alle Ausdrucke werden im Abrechnungs-Assistenten nur für den aktuellen Abrechnungsmonat erstellt. Über die Menüfunktion „BERICHTE" ist eine Ausgabe von bereits abgeschlossenen Monaten des laufenden Jahres möglich.

Schritt 4

Auf der vierten Seite des Abrechnungs-Assistenten finden Sie eine Übersicht über die anstehenden Ausdrucke. Hatten Sie im aktuellen Zeitraum Korrekturen in bereits abgerechneten Monaten durchgeführt, so werden auch die dadurch entstandenen Korrekturausdrucke in der Listenübersicht dargestellt.

Über einen Mausklick auf das Pluszeichen ⊞ können Sie die Baumstruktur erweitern und und bekommen zusätzliche Informationen über die anstehenden Ausdrucke.

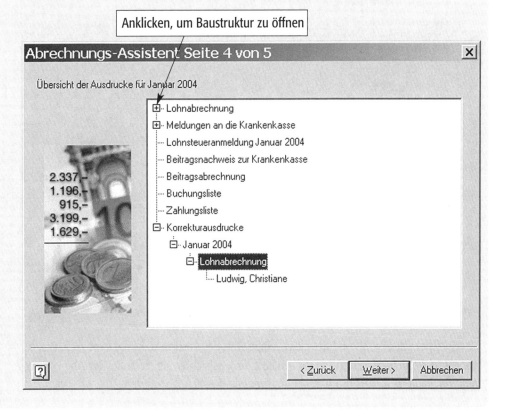

So führen Sie die Lohnabrechnung durch

Der Dialog dient zur Prüfung des Druckauftrags. In der Übersicht werden auch zur Ausgabe anstehende Korrekturausdrucke und Meldungen zur Sozialversicherung dargestellt. Nach der Bestätigung über die Schaltfläche „Weiter >" bereitet Lexware lohn + gehalt/*plus* die Daten zum Drucken auf.

> **PRAXIS-TIPP**
>
> *Die Druckaufbereitung kann beschleunigt werden, indem die gesamten Unterlagen nicht für alle Arbeitnehmer in einem Durchlauf erstellt werden. Führen Sie den Abrechnungs-Assistenten für alle Mitarbeiter mit den Dialogen 1 bis 3 durch. Brechen sie dann den vierten Dialogschritt ab und führen die Druckaufbereitung für Gruppen bis zu 20 Mitarbeiter durch.*

Schritt 5

Im fünften Schritt können Sie schließlich den Ausdruck starten. Es beginnt die Aufbereitung der Druckdaten mit anschließender Ausgabe der gewünschten Ausdrucke. Dieser Vorgang kann je nach Rechnerausstattung und Anzahl der abzurechnenden Mitarbeiter einige Minuten dauern.

Über die Schaltfläche „Speichern" lässt sich das Muster der gewünschten Ausdrucke sowie deren Anzahl speichern. Beim nächsten Start des Abrechnungs-Assistenten wird die gespeicherte Liste der Berichte vorgeschlagen.

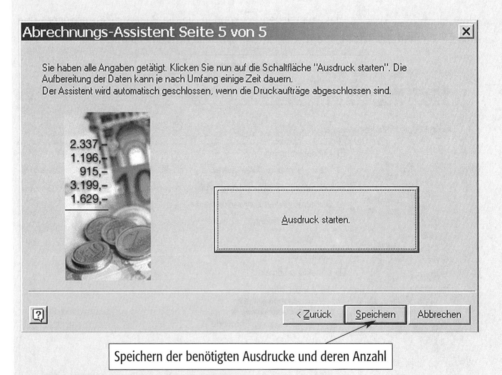

Speichern der benötigten Ausdrucke und deren Anzahl

Das Speichern des Profils und der gleichzeitige Start der Ausdrucke ist nicht möglich. Das gespeicherte Profil wird jedoch bei jedem Start des Assistenten angewandt. Der Abrechnung-Assistent kann mehrmals pro Abrechnungsperiode durchlaufen werden.

So führen Sie die Lohnabrechnung durch

Σ Zusammenfassung

In diesem Kapitel haben Sie die beiden Möglichkeiten der Entgeltabrechnung von Lexware lohn + gehalt bzw. Lexware lohn + gehalt *plus* kennen gelernt. Außerdem wurde die Erfassung von Urlaubs- und Fehlzeiten erläutert.

- Für die Erfassung der Abrechnungsdaten stehen die Einzelerfassung über die Menüoption „DATEI/MITARBEITER ÖFFNEN …" oder der Abrechnungs-Assistent zur Verfügung. Bei der Einzelabrechnung besteht die Möglichkeit, über einen doppelten Mausklick aus der Bruttoansicht in die Detaileingabe zu verzweigen. Der aktuelle Abrechnungsmonat ist farbig gekennzeichnet.

- Mit dem Abrechnungs-Assistenten können Sie in fünf Schritten die vollständige Abrechnung durchführen. Neben der Eingabe der Bezüge besteht die Möglichkeit der Stammdatenpflege und es lässt sich die Verwaltung von Urlaubs- und Fehlzeiten vornehmen. Der Abrechnungs-Assistent kann über den Menüpunkt „EXTRAS" oder die Option auf der Startseite aufgerufen werden.

- Fehlzeiten wie Krankheit, Urlaub, Kur oder unbezahlte Abwesenheiten können unter „Sonstige Angaben" für jeden Arbeitnehmer erfasst werden.

- Verschiedene Fehlzeiten wie „Krankheit/Kur nach Ablauf der Lohnfortzahlung" oder „unbezahlter Urlaub" bewirken die automatische Generierung einer Meldung zur Sozialversicherung, sobald die Datumsangabe bei der Fehlzeit die Meldegrenze überschritten hat. Die Meldungen lassen sich über den Abrechnungs-Assistenten drucken oder über den Menüpunkt „Berichte" ausgeben.

- Nimmt das Unternehmen am Umlageverfahren teil, besteht die Möglichkeit, aus den Fehlzeiten den Erstattungsanspruch aus fortgezahltem Arbeitslohn zu ermitteln. Der Erstattungsanspruch wird automatisch von den Verbindlichkeiten an die Firmenkrankenkasse abgezogen und beim Zahlungsverkehr berücksichtigt. Zusätzlich ist in der Version Lexware lohn + gehalt *plus* die Ausgabe der Meldung „Erstattung Krankheit U1" möglich.

- Urlaub lässt sich unter Fehlzeiten oder direkt im Dialog „Urlaub" unter „Sonstige Angaben" erfassen.

- Werden die mit der Abrechnung zu erstellenden Ausdrucke über den Abrechnungs-Assistenten generiert, sind alle Korrekturausdrucke, Meldungen zu den Sozialversicherungen und ggf. Lohnsteuerkartenaufkleber automatisch im Druckumfang enthalten.

So führen Sie die Lohnabrechnung durch

📖 Übung

1. Erfassen Sie für folgenden Mitarbeiter die Bezüge über die Einzelerfassung:

Christiane Ludwig

Stundenlohn:	14,86 €
Arbeitsstunden im Januar:	169 Stunden
Tariferhöhung:	Lohnart 0031
Fahrgeld für öffentliche Verkehrsmittel:	34 €
Zuschuss zu den VWL:	28 €
Überweisung an LBS-Bausparkasse:	40 €

Commerzbank Freiburg
BLZ: 68040007
Konto Nummer: 005147482
Versicherungsnummer: 7533/110/0799

Prämie für das Vorjahr:	270 €

2. Erfassen Sie folgende Fehlzeiten für die Arbeitnehmer:

Christiane Ludwig

Krankheit:	01.01.2004 – 07.01.2004

Bernhard Schuler

Urlaub:	01.01.2004 – 07.01.2004

3. Erfassen Sie folgende Bezüge über den Abrechnungs-Assistenten:

Bernhard Schuler

Gehalt:	3.100 €
Prämienabschlag (laufend):	410 €
Fahrgeld für Fahrten mit dem eigenen Pkw:	52 €
Zuschuss zu den VWL:	40 €
Überweisung an LBS-Bausparkasse:	40 €

Commerzbank Freiburg
BLZ: 68040007
Konto Nr.: 7283319
Vertrags Nr. 26/110/170900

Jörg Waiblinger

Aushilfsbezüge – Stundensatz (Stunden übernehmen):	5,60 €
Fahrgeld für Straßenbahnkarte:	30 €

Vera Fritz

Gehalt:	2.400 €
Fahrgeld (pauschal AG):	25 €

4. Führen Sie die Abrechnung mithilfe des Abrechnungs-Assistenten durch und speichern Sie das Profil der gewählten Lohnunterlagen.

5 Zahlungslauf und Verwaltung der Finanzkonten

✓ Lernziele des Kapitels

Vor dem Monatsabschluss müssen Sie die Zahlungen an die Mitarbeiter, die Krankenkassen, das Finanzamt, an Versicherungen, Bausparkassen und andere Empfänger durchführen. Lexware lohn + gehalt bzw. Lexware lohn + gehalt/*plus* stellt für den Zahlungsverkehr einen Zahlungs-Assistenten zur Verfügung. Der Zahlungs-Assistent bietet neben Überweisungen, Schecks und Datenträgeraustausch in den Versionen *plus* und financial *office* das integrierte Online-Banking. Nach diesem Kapitel sollten Sie in der Lage sein,

- die Verwaltung der Firmenbankkonten vorzunehmen,

- den Zahlungsverkehr via Scheck, Überweisung, Datenträger oder online durchzuführen,

- Überweisungsträger anzupassen und Randeinstellungen zu verändern,

- Zahlungen zu selektieren und zum Stichtag auszuführen,

- Zahlungsläufe zu wiederholen.

5.1 Firmenkontenverwaltung

Einige Unternehmen arbeiten auch im Personalbereich mit mehreren Banken zusammen. Möchten Sie beispielsweise Zahlungen an das Finanzamt oder an die Krankenkassen von verschiedenen Konten vornehmen, müssen Sie mehrere Finanzverbindungen im System hinterlegen. Über die Menüfunktion „VERWALTUNG/FIRMENBANKKONTEN ..." können Sie Bankverbindungen neu anlegen, pflegen und löschen.

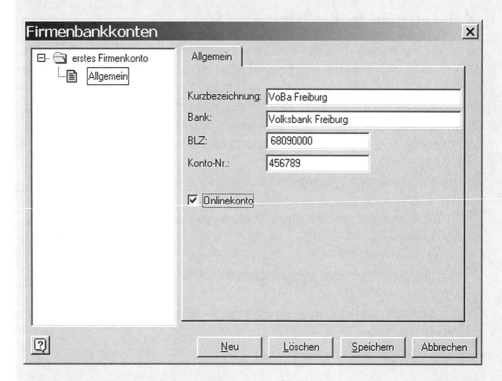

In der Regel wurde eine Bankverbindung bereits beim Anlegen der Firmenstammdaten eingerichtet. Soll eine neue oder weitere Bankverbindungen in Lexware lohn + gehalt *plus*/pro angelegt werden, besteht die Möglichkeit, über die Schaltfläche „Neu" eine Bankverbindungen hinzuzufügen. Wurde beim Anlegen der Firmendaten keine Bankverbindung gepflegt, startet beim Aufruf der Menüfunktion der „Firmenbankkonten-Assistent". Nach Angabe einer frei wählbaren Kurzbezeichnung ist der Name des Instituts, die Bankleitzahl und das Konto anzugeben. Über die Option „Onlinekonto" legen Sie fest, ob Zahlungen per Online-Banking von diesem Konto vorgenommen werden können. Die weiteren Informationen zum Online-Konto, wie PIN, TAN, Online-Verfahren etc. legen Sie direkt bei der Durchführung des Zahlungsverkehrs fest.

Alternativ zur Bankkontenverwaltung besteht die Möglichkeit, bereits in der Firmendatenverwaltung weitere Bankverbindungen anzulegen. Im Dialog „Allgemeines" kann über die Schaltfläche „Möchten Sie weitere Firmenbankkonten anlegen ..." in die Bankkontenverwaltung verzweigt werden.

Zahlungslauf und Verwaltung der Finanzkonten

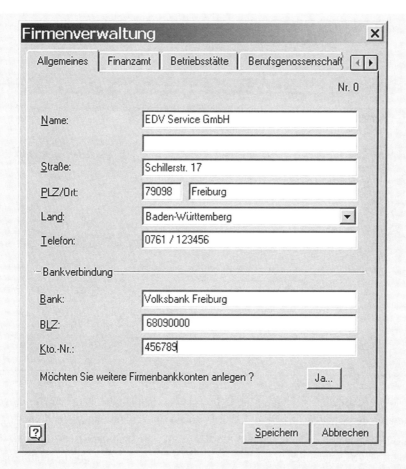

Die Firmenverwaltung lässt sich über den Menüpfad „BEARBEITEN/FIRMA..." oder bei der Neuanlage einer Firma aufrufen. Bei der Durchführung des Zahlungsverkehrs stehen alle angelegten Bankverbindungen zur Auswahl. Den Zahlungsverkehr können Sie über die Menüfunktion „EXTRAS/ZAHLUNGSVERKEHR ..." oder über die entsprechende Funktion auf der Startseite abwickeln.

Firmenbankkonten stehen nicht mandantenübergreifend zur Verfügung. Alle Bankverbindungen werden pro Firma angelegt.

Onlinekonto

In der Version Lexware lohn + gehalt *plus* steht als zusätzliches Modul das Lexware online-banking zur Verfügung. Das Modul Online-Banking ist mit der Programm-CD zu installieren. Erst nach einer Installation wird die Option „Lexware online-banking" im Zahlungsverkehr dargestellt.

Neben der Installation des Moduls Online-Banking ist die Anlage eines „Onlinekontos" Voraussetzung für den direkten Zahlungsverkehr von einer Bankverbindung. In der Kontenverwaltung ist die Option „Onlinekonto" bei mindestens einer Bankverbindung anzugeben. Die Kontenverwaltung lässt sich über den Menüpfad „VERWALTUNG/FIRMENBANKKONTEN ..." aufrufen. Wurde eine Bankverbindung als Online-Konto definiert, lässt sich im Zahlungsverkehr die Art des Onling-Bankings mit einem Assistenten einrichten. Der Zahlungsverkehr

Zahlungslauf und Verwaltung der Finanzkonten

kann sich über den Menüpfad „EXTRAS/ZAHLUNGSVERKEHR ..." oder über die Option „Zahlungsverkehr" auf der Startseite" gestartet werden.

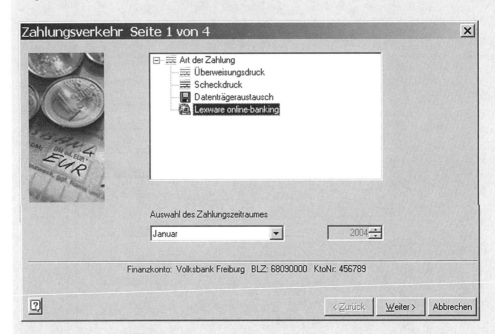

Im Zahlungs-Assistenten wählen Sie die Option „Lexware online-banking" und bestätigen die Auswahl mit der Schaltfläche „Weiter". Wurde noch keine Online-Bankverbindung eingerichtet, startet beim ersten Zahlungslauf der Assistent zum Einrichten der Bankverbindung. Im ersten Step des Assistenten legen Sie fest, welches Verfahren für den Online-Zahlungsverkehr eingesetzt werden soll.

HBCI

HBCI (Homebanking Computer Interface) ist ein Standard zur elektronischen Abwicklung von Finanztransaktionen zwischen Banken und Kunden. HBCI wurde vom Zentralen Kreditausschuss (ZKA), dem gemeinsamen Gremium aller deutschen Kreditinstitute, als verbindlicher

Zahlungslauf und Verwaltung der Finanzkonten

Standard für Internet-Homebanking verabschiedet. HBCI löst den bisherigen Homebanking-Standard auf Basis von CEPT/T-Online (BTX) ab. HBCI verwendet zur Sicherung der Transaktionen in der Regel keine PIN- und TAN-Nummern, sondern eine digitale Signatur. Die für die Signatur erforderlichen Kundenschlüssel werden dabei auf einem Sicherheitsmedium, z. B. einer Chipkarte oder einer Sicherheitsdatei auf einer Diskette, hinterlegt. Ein entsprechendes Konto muss bei der Hausbank beantragt werden. Die Bank stellt eine Chipkarte oder eine Diskette und die entsprechenden Unterlagen zur Verfügung. Lexware Online-Banking ermöglicht jedoch auch die gesicherte Verbindung über PIN und TAN. Diese Nummern müssen bei jedem Zahlungslauf eingegeben werden.

BTX

Das 1990 von der Deutschen Telekom eingeführte BTX (heute T-Online) bietet neben dem Homebanking weitere Datendienste an. Für den Zugang ist eine Anmeldung bei der Deutschen Telekom erforderlich. Um BTX nutzen zu können, ist ein Modem sowie ein BTX-Decoder erforderlich. Für den Kontenzugriff ist neben der Kontonummer eine PIN (Persönliche Identifikationsnummer) und zusätzlich eine TAN (Transaktionsnummer) erforderlich. Diese Daten erhalten Sie von der Bank, die den Online-Zugang zur Verfügung stellt. BTX ist lediglich das Verfahren für den Zugang zu dieser Bankverbindung.

Nach Auswahl des Zugangsverfahrens werden Sie von dem Online-Konto-Assistenten durch die Erfassung der benötigten Angaben geführt. Für das Einrichten sollte der Chipkarten-Leser (HBCI) bereits installiert sein. Bei BTX muss der Decoder, die PIN und ggf. eine TAN zur Verfügung stehen. Ist der Assistent einmal durchgelaufen, werden Sie aufgefordert, die Verbindung zur Bank zu synchronisieren. Erst wenn die Verbundung synchronisiert wurde, steht sie zur Nutzung zur Verfügung.

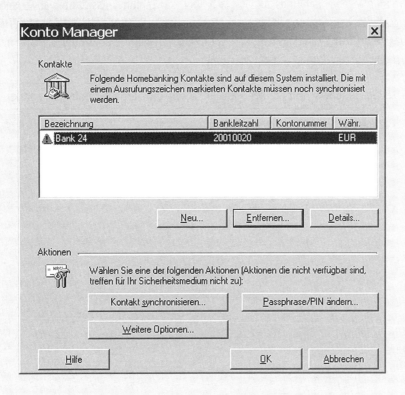

Zahlungslauf und Verwaltung der Finanzkonten

Um den Online-Zugang einrichten zu können, sollten Sie zunächst das Zugangsverfahren mit der Bank klären. Für das Internet-Banking via HBCI benötigen Sie zusätzlich die so genannte IP-Adresse des Internet-Servers von ihrem Kreditinstitut. Die Daten werden vom Online-Konto-Assistenten beim Einrichten der Bankverbindung angefordert und sollten zur Verfügung stehen.

Wollen Sie für die Zahlungen ein anderes Online-Banking-Programm, z. B. „Sfirm", „Genolight", „db-cash" oder „cotel" einsetzen, können Sie dafür die Funktion des Datenträgeraustauschs nutzen. Voraussetzung, um Zahlungen per Online-Banking durchzuführen ist, dass Sie in den Stammdaten (Firma, Mitarbeiter) die Option „Datenträger" gewählt haben. Für die Übertragung mit einem von der Hausbank zur Verfügung gestellten Banking-Programm wählen Sie im Zahlungs-Assistent die Option „Datenträgeraustausch" und speichern die Übertragungsdatei (DTAUS1) nicht auf einer Diskette, sondern in ein spezielles Verzeichnis auf der Festplatte (zur Erstellung der DTAUS1-Datei siehe Kapitel: „Lohnzahlung per Datenträger"). Die von Lexware lohn + gehalt erstellte DTAUS1-Datei kann in das von Ihnen verwendete Online-Banking Programm eingelesen und anschließend zur Bank übertragen werden.

5.2 Erstellen von Zahlungsträgern

Unter dem Stichwort Zahlungsverkehr sind alle Zahlungen an Mitarbeiter, das Finanzamt, Krankenkassen, Versicherungen und Träger der Vermögensbildung zusammengefasst. Lexware lohn + gehalt/*plus* bietet die Möglichkeit, Zahlungen online, per Scheck, als Überweisung mit einem Überweisungsträger oder mittels Datenträger zur Bank vorzunehmen. Der Lexware lohn + gehalt Zahlungslauf lässt sich über den Zahlungs-Assistenten abwickeln. Den Zahlungs-Assistenten starten Sie über die Menüfunktion „EXTRAS/ZAHLUNGSVERKEHR ...", über das Smart-Icon „Zahlungsverkehr" im Modus Abrechnung oder über die Option „Zahlungsverkehr" unter „Extras" auf der Startseite.

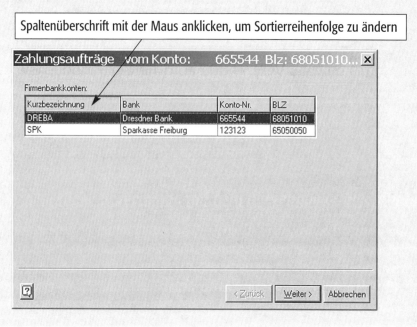

Zahlungslauf und Verwaltung der Finanzkonten

Wurden mehrere Bankverbindungen im System hinterlegt, erfolgt im ersten Dialog des Assistenten die Auswahl der Bank, von welcher die Zahlungsaufträge durchgeführt werden sollen. Dieser Dialog unterbleibt, sofern nur eine Bankverbindung für die Firma/den Mandanten angelegt ist.

Die Bankverbindung von der der aktuelle Zahlungslauf durchgeführt werden soll, kann per Mausklick ausgewählt werden. Über das Anklicken der Spaltenüberschrift lassen sich die Bankverbindungen nach Kurzbezeichnung, Bank etc. sortieren. Über die Schaltfläche „Weiter >" wird die Auswahl bestätigt und Sie gelangen in den zweiten Dialog des Zahlungs-Assistenten.

Der Zahlungs-Assistent unterstützt Sie bei der Auswahl der fälligen Zahlungen und ermöglicht ggf. auch Zahlungen aus zurückliegenden Abrechnungszeiträumen. Der Zahlungsvorschlags-Assistent listet je nach Zahlungsart (Überweisung, Scheck, Datenträger) alle aktuell zur Zahlung anstehenden Positionen auf.

> *Pro Zahlungslauf können Sie nur eine Zahlungsart durchführen. Sollen die Zahlungen zum Teil per Datenträger und zum Teil per Überweisung oder Scheck erfolgen, sind zwei oder mehrere Zahlungsläufe erforderlich.*

PRAXIS-TIPP

5.2.1 Schritte zur Erstellung von Überweisungsträgern

Nach Auswahl der Bankverbindung, über die die Zahlungen erfolgen soll, können Sie im zweiten Schritt die Zahlungsart – im Beispiel „Überweisungsdruck" – festlegen. Prinzipiell ermöglicht Lexware lohn + gehalt/*plus* Zahlungen durch drucken von Überweisungsträgern, durch Ausdruck auf Scheckformulare, durch das Erstellen einer Diskette für den Datenträgeraustausch oder direkt durch Aufbau einer Datenverbindung zur Bank (Lexware Online-Banking).

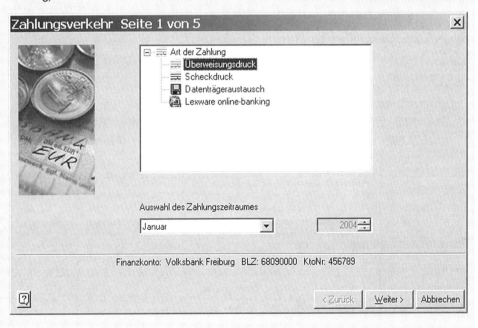

Zahlungslauf und Verwaltung der Finanzkonten

Bei Auswahl der Zahlungsart „Überweisungsdruck" berücksichtigt Lexware lohn + gehalt/*plus* alle im aktuellen Monat anstehenden Zahlungen, bei denen in den Stammdaten als Zahlungsweg die Option „Überweisung" gepflegt wurde. Die Zahlungsart für Zahlungen an das Finanzamt oder die Krankenkassen lassen sich in den Firmenstammdaten im Dialog „Finanzamt" bzw. „Betriebsstätte" überprüfen.

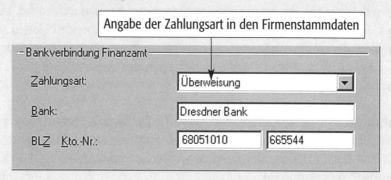

Die Firmenstammdaten können Sie über die Menüfunktion „BEAREITEN/FIRMA ..." öffnen. Die Zahlungsart für Lohn- und Gehaltszahlungen ist in den Stammdaten der Mitarbeiter hinterlegt. Für Zahlungen per Überweisungsträger wählen Sie im Dialog „Firma" der Mitarbeiterdaten die Option „Überweisung".

Die Mitarbeiterstammdaten lassen sich über die Menüfunktion „DATEI/PERSONAL-MANAGER ..." zur Bearbeitung öffnen. Nach Auswahl der „Art der Zahlung" können Sie im folgenden Dialog die Druckaufbereitung steuern.

> *Lexware bietet für den Ausdruck auf Überweisungsträgern oder Schecks passende Zahlungsträger (Formulare) an. Sie können diese über den Lexware Formularservice beziehen. Die Vordrucke sind im DIN-A4-Format und eignen sich nur für Einzelseitendrucker (keine Endlospapierdrucker).*

Auswahl des Zahlungszeitraums

Im Dialog 2 des Zahlungs-Assistenten ist neben dem Zahlungsweg der Zahlungszeitraum zu bestimmen. Den Zahlungslauf für bereits abgeschlossene Monate können Sie über die Auswahlbox „Auswahl des Zahlungszeitraums" wiederholen.

Zahlungslauf und Verwaltung der Finanzkonten

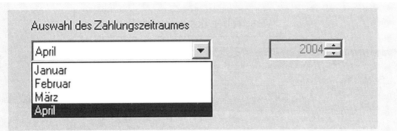

Die Auswahlbox stellt nur bereits abgeschlossene Abrechnungszeiträume des laufenden Abrechnungsjahres zur Verfügung. Für weiter zurückliegende Zeiträume kann über die Menüfunktion „ANSICHT/VORJAHR ..." in ein anderes Abrechnungsjahr gewechselt werden.

> *Bei Korrekturen in bereits abgeschlossenen Zahlungszeiträumen erfolgt in der Regel eine Verrechnung im aktuellen Abrechnungszeitraum und somit die Berücksichtigung im Zahlungsverkehr. Eine Ausnahme besteht dann, wenn für einen abgeschlossenen Zeitraum Nachzahlungen mit abweichendem Empfänger, z. B. VWL-Zahlungen oder Pfändungen, durchgeführt werden. In diesem Fall müssen Sie den Zahlungslauf für den korrigierten Monat nochmals durchführen.*

PRAXIS-TIPP

Ausdruck in Formulare

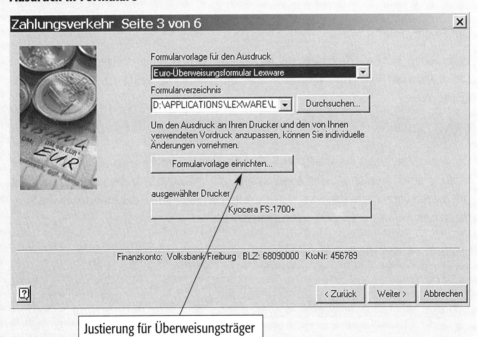

Justierung für Überweisungsträger

Nach der Festlegung des Zahlungszeitraums können Sie im dritten Schritt die Formularvorlage für den Zahlungsträger festlegen. Verwenden Sie Lexware Überweisungsformulare, dann wählen Sie unter „Formularvorlage für den Ausdruck" die Option „Euro-Überweisungsformular Lexware". Bei Verwendung von Endlosvordrucken oder eigenen Überweisungsformularen der Hausbank können Sie ggf. über die Schaltfläche „Formularvorlage einrichten ..." die Felder und deren Position auf dem Formular selbst einrichten. Nach dem Anklicken der Option öffnet sich ein weiterer Dialog für die Justierung der Ausgabewerte.

Zahlungslauf und Verwaltung der Finanzkonten

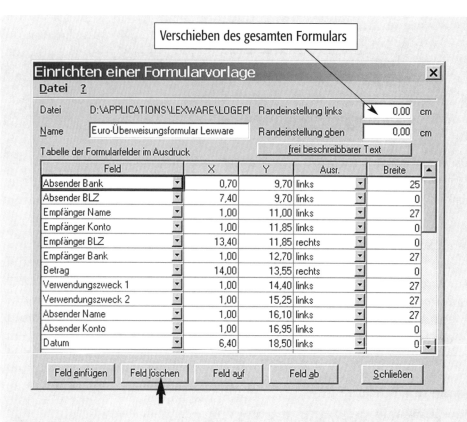

Die Spalte „Feld"

In der Spalte „Feld" wird festgelegt, welche Angaben auf den Zahlungsträger gedruckt werden sollen. Nicht benötigte Felder können Sie über die Schaltfläche „Feld löschen" aus der Vorlage entfernen.

X/Y-Werte

Der X-Wert spezifiziert die Spalte, der Y-Wert die Zeile, in der die unter „Feld" ausgewählte Größe gedruckt werden soll. Die Angaben sind in Zentimetern vorzunehmen und beziehen sich auf das linke, obere Eck des Formulars. Von den Zeilen- bzw. Spaltenwerten ist die Standardrandeinstellung des Druckers abzuziehen.

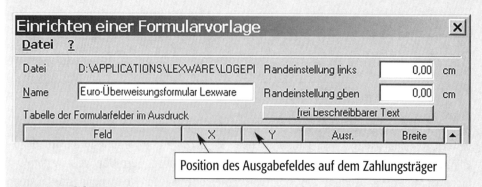

Ausr. (Ausrichtung)

Die Option „Ausr." legt fest, ob der Wert links- oder rechtsbündig in das Ausgabefeld gedruckt werden soll.

Zahlungslauf und Verwaltung der Finanzkonten

Breite

Mit der Option „Breite" können Sie die Breite eines Ausgabefeldes begrenzen. Wollen Sie die optimale Breite abhängig vom Inhalt des Feldes wählen, geben Sie den Wert „0" ein.

Frei beschreibbarer Text

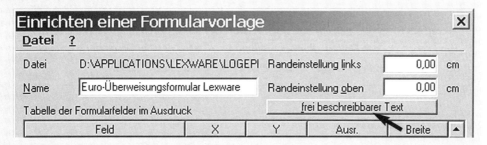

Der Formular-Assistent bietet die Möglichkeit, über ein zusätzliches Feld die Standardformularvorlage mit einem eigenen Text zu versehen oder eigene Vorlagen auszudrucken. Über die Schaltfläche „frei beschreibbarer Text" können Sie mit dem Mauszeiger die Eingabe auswählen und anschließend den gewünschten Text eintragen. Das eigene Textfeld ist anschließend als zusätzliches Feld in das Formular aufzunehmen. Über die Schaltfläche „Feld einfügen" lässt sich ein zusätzliches Feld in die Formularvorlage aufnehmen. Das neu einzufügende Feld heißt „Text frei beschreibbar". Über die Schaltflächen „Feld auf" bzw. „Feld ab" legen Sie die Reihenfolge der Ausgabefelder fest und bestimmen über die X/Y-Werte deren Position vom oberen, linken Rand.

Name

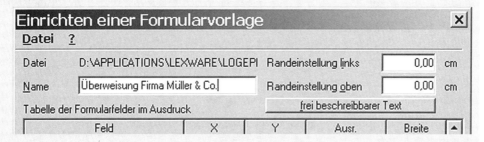

Für das selbst entwickelte Formular oder für die angepassten Standardformulare ist ein eigener Namen zu vergeben (z. B. Überweisung Firma Müller & Co.).
Anpassungen im Standardformular „Euro-Überweisungsformular Lexware" sollten Sie vermeiden. Die Anpassungen werden bei jedem Update überschrieben und müssen neu erfasst werden.

Zahlungslauf und Verwaltung der Finanzkonten

Die Scheck- und Überweisungsformulare von Lexware passen in der Regel zur Formularvorlage „Euro-Überweisungsformular Lexware" bzw. „Euro-Scheckforumlar Lexware". Durch Ungenauigkeiten beim Druck der Formulare kann es jedoch manchmal zu Randabweichungen kommen. Mithilfe der Option „Randeinstellung oben" können Sie das gesamte Formular nach unten bzw. oben verschieben. Geben Sie bei „Randeinstellung oben" einen positiven Wert ein, wird die Vorlage nach unten verschoben, negative Werte (z. B. -0,50 cm) bewirken eine Verschiebung nach oben. Analoges gilt für die Verschiebung der Vorlage nach rechts oder links. Durch Eingabe eines negativen Wertes bei der Option „Randeinstellung links" wird das Formular nach links verschoben, bei positiven Werten erfolgt eine Verschiebung nach rechts.

Drucken der Überweisungen

Nach Auswahl der Formularvorlage kann über die Schaltfläche „Weiter" in die Übersicht der selektierten Überweisungen verzweigt werden. In der ersten Spalte der Übersicht sind die auszuführenden Zahlungsaufträge markiert. Entfernen Sie bei Zahlungen, die nicht ausgeführt werden sollen, per Mausklick die Markierung (✓).

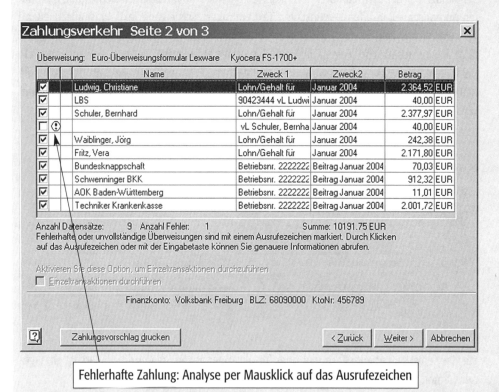

Fehlerhafte Zahlung: Analyse per Mausklick auf das Ausrufezeichen

Fehlerhafte oder unvollständige Angaben zu einer Zahlung sind mit einem Ausrufezeichen markiert. Durch Klicken auf das Ausrufezeichen können Sie Informationen über die fehlenden Angaben abrufen. Wird der Mauszeiger auf eine Zahlung positioniert und die rechte Maustaste gedrückt, werden die vollständigen Informationen zur Zahlung angezeigt.

Zahlungslauf und Verwaltung der Finanzkonten

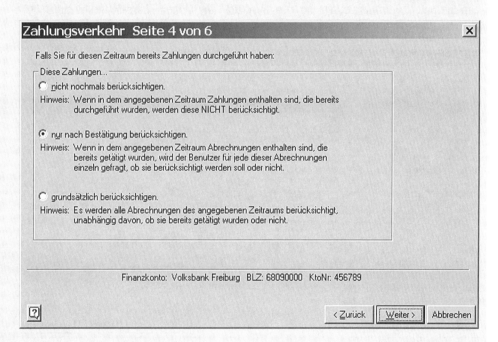

Möchten Sie einzelne Zahlungen bei diesem Zahlungslauf nicht berücksichtigen, können Sie die Selektion durch Anklicken der Markierung (✓) aufheben. Alle überwiesenen Zahlungen werden von Lexware lohn + gehalt/*plus* als bezahlt markiert. Werden diese Zahlungen bei einem wiederholten Zahlungslauf erneut ausgewählt, erscheint ein entsprechender Hinweis.

Sind selektierte Zahlungen fehlerhaft oder unvollständig, werden sie nicht durchgeführt. Nach einer Korrektur der Stamm- oder Bewegungsdaten können Sie den Überweisungslauf erneut starten.

PRAXIS-TIPP

5.2.2 Erstellen von Schecks im Zahlungsverkehr

Nach Start des Zahlungs-Assistenten über die Menüfunktion „EXTRAS/ZAHLUNGSVERKEHR ..." und Auswahl der Bankverbindung können Sie die Option „Scheckdruck" per Mausklick wählen.

Zahlungslauf und Verwaltung der Finanzkonten

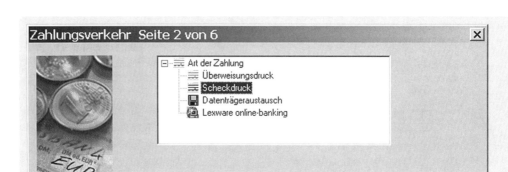

Anschließend wählen Sie den Zahlungszeitraum (Monat) und bestätigen die Eingabe über die Schaltfläche „Weiter >". Wie bei den Überweisungsträgern bietet der Lexware Formularservice Scheckformulare an. Sollen die Standardformulare von Lexware eingesetzt werden, können Sie unter „Formularvorlage für den Ausdruck" die Option „Euro-Scheckformular Lexware" wählen.

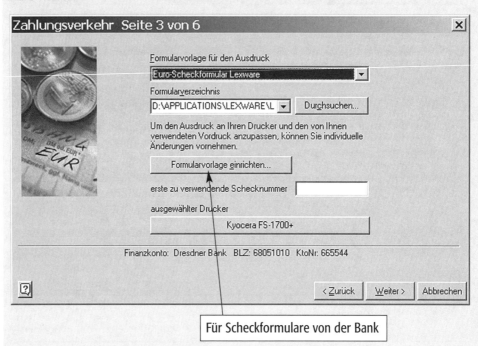

Für Scheckformulare von der Bank

Bei Scheckformularen von der Hausbank müssen Sie ggf. über die Schaltfläche „Formularvorlage einrichten..." die auszudruckenden Felder bestimmen und deren Position auf dem Scheck einrichten (vgl. Kapitel: „Schritte zur Erstellung von Überweisungsträgern").

Bei der Erstellung von eigenen Scheckformularen sollten Sie darauf achten, dass Sie diese unter einem neuen Namen abspeichern. Änderungen an bestehenden Formularen werden bei einem Programm-Update überschrieben.

Nach Auswahl der Vorlage für den Ausdruck geben Sie die erste fortlaufende Nummer für den Scheckdruck und den zu verwendenden Drucker an. In der Grundeinstellung wird der Windows-Standarddrucker vorgeschlagen. Über die Schaltfläche „ausgewählter Drucker" können Sie einen anderen Drucker und entsprechende Druckparameter wählen. Zur Doku-

Zahlungslauf und Verwaltung der Finanzkonten

mentation der durchgeführten Zahlungen lässt sich über den Menüpfad „Berichte" die Zahlungsliste generieren und ausgeben.

Drucken der Scheckformulare

Nach Auswahl der Formularvorlage kann über die Schaltfläche „Weiter >" in die Übersicht der selektierten Scheckzahlungen verzweigt werden. In der ersten Spalte der Übersicht sind die auszuführenden Zahlungen markiert. Entfernen Sie die Markierung bei Zahlungen, die nicht ausgeführt werden sollen.

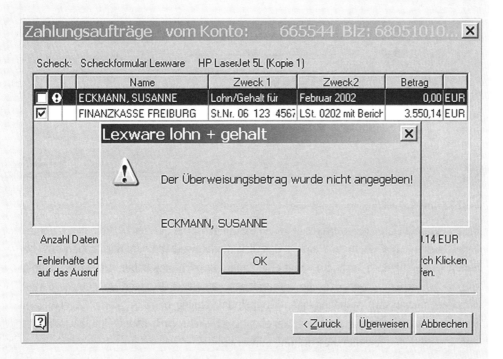

Fehlerhafte oder unvollständige Angaben bei einer Zahlung sind mit einem Ausrufezeichen markiert. Durch Klicken auf das Ausrufezeichen können Sie Informationen über die fehlenden Angaben abrufen. Positionieren Sie den Mauszeiger auf eine Zahlung und halten Sie die rechte Maustaste gedrückt, um die vollständigen Informationen zur Zahlung abzurufen.

Nach Auswahl der zu druckenden Schecks kann über die Schaltfläche „Überweisen" der Ausdruck angestoßen werden.

5.2.3 Lohnzahlung per Datenträger

Neben den Zahlungen per Überweisungsformular und Scheck können Sie die Daten auf einen Datenträger (Diskette) speichern und diesen mit einem Begleitschreiben bei der Bank einreichen. Für die Erstellung des Datenträgers wählen Sie die Menüfunktion „EXTRAS/ZAHLUNGSVERKEHR..." und anschließend die Bankverbindung, über die die Zahlungen erfolgen sollen. Der Dialog zur Auswahl der Bankverbindung unterbleibt, sofern nur eine Bankverbindung angelegt wurde. Über die Schaltfläche „Weiter >" rufen Sie den Auswahldialog für die Art der Zahlung auf. Wählen Sie per Mausklick die Option „Datenträgeraustausch".

Zahlungslauf und Verwaltung der Finanzkonten

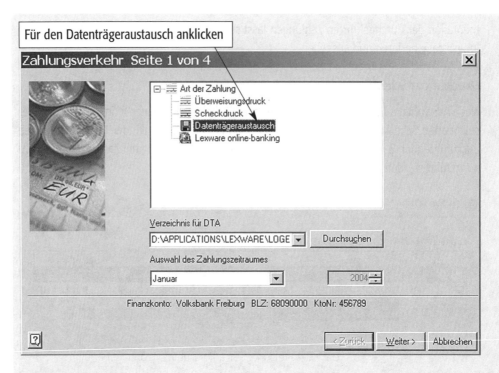

Verzeichnis für DTA

Bei beleglosem Datenträgeraustausch geben Sie zunächst das „Verzeichnis für den Datenträgeraustausch (DTA)" an. In der Regel ist das Diskettenlaufwerk mit dem Buchstaben „a:\" benanntt. Es kann jedoch auch „b:\" oder eine andere Bezeichnung haben. Über die Schaltfläche „Durchsuchen" lassen sich alle vorhandenen Laufwerke anzeigen. Achten Sie darauf, dass der Laufwerksbuchstabe mit einem Doppelpunkt eingegeben wird. In der Regel müssen Sie keine weiteren Unterverzeichnisse angeben. Die Diskette im Ziellaufwerk muss formatiert sein und zwingend folgende Beschriftung aufweisen:

- Name der Firma
- Bankleitzahl und Kontonummer des Diskettenabsenders
- Diskettennummer (Volume-Label der Diskette)
- Dateiname: immer DTAUS1

Mit dem Begleitschreiben für die Bank wird ein Vordruck für die Diskettenaufschrift erstellt. Diesen können Sie ausschneiden und aufkleben bzw. abschreiben.

Zahlungszeitraum

Abschließend legen Sie den Zeitraum (Monat, Jahr) fest, aus dem die Zahlungen auf dem Datenträger gespeichert werden sollen.

Zahlungslauf und Verwaltung der Finanzkonten

Nach dem Festlegen des Zahlungszeitraums können Sie über die Schaltfläche „Weiter >" die Übersicht der per Datenträger zu leistenden Zahlungen aufrufen. In der Übersicht sind alle Zahlungen der gewählten Abrechnungsperiode aufgeführt, die in den Stammdaten den Status „Datenträger" bei der Zahlungsart enthalten.

Im vierten Dialog lassen sich die Zahlungen vor der Speicherung auf dem Datenträger nochmals überprüfen. Durch Anklicken der Spaltenüberschrift (z. B. Name) können Sie die Zahlungsaufträge nach dem entsprechenden Kriterum sortieren.

PRAXIS-TIPP

Bei umfangreichen Zahlungsaufträgen kann es empfehlenswert sein, zunächst eine Zahlungsliste zu erstellen. Über die Schaltfläche „Zahlungsvorschlag drucken" besteht die Möglichkeit eine Übersicht über die selektierten Zahlungen zu erstellen. Der Zahlungs-Assistent lässt sich über die Schaltfläche „Abbrechen" beenden, ohne dass die Zahlungsaufträge als durchgeführt markiert werden.

Fehlerhafte Zahlungsaufträge

In der ersten Spalte der Übersicht sind alle auszuführenden Zahlungen markiert. Für Zahlungen, die nicht ausgeführt werden sollen, müssen Sie die Markierung (✓) entfernen. Fehlerhafte oder unvollständige Angaben sind mit einem Ausrufezeichen markiert. Durch Klicken auf das Ausrufezeichen mit der rechten Maustaste können Sie sich Informationen über die fehlenden Angaben darstellen lassen.

Zahlungslauf und Verwaltung der Finanzkonten

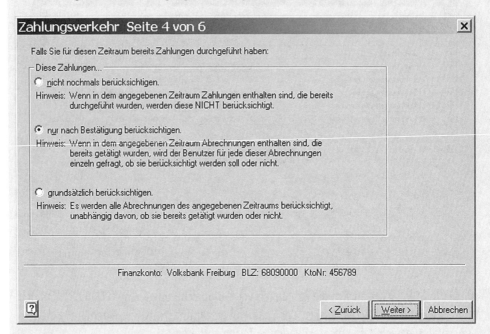

Alle überwiesenen Zahlungen werden von Lexware lohn + gehalt/*plus* als bezahlt markiert. Werden diese Zahlungen bei einem weiteren Zahlungslauf erneut ausgewählt, erfolgt eine Überweisung erst nach Bestätigung eines entsprechenden Hinweises.

Bei einem wiederholten Zahlungslauf besteht die Möglichkeit, nur noch Zahlungen zu berücksichtigen, die noch nicht durchgeführt wurden. Konnten Zahlungen aus einem vorhergehenden Zahlungslauf nicht ausgeführt werden und sollen diese nochmals auf den Datenträger gespeichert werden, ist die Option „nur nach Bestätigung berücksichtigen" zu wählen. Lexware lohn + gehalt stellt alle Zahlungen nochmals dar und Sie müssen jede Zahlung einzeln freigeben. Konnte der Datenträger von der Bank nicht gelesen werden oder ist er verlorengegangen, müssen Sie ihn erneut erstellen. Für diesen Fall wählen Sie die Option alle Zahlungen „grundsätzlich berücksichtigen". Es erfolgt keine Prüfung und Freigabe, alle Zahlungen werden nochmals zur Übertragung auf den Datenträger aufgeführt.

Speichern auf den Datenträger

Durch Bestätigung über die Schaltfläche „Überweisen" starten Sie den Speichervorgang auf den Datenträger. Anschließend werden die Begleitschreiben für die Bank und die Lohnunterlagen automatisch gedruckt. Außerdem wird ein Protokoll der auf dem Zahlungsträger gespeicherten Daten erstellt. Das erste Exemplar müssen Sie unterschreiben und zusammen mit der Diskette der Bank einreichen. Der zweite Ausdruck verbleibt zur Kontrolle im eigenen Unternehmen.

Zahlungslauf und Verwaltung der Finanzkonten

> *Wurden in einem bereits abgeschlossenen Monat Korrekturen an den vermögenswirksamen Leistungen (VWL) oder bei Vorschüssen oder Pfändungen vorgenommen, sind eventuell entstandene Nachzahlungen nicht im Zahlungsverkehr des aktuellen Monats berücksichtigt. In diesen Fällen müssen Sie einen zweiten Datenträger für den korrigierten Zeitraum erstellen. Die Auswahl des Zahlungszeitraums nehmen Sie im ersten Dialog des Zahlungs-Assistenten vor*

PRAXIS-TIPP

5.2.4 Online-Banking (plus)

In der Version Lexware lohn + gehalt *plus* steht als zusätzliches Modul das „Lexware online-banking" zur Verfügung. Das Modul Online-Banking ist mit der Programm-CD zu installieren. Erst nach einer Installation wird die Option „online-banking" in den Stammdaten als Zahlungsart und im Zahlungsverkehr dargestellt. Neben der Installation des Moduls „Online-Banking" ist die Anlage eines Online-Bankkontos Voraussetzung für den direkten Zahlungsverkehr. Das Einrichten des Online-Kontos ist im Kapitel 5.1 Firmenkontenverwaltung beschrieben. Sollen Zahlungen mit dem Lexware Online-Banking durchgeführt werden, müssen in den Stammdaten der Mitarbeiter, der Krankenkassen und in der Firmenverwaltung die Zahlungsart „Online" hinterlegt sein (vgl. Kapitel 1.2 und 2.2). Zahlungen mit dem Online-Banking-Modul lassen sich nach Aufruf des Zahlungsverkehrs über die Option „Lexware online-banking" durchführen.

LEXWARE*PLUS*

Der Zahlungsverkehr kann über dem Menüpfad „EXTRAS/ZAHLUNGSVERKEHR ..." oder über die Funktion „Zahlungsverkehr" auf der Startseite unter „Extras" aufgerufen werden. Der Zahlungsverkehrs-Assistent greift dann automatisch auf diese Einstellungen zurück, die beim ersten Aufruf des Online-Bankings gemacht wurden. Grundsätzlich können vier verschiedene Überweisungsarten erstellt werden:

Zahlungslauf und Verwaltung der Finanzkonten

- „Normale" Überweisungen (z. B. Direktversicherung)
- Überweisungen für Gehalt
- Überweisungen für VWL
- Überweisungen an Krankenkassen

Die gesamten Überweisungsarten können natürlich auch in einem Durchgang überwiesen werden. Pro Überweisungsart ist jedoch die Eingabe Ihrer PIN und einer TAN notwendig. Sollen also zum Beispiel Gehälter und VWL in einem Online-Vorgang überwiesen werden, müssen Sie für die Gehälter sowie für die VWL Ihre PIN und eine TAN eingeben.

Nach Auswahl der Funktion „Lexware online-banking" und des Zahlungszeitraums können Sie über die Schaltfläche „Weiter >" in die Übersicht aller für den gewählten Zahlungszeitraum selektierten Zahlungen verzweigen. In der ersten Spalte der Übersicht sind alle auszuführenden Zahlungen markiert. Für Zahlungen, die nicht ausgeführt werden sollen, müssen Sie die Markierung (✓) entfernen. Fehlerhafte oder unvollständige Angaben sind mit einem Ausrufezeichen markiert. Durch Klicken auf das Ausrufezeichen mit der rechten Maustaste können Sie sich Informationen über die fehlenden Angaben darstellen lassen. Bei fehlerhaften Zahlungen empfiehlt es sich, den Zahlungs-Assistenten abzubrechen, die Angaben zu ergänzen und den Zahlungslauf zu wiederholen.

☑	Schuler, Bernhard		Lohn/Gehalt für	Januar 2004	2.377,97	EUR
☐	Empfänger:			04	40,00	EUR
☑	KontoNr:	Blz: 0		04	242,38	EUR
☑	Betrag:	40.00		04	2.171,80	EUR
☑	Verwendung1:	vL Schuler, Bernhard		uar 2004	70,03	EUR
☑	Verwendung2:	Januar 2004		uar 2004	912,32	EUR
☑	AOK Baden-Württemberg		Betriebsnr. 2222222	Beitrag Januar 2004	11,01	EUR
☑	Techniker Krankenkasse		Betriebsnr. 2222222	Beitrag Januar 2004	2.001,72	EUR

Nach Auswahl aller zur Online-Zahlung anstehenden Aufträge gelangen Sie über die Schaltfläche „Weiter >" in den dritten Dialog des Zahlungs-Assistenten. Nach dem Anklicken der Schaltfläche „Überweisen" wird die Verbindung zum Online-Konto aufgebaut und der Zahlungsvorgang durchgeführt. Lexware lohn + gehalt *plus* erstellt anließend eine Zahlungsliste aller überwiesenen Zahlungsvorgänge.

Zahlung mit einem externen Online-Banking-Programm

Alternativ zur Nutzung des Online-Banking-Moduls von Lexware besteht die Möglichkeit, das Online-Banking-Programm eines anderen Anbieters oder der Hausbank zu nutzen. Wollen Sie ein externes Online-Banking-Modul nutzen, ist in den Mitarbeiterstammdaten, in den Krankenkassenstammdaten und den Stammdaten zur Firma die Option „Datenträger" bei der „Zahlungsart" zu wählen. Bei der Durchführung des Zahlungsverkehrs wird dann die Funktion des Datenträgeraustauschs für die Erstellung der Importdatei des Online-Banking-Programms genutzt. Der Zahlungsverkehr lässt sich über den Menüpfad „EXTRAS/ZAHLUNGSVERKEHR..." oder über die Funktion „Zahlungsverkehr" auf der Startseite unter „Extras" aufrufen.

Zahlungslauf und Verwaltung der Finanzkonten

Verzeichnis auf der Festplatte für die gespeicherte DTAUS1-Datei

Bei einer Nutzung eines externen Online-Banking-Programms, z. B. „Sfirm", „Genolight", „db-cash" oder „cotel", speichern Sie die Übertragungsdatei (DTAUS1) nicht auf eine Diskette, sondern in ein spezielles Verzeichnis auf der Festplatte (zur Erstellung der DTAUS1-Datei siehe Kapitel: „Lohnzahlung per Datenträger"). Die von Lexware lohn + gehalt erstellte DTAUS1-Datei kann in das von Ihnen verwendete Online-Banking-Programm eingelesen und anschließend zur Bank übertragen werden. Sollten Sie noch kein Verzeichnis für die Ablage der Zahlungsdaten geschaffen haben, nehemen Sie dies nun über den Windows Explorer vor. Den Windows Explorer starten Sie durch eine Mausklick mit der rechten Maustaste auf die Schaltfläche „START" von Windows.

Wählen Sie aus der Baumstruktur in der linken Fensterhälfte das Verzeichnis „Lexware" per doppelten Mausklick und anschließend das Verzeichnis „loge32".[3] Nach Auswahl des Verzeichnisses für Lexware lohn + gehalt/*plus* per doppelten Mausklick, können Sie über die Menüfunktion „DATEI/NEU/ORDNER" ein Unterverzeichnis für die Zahlungsdaten anlegen, das im Beispiel auch „Zahlungsdaten" genannt wurde.

Im Dialog 2 des Zahlungs-Assistenten wählen Sie unter der Option „Verzeichnis für DTA" das entsprechende Verzeichnis auf der Festplatte aus. Über die Schaltfläche „Durchsuchen" können Sie dann das Verzeichnis für den Speichervorgang auswählen.

---

3 Die Verzeichnisse werden nur bei einer Standard-Installation angelegt. Sie können unter Umständen von den Gegebenheiten auf Ihrem Computer abweichen.

Zahlungslauf und Verwaltung der Finanzkonten

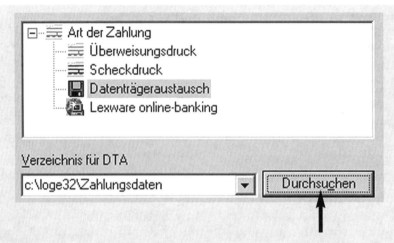

Nach Auswahl des Verzeichnisses auf der Festplatte führen Sie den Zahlungs-Assistenten über die Schaltfläche „Weiter >" durch. Es werden alle aktuell zur Ausführung anstehenden Zahlungen selektiert und im dritten Dialog des Zahlungs-Assistenten dargestellt. Über die Schaltfläche „Überweisen" starten Sie die Speicherung der DTAUS1-Datei auf der Festplatte.

In der Regel bieten die Online-Banking-Programme eine Funktion zum Import der DTAUS1-Datei. Sie können die von Lexware lohn + gehalt erstellte DTAUS1-Datei mit dem Online-Banking-Programm einlesen, mit einer elektronischen Unterschrift versehen und anschließend online zur Bank oder Sparkasse übertragen.

Zahlungslauf und Verwaltung der Finanzkonten

Σ Zusammenfassung

In diesem Kapitel haben Sie die Firmenkontenverwaltung und die Durchführung des Zahlungsverkehrs per Überweisungsträger, Scheck, Datenträger oder online kennen gelernt.

- Vor Durchführung des Zahlungslaufs aus Lexware lohn + gehalt/*plus* müssen Sie mindestens eine Bankverbindung angelegt haben. Sie können Bankverbindungen über den Menüpunkt „Verwaltung" oder direkt in den Stammdaten der Firma anlegen.

- Für die Anlage einer Online-Bankverbindung sind zusätzlich die entsprechende Option bei den Bankangaben zu setzen und die Übertragungsparameter (PIN, TAN, IP-Adresse etc.) beim ersten Zahlungslauf mit dem Zahlungsverkehr zu hinterlegen.

- Bei jedem Zahlungslauf können Sie die Bankverbindung, über die die Zahlungen durchgeführt werden sollen, neu wählen. Voraussetzung ist, dass mehrere Bankverbindungen angelegt sind.

- Der Zahlungslauf lässt sich mehrfach wiederholen. Bei Wiederholungsläufen muss ggf. jede einzelne Zahlung nochmals freigegeben werden.

- Bei Zahlungen per Überweisungsträger können Sie die von Lexware zur Verfügung gestellten Zahlungsträger verwenden. Für Zahlungsträger der Hausbank ist eine Anpassung der Formatvorlage erforderlich.

- Bei der Erstellung von Datenträgern sollten Sie für jeden Zahlungslauf eine neu formatierte Diskette verwenden. Der Datenträger enthält alle gewählten Zahlungsaufträge und ist mit dem Begleitschreiben der Hausbank einzureichen.

- Führen Sie bei Korrekturen von VWL oder Pfändungen für jeden korrigierten Monat einen Zahlungslauf durch. Wird mit Datenträgern gearbeitet, müssen Sie für jeden Monat eine Diskette erstellen.

- Sie können Online-Banking über das Lexware Online-Banking-Modul durchführen (nur *plus*-Version) oder über das Zwischenspeichern der DTAUS1-Datei auf der Festplatte mit einem Online-Banking-Programm von Ihrer Hausbank.

Zahlungslauf und Verwaltung der Finanzkonten

📖 Übung

1. Legen Sie eine zusätzliche Bankverbindung an:

   Bank: Badische Beamtenbank
   BLZ: 500 908 00
   Konto-Nr.:   91272344

2. Führen Sie für die Firma Service GmbH den Zahlungslauf durch. Die Zahlungen sollen per Datenträgeraustausch durchgeführt werden. Die Zahlungen sollen von der Badischen Beamtenbank erfolgen.

   Speichern Sie die Daten auf einer Diskette im Laufwerk a:\.

   a) Die Zahlungen an die Krankenkassen und das Finanzamt sollen beim ersten Zahlungslauf nicht berücksichtigt werden.

   b) Führen Sie einen zweiten Zahlungslauf per Datenträger für den aktuellen Abrechnungsmonat durch und überweisen Sie nur die Zahlungen an die Krankenkassen und das Finanzamt. Diese Zahlungen sollen vom Konto bei der Volksbank Freiburg abgehen.

6 Monatswechsel und Korrekturen in Vormonaten

✓ Lernziele des Kapitels

In diesem Kapitel lernen Sie den Monatsabschluss und die Datensicherung kennen. Außerdem wird die Durchführung von Korrekturen in bereits abgeschlossenen Abrechnungsperioden erläutert. Nach diesem Kapitel sollten Sie in der Lage sein,

- abgerechnete Monate abzuschließen,

- die Datensicherung beim Monatswechsel durchzuführen,

- Korrekturen an Stamm- und Bewegungsdaten in abgeschlossenen Monaten vorzunehmen,

- die Rückrechnung zu überprüfen,

- Korrekturausdrucke zu erstellen und Korrekturen zu dokumentieren.

Monatswechsel und Korrekturen in Vormonaten

6.1 Wie lässt sich der Monatswechsel durchführen?

Nachdem Sie alle Arbeitnehmer abgerechnet, alle Ausdrucke erstellt und geprüft sowie den Zahlungsverkehr durchgeführt haben, führen Sie in Lexware lohn + gehalt bzw. Lexware lohn + gehalt *plus* einen Monatsabschluss durch. Der Monatswechsel bewirkt den Abschluss der aktuellen Abrechnungsperiode und den Wechsel der gesamten Firma/des Mandanten in den Folgemonat. Laufende Abrechnungsdaten, z. B. Gehalt oder VWL, werden automatisch auf den Folgemonat vorgetragen. Hiervon ausgenommen sind Daten, die sich in der Regel von Monat zu Monat ändern, wie beispielsweise Stundenangaben oder Einmalbezüge.

Den Monatswechsel durchführen

Über die Menüfunktion „EXTRAS/MONATSWECHSEL ..." oder über das Icon „Monatswechsel" in der Auswahlleiste werden der Monatsabschluss und der Wechsel in den Folgemonat durchgeführt.

Bevor der Monatswechsel durchgeführt wird, müssen Sie eine Checkliste abarbeiten. Sobald Sie alle Fragen beantwortet haben, also überall Haken gesetzt sind, wird die Schaltfläche „Monatswechsel" freigegeben. Durch Anklicken der Schaltfläche rufen Sie den Dialog „Datensicherung" auf.

Bei der Datensicherung werden alle Datendateien in ein frei wählbares Datenverzeichnis kopiert und komprimiert. Das heißt, die Datensicherung sichert alle Firmen mit allen Arbeitnehmern und alle bis dahin eingegebenen Stamm- und Abrechnungsdaten des gesamten Jahres. Dabei wird der aktuelle Stand der Daten vor dem Monatsabschluss über alle Firmen gespeichert.

Monatswechsel und Korrekturen in Vormonaten

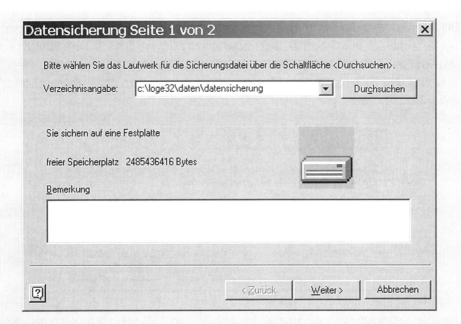

Verzeichnisangabe

Im ersten Dialog des Datensicherungs-Assistenten müssen Sie festlegen, auf welches Medium und in welches Verzeichnis die Daten gesichert werden sollen. Über die Schaltfläche „Durchsuchen" können Sie das Verzeichnis und Laufwerk bestimmen, in das die Datensicherung vorgenommen werden soll. Um zu verhindern, dass durch versehentliches Löschen oder bei anderweitiger Beschädigung des Datenbestandes alle Daten unwiderruflich verloren gehen, sollten Sie das folgende doppelte Sicherungskonzept anwenden.

1. Verwenden Sie für jeden Monatsabschluss eine neue formatierte Diskette.
2. Legen Sie zusätzlich zu der Diskettensicherung auf der Festplatte unter dem Verzeichnis LOGE32 ein Unterverzeichnis „Datensicherung" an, in welchem Sie eine aktuelle Sicherung speichern.

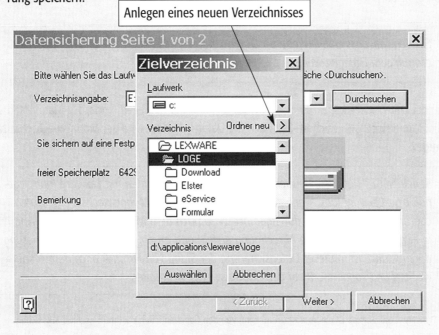

Monatswechsel und Korrekturen in Vormonaten

Durch Anklicken der Schaltfläche „Durchsuchen" öffnet sich ein weiterer Dialog zur Auswahl des Verzeichnisses, in welchem die Datensicherung abgelegt werden soll. Nach Auswahl des Verzeichnises „Lexware" bzw. „loge32" per doppelten Mausklick sollten Sie bei der ersten Sicherung über die Schaltfläche „Ordner neu >" ein weiteres Verzeichnis „Datensicherung" anlegen.[4]

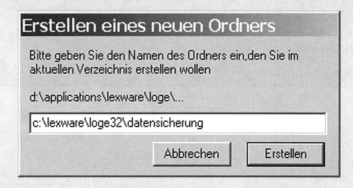

Nach der Bestätigung über die Schaltfläche „Erstellen" wird ein neues Verzeichnis als Unterverzeichnung zu „loge32" angelegt und das Programm verzweigt zurück in den Dialog „Datensicherung 1".

Über die Schaltfläche „Weiter >" rufen Sie den zweiten Dialog des Datensicherungs-Assistenten auf. Durch Bestätigung über die Schaltfläche „Sicherung" startet die Datensicherung.

Bei der Datensicherung werden alle Datendateien in eine Datei LG800_jjmmtt_hhmmss.zip komprimiert. Dieser Dateiname beinhaltet Jahr, Monat und Tag (jjmmtt) der Datensicherung sowie die Systemzeit bis zur Sekunde (hhmmss: Stunde, Minute, Sekunde). Nehmen Sie mehrmals eine Datensicherung auf das gleiche Medium oder in das gleiche Verzeichnis vor, erstellt Lexware lohn + gehalt/*plus* immer eine neue Sicherungsdatei mit fortlaufendem Datum bzw. Uhrzeit.

PRAXIS-TIPP

Für den Fall, dass eine Diskette zur Datensicherung nicht ausreicht, fordert Sie das Programm zum Einlegen weiterer Disketten auf.

Bei der Datensicherung wird der Abrechnungsstand der aktuellen Firma/des Mandanten vor dem Monatswechsel gesichert. Erst nach der Datensicherung wird der Monatswechsel durchgeführt.

PRAXIS-TIPP

Beachten Sie: Rechnen Sie mehrere Firmen oder Mandanten mit Lexware lohn + gehalt bzw. Lexware lohn + gehalt plus ab, wird bei jedem Monatswechsel eine Datensicherung über alle Firmen durchgeführt. Wird nach dem Monatswechsel von Firma A in Firma B gewechselt, die Abrechnung erstellt und anschließend die Datensicherung durchgeführt, ist in dieser Datensicherung der Stand von Firma A nach dem Monatswechsel und von Firma B vor dem Monatswechsel enthalten.

---

[4] Die Verzeichnisangabe ist ein Vorschlag und kann von den Gegebenheiten auf Ihrem Rechner abweichen.

Monatswechsel und Korrekturen in Vormonaten

Nach der Datensicherung wird der aktuelle Monat für die aktuelle Firma abgeschlossen. Der Monatsabschluss wird durch einen entsprechenden Hinweis dokumentiert.

Änderungen an Stammdaten, Bezügen, Fehlzeiten etc. sind in einem abgeschlossenen Monat nur noch im Korrekturmodus möglich.

Wenn Sie die Datenbestände regelmäßig durch ein externes Sicherungssystem (z. B. Bandlaufwerk) sichern, können Sie die Datensicherung in Lexware lohn + gehalt vor dem Monatswechsel ausschalten. Über die Menüfunktion „EXTRAS/OPTIONEN ..." rufen Sie die Funktionskarte „Allgemeines" auf.

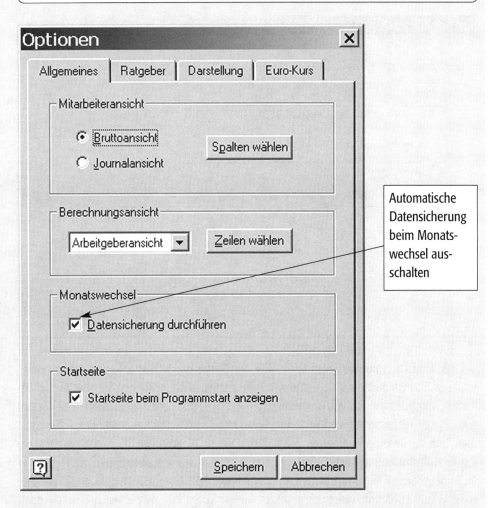

Durch das Entfernen der Option „Datensicherung durchführen" schalten Sie die automatische Datensicherung vor dem Monatswechsel aus.

Monatswechsel und Korrekturen in Vormonaten

Sie sollten die Datensicherung nur dann ausschalten, wenn ein regelmäßiges anderes Sicherungskonzept vorliegt. Das Sicherungskonzept sollte so ausgelegt sein, dass die Daten für das gesamte Jahr reproduzierbar sind.

Ist die automatische Datensicherung beim Monatsabschluss ausgeschaltet, besteht weiterhin die Möglichkeit, eine Datensicherung über die Menüfunktion „DATEI/DATENSICHERUNG/SICHERUNG ..." vorzunehmen. Auch bei einem externen Sicherungskonzept sollten Sie einen regelmäßigen Sicherungslauf mit der Lexware Datensicherung durchführen.

Rücksetzen des Monatswechsels

Haben Sie den Monatswechsel versehentlich durchgeführt und müssen noch weitere Abrechnungen für den bereits abgeschlossenen Monat vorgenommen werden, können Sie den Monatsabschluss rückgängig machen. Über die Menüfunktion „DATEI/DATENSICHERUNG/ RÜCKSICHERUNG ..." haben Sie die Möglichkeit, den Stand vor dem Monatsabschluss wiederherzustellen.

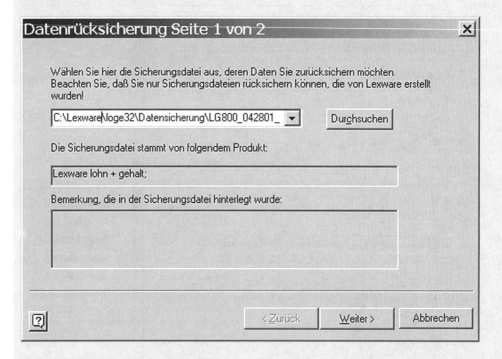

Bei der Rücksicherung wird standardmäßig der Name der letzten Datensicherung vorgeschlagen. Soll ein anderer Datenstand wiederhergestellt werden, können Sie über die Schaltfläche „Durchsuchen" das Verzeichnis und den gewünschten Dateinamen auswählen. Datum und Uhrzeit der Sicherung sind Bestandteil des Dateinamens. Nach Auswahl der Sicherungsdatei und der Bestätigung über die Schaltfläche „Weiter >" gelangen Sie in den zweiten Dialog des „Rücksicherungs-Assistenen". In diesem Dialog werden nocheinmal die Daten der Sicherungsdatei – Programm, Datum, Uhrzeit – dargestellt. Über die Schaltfläche „Rücksicherung" wird die Datenrücksicherung gestartet. Bei der Rücksicherung werden alle bestehenden Daten durch die Informationen der Sicherungsdatei ersetzt. Alle zwischenzeitlich durchgeführten Ergänzungen oder Änderungen gehen verloren.

Monatswechsel und Korrekturen in Vormonaten

> *Wenn Sie mehrere Firmen mit Lexware lohn + gehalt/plus abrechnen, wird beim Monatsabschluss bzw. bei der Datensicherung immer der aktuelle Stand über alle Firmen gesichert. Haben Sie zwischen Monatsabschluss und Rücksicherung bereits andere Firmen bearbeitet, werden diese Änderungen durch die Rücksicherung überschrieben. Auch alle zwischenzeitlich durchgeführten Änderungen in der aktuellen Firma gehen durch die Rücksicherung verloren. Arbeiten Sie mit Lexware financial office, wird bei der Datensicherung der vollständige Datenbestand über buchhalter, faktura und lohn + gehalt gesichert. Entsprechend wird bei einer Rücksicherung der gesicherte Stand in allen drei Applikationen hergestellt. Zwischenzeitliche Änderungen in buchhalter oder faktura gehen verloren.*

Eine Datenrücksicherung sollte nur durchgeführt werden, wenn ein Notfall (bei Datenverlust) vorliegt oder wenn seit der letzten Sicherung keine weiteren Arbeiten mit Lexware lohn + gehalt *plus* durchgeführt wurden.

Verbuchung der Abrechnungsbelege in Lexware buch*halter*

Lexware financial *office* bietet die Möglichkeit, nach der Datensicherung und vor dem Monatswechsel die Buchungsliste automatisch an das Modul Lexware buch*halter* zu übertragen. Vor dem ersten Monatswechsel erfolgt die Abfrage, ob die Buchungsdaten zukünftig automatisch übertragen werden sollen.

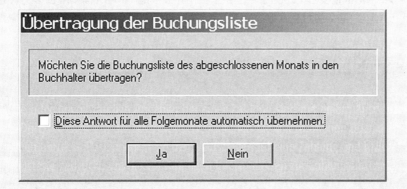

Wird diese Option gewählt, stellt Lexware lohn + gehalt/*plus* beim Monatwechsel einen zusätzlichen Dialog für die Auswahl des Buchungsdatums und des Belegnummernkreises zur Verfügung.

Monatswechsel und Korrekturen in Vormonaten

Soll die Übergabe der Buchungsliste an das Modul buch*halter* nicht automatisch erfolgen, besteht die Möglichkeit, über den Menüpfad „EXTRAS/BUCHUNGSLISTE ÜBERTRAGEN ..." die Lohnbuchungen manuell zu übergeben. Vor der Übergabe empfiehlt es sich, über die Menüfunktion „Bericht" einen Ausdruck der Buchungsliste zu erstellen. Nach der Übertragung an das Modul buch*halter* stehen die Daten zunächst in der Zwischenablage „Heute zu tun". Über das Ausführen der Aktion „Sammelbuchung vom [Datum] : Lexware lohn + gehalt" werden die Daten an den Buchungsstapel übergeben. Über den Menüpfad „BUCHEN/STAPEL AUSBUCHEN" lassen sich die Belege aus Lexware lohn + gehalt auf die Finanzkonten verbuchen.

6.2 Korrekturen in abgeschlossenen Monaten

Abgeschlossene Monate werden in der Bruttoansicht des Mitarbeiters hellgrau dargestellt. Der aktuelle Monate ist farbig (im Standard grün) hinterlegt.

2003	Laufendes Arbeitsentgelt	Einmalzahlung	VWL	Geldwerter Vorteil	Netto Be- und Abzüge	Dienstwagen	Direktversicherung	Summe
Jan	2.331,00	2.200,00	14,00					4.545,00
Feb	2.331,00		14,00					2.345,00
Mär	2.331,00		14,00					2.345,00
Apr	2.331,00		14,00					2.345,00
Mai	2.331,00	2.200,00	14,00					4.545,00
Jun								
Jul								
Aug								
Sep								
Okt								
Nov								
Dez								
Summe	11.655,00	4.400,00	70,00					16.125,00

Monatswechsel und Korrekturen in Vormonaten

Änderungen in abgeschlossenen Monaten können nur über den Korrekturmodus vorgenommen werden. Sollen Stamm- oder Abrechnungsdaten in einem bereits abgeschlossenen Monat korrigiert werden, müssen Sie zunächst die Bruttoansicht für den zu korrigierenden Arbeitnehmer öffnen. Über die Menüfunktion „DATEI/MITARBEITER ÖFFEN …" können Sie per doppelten Mausklick auf den Mitarbeiternamen die Bruttoansicht auswählen. Mithilfe der Menüfunktion „BEARBEITEN/KORREKTURMODUS …" wählen Sie den Monat aus, der korrigiert werden soll. Es werden nur bereits abgeschlossene Monate zur Korrektur angeboten.

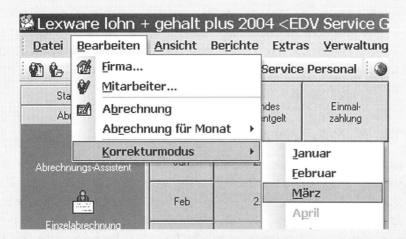

Nach einer Sicherheitsabfrage werden die grau dargestellten Eingabefelder zur Bearbeitung geöffnet. Sie können Stammdaten des Mitarbeiters, Abrechnungsdaten, Fehlzeiten oder Vorträge ändern. Im Standard sind die Lohnangaben für den Mitarbeiter zur Korrektur freigeben und die zu ändernden Werte lassen sich direkt eingeben.

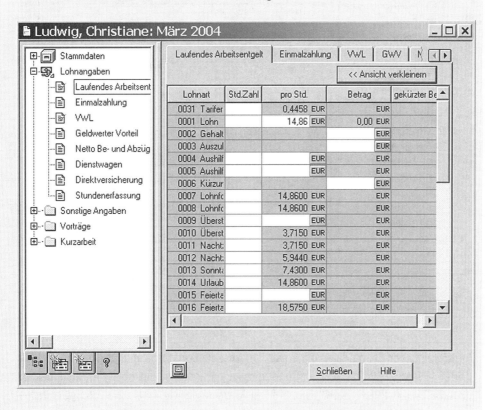

Monatswechsel und Korrekturen in Vormonaten

Einen Wert in einem Tabellenfeld können Sie löschen, indem Sie das Tabellenfeld einmal mit der Maus aktivieren und die <Entf>-Taste (bzw. <DEL>-Taste) drücken. Nachdem Sie die Eingabe durch Anklicken der Schaltfläche „Schließen" beendet haben, verlässt Lexware lohn + gehalt/*plus* den Korrekturmodus und die geänderte Berechnung des korrigierten Monats wird in der Bruttoansicht dargestellt. Eine Neuberechnung mit den korrigierten Werten findet automatisch beim Schließen des Korrekturmodus statt.

> **PRAXIS-TIPP**
>
> *Im Korrekturmodus sind neue „richtige" Werte und keine Differenz- oder Korrekturwerte anzugeben. Der Korrekturmodus ermittelt selbständig die Differenz zur ursprünglichen Eingabe und weist diese im aktuellen Abrechnungszeitraum aus. Zusätzlich wird eine Korrekturabrechnung für den korrigierten Monat erstellt.*

6.2.1 Korrektur von Stammdaten

Die Stammdaten des Arbeitnehmers werden zusammen mit den Abrechnungsdaten monatlich gespeichert. Entsprechend sind bei Änderungen der persönlichen Daten in bereits abgeschlossenen Monaten die Stammdaten im Korrekturmodus zu ändern. Möchten Sie Stammdaten für mehrere zurückliegende Monate ändern, öffnen Sie jeden einzelnen Monat über den Korrekturmodus und erfassen die geänderten Daten. Eine Neuberechnung mit den korrigierten Werten findet automatisch beim Schließen des Korrekturmodus statt.

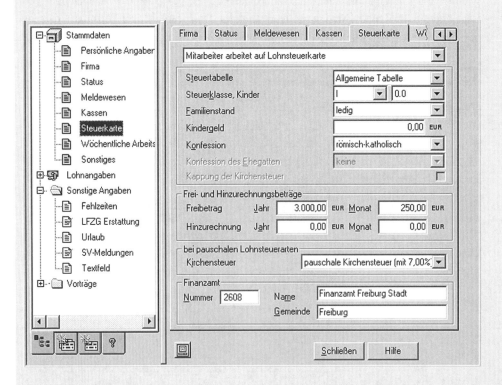

Zur Korrektur von Stammdaten öffnen Sie zunächst die Bruttoansicht über die Menüfunktion „DATEI/MITARBEITER ÖFFNEN …" und verzweigen anschließend über die Menüfunktion „BEARBEITEN/KORREKTURMODUS …" in die Korrekturansicht. Über einen doppelten Maus-

Monatswechsel und Korrekturen in Vormonaten

klick auf das Wort „Stammdaten" in der linken Fensterhälfte öffnet sich die Stammdatenübersicht für den aktuell zu korrigierenden Monat.

Möchten Sie beispielsweise die Steuerdaten korrigieren, klicken Sie mit der Maus in der Baumstruktur (linke Dialoghälfte) auf das Wort „Steuerkarte". Nach Eingabe der geänderten Daten und der Bestätigung über die Schaltfläche „Schließen" wird automatisch eine Neuberechnung für den geänderten Monat durchgeführt.

Führen Stammdatenänderungen zu Änderungen in der Entgeltabrechnung, erfolgt eine Verrechnung im aktuellen Abrechnungsmonat. Erfolgt beispielsweise eine Korrektur der Lohnsteuerklasse im Abrechnungsmonat Mai für April, wird die erhöhte oder verringerte Lohnsteuer auf der Entgeltabrechnung im Monat Mai verrechnet und ausgewiesen. Für April wird automatisch zusätzlich eine Korrekturabrechnung erstellt (Entgeltnachweis, Lohnkonto etc). Die Korrekturausdrucken können Sie über die Menüfunktion „Berichte" oder über den Abrechnungs-Assistenten erstellen. In der Berichtsfunktion besteht die Möglichkeit einer Seitenansicht bzw. Druckvorschau. Nach Auswahl des „Berichts" (z. B. Lohnabrechnung) sowie des Mitarbeiters lässt sich über die Schaltfläche „Vorschau" eine Druckvorschau erstellen.

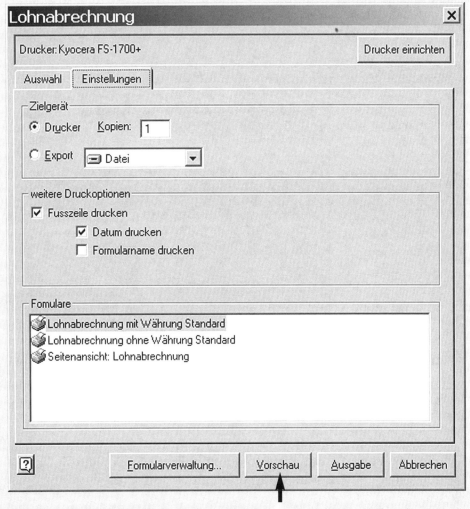

In der Seitenansicht lässt sich über die Menüfunktion „Nächste Seite" zwischen den Seiten in der Druckvorschau blättern.

Monatswechsel und Korrekturen in Vormonaten

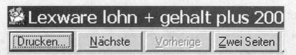

Die sich aus Korrekturen ergebenden Nachzahlungen oder eine rückwirkende Kürzung der Auszahlung werden automatisch im Zahlungsverkehr des aktuellen Abrechnungsmonats berücksichtigt. Führt die Stammdatenänderung rückwirkend zu geänderten Beiträgen zu den Sozialversicherungen, werden Nachzahlungen oder Erstattungen mit den Beiträgen des aktuellen Abrechnungszeitraums verrechnet. Ein gesonderter Ausweis findet nicht statt, das heißt, es wird kein korrigierter Beitragsnachweis erstellt. Der Umfang der Korrekturen (Nachzahlung/Erstattung) ist aus der Beitragsabrechnung ersichtlich. Die Beitragsabrechnung lässt sich über die Menüfunktion „BERICHTE/BEITRAGSABRECHNUNG ..." aufrufen. Es ist die Krankenkasse zu wählen, bei der der korrigierte Mitarbeiter krankenversichert ist. Für privat versicherte Mitarbeiter ist die Krankenkasse zu wählen, an welche die Beiträge zur Renten- und Arbeitslosenversicherung geleistet werden. Diese Angaben können den Stammdaten des Mitarbeiters oder dem Personalstammblatt entnommen werden.

Führen Stammdatenänderungen zu meldepflichtigen Tatbeständen (z. B. Namensänderung nach Hochzeit), generiert das System im aktuellen Monat die entsprechende Änderungsmeldung.

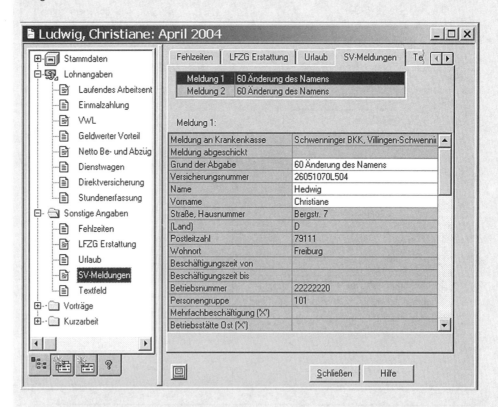

Sie können die Meldungen über die Menüfunktion „BERICHTE/SV-MELDUNGEN ..." oder über den Abrechnungs-Assistenten mit der Option „SV-Meldungen (falls erforderlich)" ausdrucken.

Monatswechsel und Korrekturen in Vormonaten

6.2.2 Korrektur von Lohnangaben

Zur Korrektur von Lohnangaben eines Mitarbeiters öffnen Sie zunächst die Bruttoansicht über die Menüfunktion „DATEI/MITARBEITER ÖFFNEN ..." und wählen den zu korrigierenden Arbeitnehmer per doppelten Mausklick aus. Anschließend können Sie über die Menüfunktion „BEARBEITEN/KORREKTURMODUS ..." in die Korrekturansicht verzweigen. Per Mausklick auf die Lohnartenklasse (Laufendes Arbeitsentgelt, Einmalzahlungen, VWL etc.) in der linken Dialoghälfte öffnet sich das Eingabefenster für den aktuell zu korrigierenden Monat.

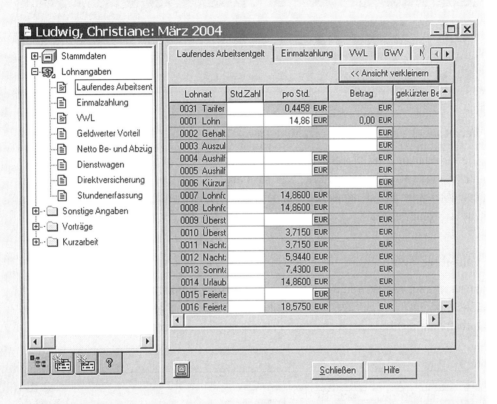

Fehlende Lohnangaben lassen sich nachträglich erfassen. Wurden falsche Beträge bei einzelnen Lohnarten eingetragen, können diese durch einfaches Anklicken mit der Maustaste und Drücken der Taste „Entf" gelöscht werden. Bei Nachzahlungen oder Überzahlungen ist der eigentlich korrekte Betrag anzugeben – nicht etwa nur die Nachzahlung oder Überzahlung. Sollen Nachzahlungen auf eigens angelegte Lohnarten gebucht werden, sind diese zuvor über die Menüfunktion „VERWALTUNG/LOHNARTEN ..." im System anzulegen.

Nach Bestätigung der Eingabe durch Anklicken der Schaltfläche „Schließen" wird die Neuberechnung angestoßen. Zu viel bzw. zu wenig bezahlte gesetzliche Abzüge des Mitarbeiters werden im aktuellen Monat automatisch netto verrechnet und als Korrektur ausgewiesen. Jede Korrektur, die Auswirkungen auf die Berechnung hat, wird zusätzlich im Lohnkonto eindeutig dokumentiert. Im Lohnjournal des Korrekturmonats werden außerdem die ursprünglichen und die aktuellen Abrechnungsdaten dargestellt. Lohnkonto und Lohnjournal lassen sich über die Menüfunktion „BERICHTE/LOHNKONTO ..." bzw. BERICHTE/LOHNJOURNAL..." auswählen.

Monatswechsel und Korrekturen in Vormonaten

Wurden zwischen dem korrigierten und dem laufenden Monat Einmalzahlungen (sonstige Bezüge) abgerechnet, kann die Korrektur auch zu Korrekturen der folgenden Monate führen. Diese Nachberechnung wird von Lexware lohn + gehalt/*plus* automatisch durchgeführt, die Korrekturausdrucke werden zusätzlich beim nächsten Start des Abrechnungs-Assistenten zur Verfügung gestellt. Müssen durch Korrekturen weitere Monate aufgerollt werden, wird folgender Hinweis ausgegeben:

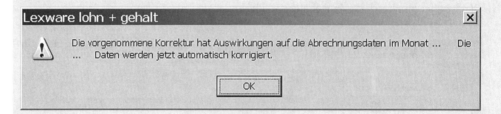

Verrechnung von Über-/Unterzahlungen

Die Verrechnung von Überzahlungen oder Fehlbeträgen erfolgt in der Abrechnung des Korrekturmonats als steuerfreier Abzug bzw. steuerfreier Bezug. Die berichtigten Ausdrucke für den Mitarbeiter, die Krankenkasse und das Finanzamt werden im Abrechnungs-Assistenten zur Verfügung gestellt.

Lohnabrechnung

Ergibt sich aus Korrekturen eine Änderung des Auszahlungsbetrags, werden diese im Block „Netto-Bezüge/Netto-Abzüge" des aktuellen Entgeltbelegs ausgewiesen. Der Netto-Korrekturbetrag wird entsprechend dem Auszahlungsbetrag hinzugerechnet oder abgezogen.

Aufgelaufene Jahreswerte		Nr.	Netto - Bezüge / Netto - Abzüge	Netto - Verdienst
Gesamt - Brutto	Steuer - Brutto			1.883,09 EUR
8.810,92 EUR	8.674,92 EUR	9024	VWL 1 Überweisung	-40,00 EUR
Lohnsteuer	Kirchensteuer	9081	Korrektur aus Januar	-386,18 EUR
1.048,23 EUR	83,85 EUR	9083	Korrektur aus März	1.826,92 EUR
SolZ				
42,34 EUR				
KV / PV- Brutto	RV / AV- Brutto			
8.564,46 EUR	8.674,92 EUR			
KV- Beitrag	PV- Beitrag			
595,23 EUR	72,81 EUR			
RV- Beitrag	AV- Beitrag			Summe Netto Be-/Abzüge
845,82 EUR	281,95 EUR		Bank: Commerzbank Freiburg	1.400,74 EUR
VWL - Gesamt	Direktversicherung		BLZ: 68040007	Auszahlung
160,00 EUR	0,00 EUR		Kto.-Nr.: 34544702	
Auszahlung				3.283,83 EUR
5.680,69 EUR				

Beitragsnachweis

Nachzahlungen oder Erstattungen aus Korrekturen werden mit dem Beitragsnachweis des aktuellen Monats verrechnet. Ein korrigierter Beitragsnachweis wird nicht erstellt. Der Umfang der Korrekturen bzw. die Verrechnungsbeträge können aus der Beitragsabrechnung entnommen werden. Die Beitragsabrechnung lässt sich über den Menüpfad „BERICHTE/BEITRAGSABRECHNUNG …" erstellen.

Monatswechsel und Korrekturen in Vormonaten

Lohnsteueranmeldung

Lohnsteuernachzahlungen oder Erstattungsansprüche ergeben sich aus einer korrigierten Lohnsteueranmeldung. Es erfolgt keine automatische Verrechnung mit der aktuellen Lohnsteuerverbindlichkeit. Lexware lohn + gehalt/*plus* erstellt eine korrigierte Lohnsteueranmeldung, die dem Finanzamt einzureichen ist. Über einen Parameter im Registrierungseditor kann die Verrechnung beim Zahlungsverkehr gesteuert werden. Möglich sind keine Verrechnung, die Verrechnung nur von Nachzahlungen, alle Verrechnungen berücksichtigen.

Lohnkonto

Alle Korrekturen führen zu einem Ausweis in einer zusätzlichen Spalte im Lohnkonto. Das Lohnkonto zeigt neben den korrigierten Werten den Monat, in dem korrigiert wurde, und welcher Monat korrigiert wurde.

Korrekturausdrucke

Durch die Korrektur von Bezügen ergibt sich in der Regel eine andere Basis für die Lohnsteuerberechnung und die Ermittlung der Beiträge zu den Sozialversicherungen. Entsprechend werden bei einer Korrektur von Lexware lohn + gehalt/*plus* folgende Korrekturausdrucke automatisch erstellt:

- Abrechnung der Brutto-Netto-Bezüge (Korrekturabrechnung)
- Lohnsteueranmeldung (Ausweis 1 in Zeile 14 Feld 10)
- Beitragsnachweis (nur für Korrekturen im Vorjahr und bei der Märzklausel)
- Beitragsabrechnung (Es wird eine Stornobuchung ausgewiesen.)
- Lohnkonto des Mitarbeiters (Es wird eine Spalte hinzugefügt.)
- Lohnjournal (Der geänderte Mitarbeiter wird mit einem Stern gekennzeichnet.)
- Buchungsliste (Ursprüngliche Buchungen werden storniert und neu eingebucht.)
- Zahlungsliste

Der Korrekturbeitragsnachweis für abgelaufene Kalenderjahre enthält nur die Differenz zum ursprünglich eingereichten Beitragsnachweis. Ergeben sich durch Korrekturen im Vorjahr zusätzliche Beiträge zur Kranken-, Renten-, Arbeitslosen- und Pflegeversicherung, ist auf dem Korrekturbeitragsnachweis nur die Nachzahlung ausgewiesen.

Korrektur von Krankenkassenbeiträgen

Müssen die Krankenkassenbeitragssätze für Zeiträume die bereits abgeschlossen sind, korrigiert werden, hat dies Auswirkungen auf die gesamte Entgeltabrechnung und die zugehörigen Belege. Für die Korrektur von Angaben zu den Krankenkassen stellt Lexware lohn + gehalt/*plus* einen Korrektur-Assistenten zur Verfügung.

Die Angaben zu den Krankenkassen lassen sich über den Menüpfad „VERWALTUNG/KRANKENKASSEN …" aufrufen. In der Krankenkassenübersicht ist zunächst die zu ändernde Krankenkasse in der linken Dialoghälfte per Mausklick auszuwählen. Anschließend kann per Mausklick auf den Karteikartenreiter „Beitragssätze" in die Übersicht der Kassenbeiträge gewechselt werden. Tragen Sie den neuen bzw. den geänderten Beitrag mit dem (rückwirkenden) Gültigkeitsdatum in eine neue Zeile ein.

Monatswechsel und Korrekturen in Vormonaten

> *Beachten Sie: Bestehende Einträge dürfen nicht gelöscht oder geändert werden. Die gespeicherten Einträge sind für Korrekturen relevant.*

Liegt das „Gültig ab" Datum für mindestens eine Firma/einen Mandant in einem abgeschlossenen Abrechnungszeitraum, wird der Korrektur-Assistent von Lexware lohn + gehalt angestoßen.

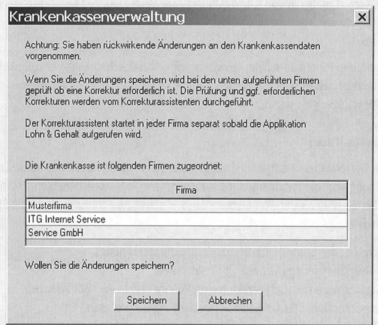

Der Korrektur-Assistent prüft, ob und in welchen Firmen/Mandanten von Lexware lohn + gehalt/*plus* die korrigierte Krankenkasse verwandt wurde. Die zu korrigierenden Firmen werden in einer Übersicht dargestellt. Mit der Bestätigung über die Schaltfläche „Speichern" wird der erste Dialog des Korrektur-Assistenten aufgerufen.

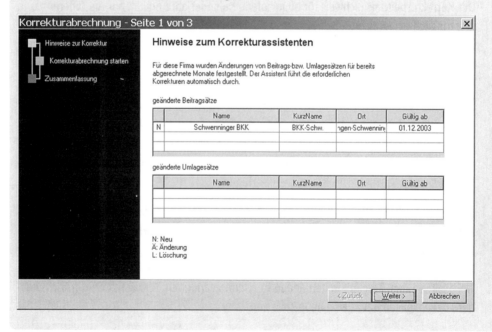

Monatswechsel und Korrekturen in Vormonaten

Die Krankenkasse(n) mit einem rückwirkend geltenden Beitragssatz wird nochmals in der Übersicht dargestellt. Mit der Bestätigung über die Schaltfläche „Weiter >" gelangen Sie in den zweiten Dialog des Korrektur-Assistenten. Bestätigen Sie die Korrekturen über die Schaltfläche „Start", wird die Korrektur für alle Mitarbeiter, die bei dieser Kasse versichert sind, durchgeführt. Über die Schaltfläche „Weiter >" gelangen Sie nach der Korrekur in den dritten Dialog des Korrektur-Assistenten. Über die Schaltfläche „Protokoll drucken" haben Sie die Möglichkeit, eine Übersicht über alle korrigierten Mitarbeiter zu erstellen.

Durch die Korrektur von Beitragssätzen ergibt sich in der Regel eine geänderte Basis für die Entgeltabrechnung. Entsprechend werden bei rückwirkend gültigen Beitragssätzen von Lexware lohn + gehalt/*plus* folgende Korrekturausdrucke für alle Mitarbeiter, die bei der „korrigierten" Kasse versichert sind, automatisch erstellt:

- Abrechnung der Brutto-Netto-Bezüge (Korrekturabrechnung)
- Beitragsnachweis (nur für Korrekturen im Vorjahr und bei der Märzklausel)
- Beitragsabrechnung (Es wird eine Stornobuchung „alt" ausgewiesen.)
- Lohnkonto des Mitarbeiters (Es wird für jeden korrigierten Monat eine Spalte hinzugefügt.)
- Lohnjournal (Der geänderte Mitarbeiter wird mit einem Stern gekennzeichnet.)
- Buchungsliste (Ursprüngliche Buchungen werden storniert und neu eingebucht.)
- Zahlungsliste

Krankenkassen stehen in Lexware lohn + gehalt/*plus* firmen- bzw. mandantenübergreifend zur Verfügung. Das heißt, eine Krankenkasse muss nur einmal im System angelegt werden und ist für mehrere Firmen/Mandanten nutzbar. Werden in einer Firma/einem Mandant die Angaben einer Krankenkasse geändert, hat dies Auswirkungen auf alle Firmen in denen die Krankenkasse zugeordnet wurde. Entsprechend startet der „Korrektur-Assistent" von Lexware lohn + gehalt/*plus* nach einer Änderung, sobald in eine andere Firma gewechselt wird. Der Wechsel zwischen den Firmen ist über den Menüpfad „DATEI/FIRMA WECHSEL ..." möglich.

Unterdrückung der Korrekturbuchungen

Über eine Systemeinstellung lassen sich die Buchungssätze für „Korrektur" (Storno) und „Berichtigt" (Buchung nach Korrektur) unterdrücken. In der Buchungsliste wird nur der Netto-Korrekturbetrag (Netto-Bezug/Netto-Abzug) berücksichtigt. Zur Unterdrückung der Korrekturbuchungen ändern Sie einen Startparameter von Lexware lohn + gehalt/*plus*. Die entsprechende Einstellung können Sie mit dem Lexware Registrierungseditor vornehmen. Um Startparameter ändern zu können, muss das Programm geschlossen sein. Gehen Sie wie folgt vor:

1. Klicken Sie mit dem Mauszeiger auf den Schaltknopf „Start" von Windows 95/98/2000/NT/XP und wählen die Option „Alle Programme".
2. Wählen Sie die Option „Lexware lohn + gehalt/*plus*" und anschließend die Unterfunktion „Zubehör" und darunter die Option „Lexware Registrierungseditor". Es wird folgender Dialog angezeigt.

Monatswechsel und Korrekturen in Vormonaten

3. Klicken Sie mit dem Mauszeiger doppelt auf den Ordner „Lexware" in der linken Fensterhälfte. Daraufhin wird eine Baumstruktur und ein weiterer Ordner „Lexware lohn + gehalt" dargestellt.

4. Klicken Sie doppelt auf den Ordner „Lexware lohn + gehalt".

   Die Baumstruktur erweitert sich erneut.

5. Wählen Sie durch einen Klick mit dem Mauszeiger den Ordner „Optionen" aus.

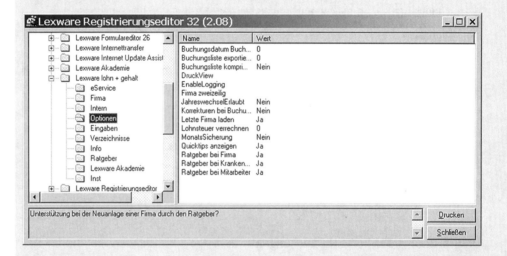

6. In der rechten Dialoghälfte wird die Option „Korrekturen bei Buchungsliste unterdrücken" dargestellt. Klicken Sie doppelt mit dem Mauszeiger auf diese Option. Es öffnet sich ein weiterer Dialog mit dem Startparameter.

7. Wählen Sie mit dem Mauszeiger die Option „Korrekturen bei Buchungsliste unterdrücken" aus.

Monatswechsel und Korrekturen in Vormonaten

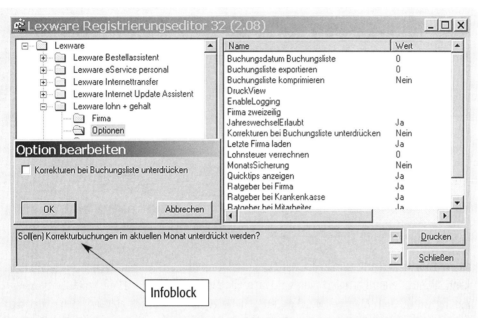

Infoblock

8. Bestätigen Sie den Eintrag durch einen Mausklick auf die Schaltfläche „OK".
9. Schließen Sie den Lexware Registrierungseditor durch einmaliges Anklicken der Schaltfläche „Schließen".

> *Über die Option „Lohnsteuer verrechnen" können Sie im Registrierungseditor festlegen, wie Nachzahlungen oder Überzahlungen behandelt werden sollen. Wählen Sie die Option 0, wenn alle Nachzahlungen und Erstattungen im Zahlungsverkehr berücksichtigt werden sollen. Mit der Option 1 werden nur die Nachzahlungen automatisch bei Überweisungen an das Finanzamt berücksichtigt. Die Option 2 verhindert eine Berücksichtigung beim Zahlungsverkehr. Diese Optionen sind nur relevant, wenn die Lohnsteuerzahlungen über den Zahlungsverkehr abgewickelt werden.*

PRAXIS-TIPP

Korrektur in Vorjahren

Wurden bereits mehrere Jahre mit Lexware lohn + gehalt/*plus* abgerechnet, besteht die Möglichkeit, Korrekturen bis in den April des Vorjahres vorzunehmen. Um Abrechnungsdaten im Vorjahr zu korrigieren, stellen Sie zunächst die Firmenaussicht in das vorangegangene Abrechnungsjahr um. Stellen Sie über den Menüpfad „ANSICHT/VORJAHR" für die aktuelle Firma die Darstellung auf das Vorjahr um. Zur Korrektur eines Mitarbeiters öffnen Sie anschließend über die Menüfunktion „DATEI/MITARBEITER ÖFFNEN..." und Auswahl des Mitarbeiternamens die Bruttoansicht. Bei geöffneter Bruttoansicht ist die Menüfunktion „BEARBEITEN/KORREKTURMODUS" freigegeben.

Korrigieren Sie im Januar des aktuellen Abrechnungsjahres einen Monat des Vorjahres, ergibt sich eine Besonderheit. Liegt die Lohnsteuerkarte des Vorjahres zum Zeitpunkt der Korrektur noch vor, können Sie den Bruttolohn und die steuerlichen Abzüge für das Vorjahr noch korrigieren. Aus diesem Grund wird im Abrechnungszeitraum Januar bei Korrekturen des Vorjahres die „Checkliste Korrektur Vorjahr" dargestellt.

Monatswechsel und Korrekturen in Vormonaten

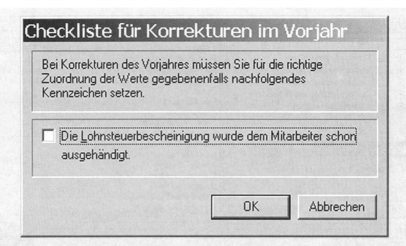

Ist die Lohnsteuerkarte zum Zeitpunkt der Korrektur schon an den Mitarbeiter ausgehändigt, kann sie nicht mehr korrigiert werden. Entsprechend ist die Option „Die Lohnsteuerbescheinigung wurde dem Mitarbeiter schon ausgehändigt" per Mausklick auszuwählen. Liegt die Lohnsteuerkarte noch vor, werden Korrekturen, die Auswirkungen auf die Lohnsteuerberechnung haben, bei der Erstellung der Lohnsteuerbescheinigung für das abgelaufene Jahr noch berücksichtigt. Wurde der Monatswechsel für Januar in den Februar bereits durchgeführt, kann keine korrigierte Lohnsteuerkarte für den Mitarbeiter erstellt werden. Die Verrechung der Korrekturen erfolgt im aktuellen Abrechnungsjahr und wird auf der Lohnsteuerkarte im Korrekturjahr nicht berücksichtigt. Entsprechend wird die Checkliste dann nicht zur Verfügung gestellt.

Wurde die Lohnsteuerkarte des Vorjahres dem Mitarbeiter noch nicht ausgehändigt, erfolgt beim Schließen des Korrekturmodus automatisch eine steuerliche Neuberechnung. Außerdem kann die aufgrund der Korrekturen geänderte Lohnsteuerbescheinigung für den Mitarbeiter sofort ausgegeben werden.

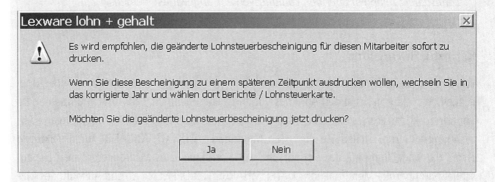

Soll die Bescheinigung erst zu einem späteren Zeitpunkt ausgedruckt werden, wählen Sie zunächst über die Menüfunktion „ANSICHT/VORJAHR" das korrigierte Jahr und drucken anschließend über die Menüfunktion „BERICHT/LOHNSTEUERBESCHEINIGUNG …/STANDARDFORMULAR …" den Steuerkartenaufkleber aus.

Bei Korrekturen im Vorjahr ergibt sich eine weitere Besonderheit für die Buchungsliste. Mit dem Jahresabschluss in der Finanzbuchhaltung werden auch die Aufwands- und Bilanzkonten abgeschlossen. Entstehen aus Korrekturen in der Lohnbuchhaltung Stornierungen bzw.

Monatswechsel und Korrekturen in Vormonaten

Umbuchungen nach dem Jahresabschluss, können diese nicht mehr verbucht werden. Die Korrekturen sind als Periodenabgrenzung zu buchen. Wird in Lexware lohn + gehalt/*plus* ein Monat im Vorjahr korrigiert, bestehen für die Buchungsliste drei zusätzliche Optionen.

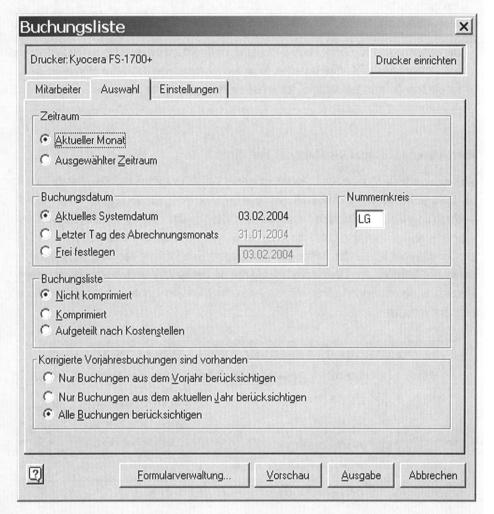

- Alle Buchungen berücksichtigen
  Wurde das Vorjahr in der Finanzbuchhaltung noch nicht abgeschlossen, können Sie die Korrekturbuchungen aus Lexware lohn + gehalt im Vorjahr noch verbuchen. Entsprechend ist die Option „Alle Buchungen berücksichtigen" – inklusive der Korrekturen im Monat des Vorjahres – auszuwählen.

- Nur Buchungen aus dem aktuellen Jahr berücksichtigen
  Ist die Finanzbuchhaltung des Vorjahres zum Zeitpunkt der Korrektur in der Lohnbuchhaltung bereits abgeschlossen, können Sie die Korrekturen nur noch im aktuellen Jahr buchen. Aus diesem Grund besteht die Möglichkeit, die Korrekturbuchungen getrennt von den Buchungen des laufenden Abrechnungsmonats in einer Buchungsliste zusammenzufassen.

- Nur Buchungen aus dem Vorjahr berücksichtigen
  Mit dieser Option lassen sich die Korrekturbuchungen für das Vorjahr separieren. Die Option ist das Gegenstück zu „Nur Buchungen aus dem aktuellen Jahr berücksichtigen".

Monatswechsel und Korrekturen in Vormonaten

Können die Korrekturbuchungen im Vorjahr nicht mehr gebucht werden, sind sie in der Regel auf andere Konten zu buchen. Es empfiehlt sich, die Buchungsliste mit den Korrekturbuchungen auszudrucken und manuell in der Finanzbuchhaltung mit geänderten Konten einzubuchen.

> *Die Optionen sind von besonderer Bedeutung, wenn Sie mit einem integrierten System wie Lexware financial office arbeiten. In diesen Systemen werden beim Monatswechsel die Lohnbuchungen automatisch an die Finanzbuchhaltung übergeben.*

Korrekturen für Januar bis März des Vorjahres

Sie können nur die Monate April bis Dezember des Vorjahres korrigieren. Die Monate Januar bis März stehen wegen der Märzklausel nicht zur Korrektur zur Verfügung. Würde durch Nachzahlungen in den Monaten Januar bis März des Vorjahres die anteilige Beitragsbemessungsgrenze überschritten, greift die Märzklausel und das zusätzliche Entgelt wäre im Dezember des vorausgehenden Jahres zu verbeitragen. Eine Prüfung der Jahresentgeltgrenze sowie das Aufrollen der Jahresentgeltmeldung und des Beitragsnachweises wären unumgänglich. Entsprechend stehen die Monate Januar bis März des Vorjahres im Korrekturmodus nicht zur Verfügung.

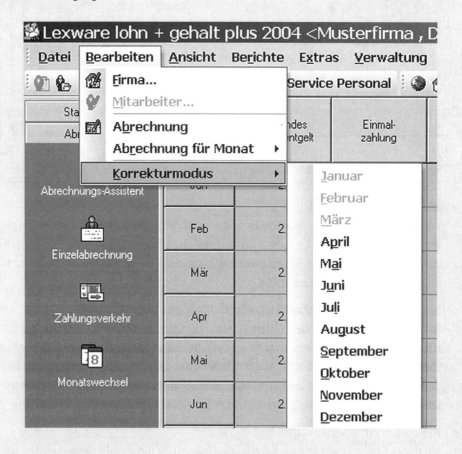

Monatswechsel und Korrekturen in Vormonaten

Σ Zusammenfassung

In diesem Kapitel haben Sie den Monatswechsel und den Korrekturmodus kennen gelernt.

- Die Lohn- und Gehaltsabrechnung für einen neuen Monat kann erst dann durchgeführt werden, wenn der abgerechnete Monat abgeschlossen ist. Der Monatsabschluss erfolgt über die Menüfunktion „EXTRAS/MONATSWECHSEL …".

- Beim Monatswechsel wird in der Standard- und *plus*-Version eine Datensicherung durchgeführt. Gesichert wird der vollständige Datenbestand über alle Firmen, Mitarbeiter und Abrechnungsdaten. Die automatische Datensicherung lässt sich über die Menüfunktion „EXTRAS/OPTIONEN …" ausschalten. Der komprimierte Datenbestand kann über eine Datenrücksicherung wieder eingelesen werden. In Lexware financial *office* wird eine Datensicherung über die Daten aller Module – buch*halter*, faktura und lohn + gehalt erstellt. Bei einer Datenrücksicherung wird der gesicherte Stand in allen drei Modulen wieder hergestellt. Zwischenzeitlich durchgeführte Buchungen, Fakturen oder Entgeltabrechnungen gehen verloren.

- Änderungen in abgeschlossenen Monaten können über den Korrekturmodus durchgeführt werden. Korrigieren lassen sich Stamm- und Bewegungsdaten, sonstige Angaben und Vorträge. Für Korrekturen ist zunächst die Bruttoansicht des zu korrigierenden Mitarbeiters zu öffnen.

- Korrekturen können zum Aufrollen der gesamten Monatsabrechnung führen. Werden für einen Mitarbeiter nachträgliche Bezüge eingetragen oder das Entgelt nachträglich gekürzt, müssen neben der Lohnabrechnung eine korrigierte Lohnsteueranmeldung, eine korrigierte Buchungsliste, unter Umständen ein korrigierter Beitragsnachweis sowie geänderte Zahlungs- und Stundenlisten erstellt werden.

- Wird die Korrektur für einen Zeitraum im Vorjahr vorgenommen, sind zusätzlich ein korrigierter Lohnsteuerkartenaufkleber zu erstellen, die geänderte Berufsgenossenschaftsliste zu drucken und das Lohnkonto für den Mitarbeiter neu zu erstellen. Außerdem können Korrekturen im Vorjahr zu geänderten Meldungen zur Sozialversicherung führen.

- Werden die Beitragssätze einer Krankenkasse korrigiert, erfolgt eine Korrektur über alle Firmen hinweg, bei denen Mitarbeiter mit der entsprechenden Krankenkasse erfasst wurden. Eine Korrektur der Entgeltabrechnungen, Beitragsnachweise und die Berücksichtigung im Zahlungsverkehr erfolgt automatisch.

- Alle Korrekturausdrucke werden automatisch im Abrechnungs-Assistenten zur Verfügung gestellt oder sie lassen sich über die Menüfunktion „Berichte" im aktuellen Abrechnungszeitraum erstellen. Eine Druckvorschau ist über die Menüfunktion „Berichte" über die Schaltfläche „Vorschau" möglich.

Monatswechsel und Korrekturen in Vormonaten

📖 Übung

1. Führen Sie für die Firma Service GmbH den Monatswechsel durch. Speichern Sie die Datensicherung auf der Festplatte im Verzeichnis:

   c:\lexware\loge32\daten\datensicherung

2. Führen Sie ohne weitere Entgeltabrechnungen den Monatswechsel vom Februar in den März durch.
   - Erfassen Sie für Herrn Bernhard Schuler einen geldwerten Vorteil für eine freie Wohnung in Höhe von 240 €.
   - Führen Sie einen weiteren Monatswechsel in den April durch und erfassen für Herrn Schuler das Urlaubsgeld in Höhe von 1.400 € als Einmalzahlung.
   - Führen Sie nun den Monatswechsel in den Monat Mai durch.

   Der geldwerte Vorteil im März wurde versehentlich eingetragen. Der Fehler wird erst im Mai entdeckt, der Monat März muss im Mai korrigiert werden.

3. Überprüfen Sie folgende Ausdrucke im Abrechnungsmonat Mai:
   - Lohnabrechnung
   - Lohnkonto
   - Beitragsabrechnung
   - Buchungsliste
   - Lohnsteueranmeldung

Lösungen

In diesem Kapitel finden Sie alle Lösungen zu den Übungen der Kapitel 1 bis 6.

✎ Lösung zu Übung 1

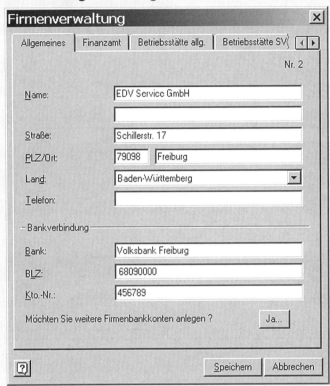

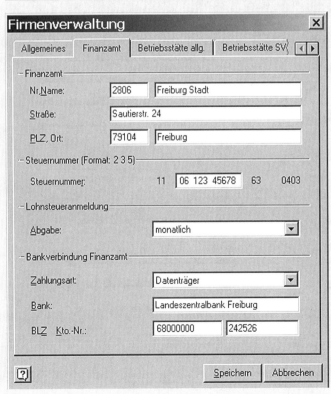

Lösung zu Übung 1

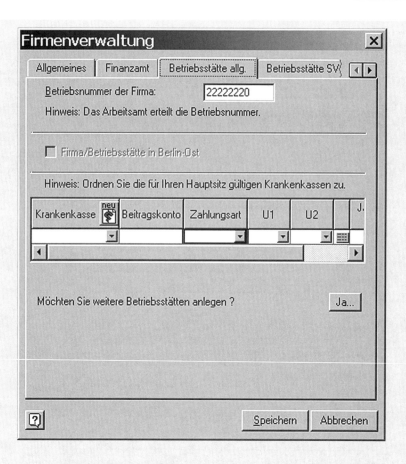

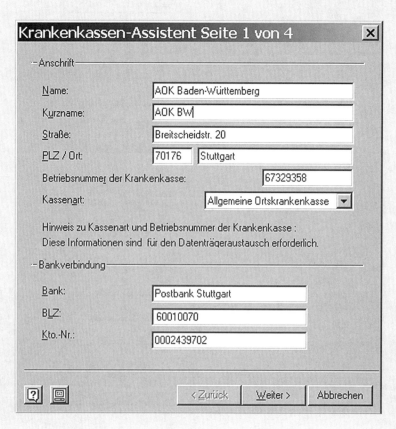

Lösungen Lexware lohn + gehalt

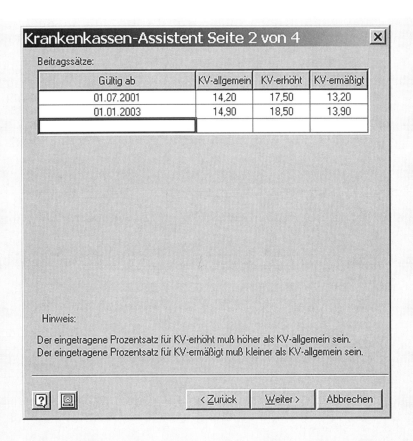

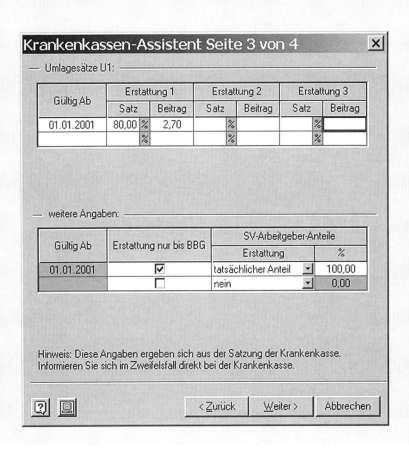

Lösung zu Übung 1

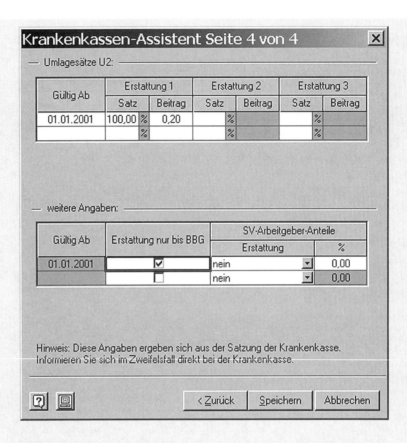

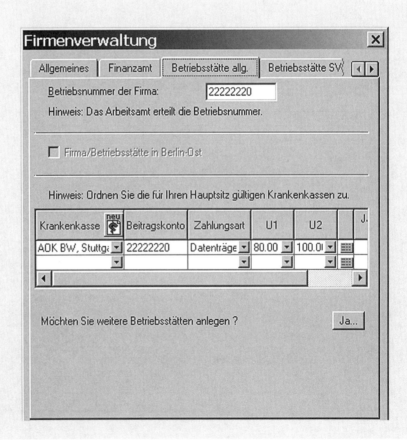

Lösungen Lexware lohn + gehalt

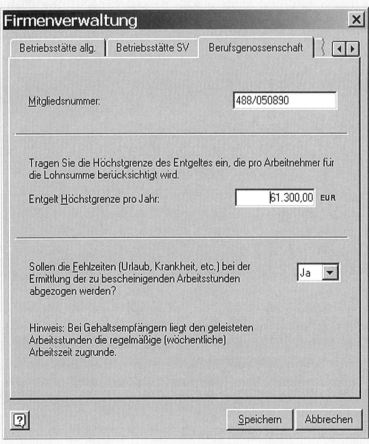

Lösung zu Übung 1

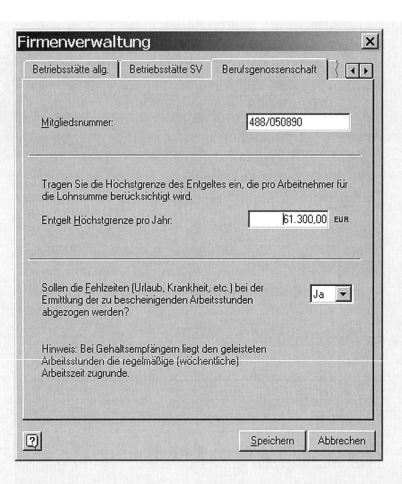

Lösungen Lexware lohn + gehalt

✎ Lösung zu Übung 2

Alle Mitarbeiter wurden in Lexware lohn + gehalt *plus* angelegt. Bei der Aushilfe (Jörg Waiblinger) wird davon ausgegangen, dass die sozialversicherungsrechtlichen Grenze von 400 Entgelt eingehalten wurde. Frau Fritz hat die Altersgrenze überschritten und ist in der Renten- und Arbeitslosenversicherung beitragsfrei – der Arbeitgeber bleibt jedoch beitragspflichtig. Außerdem unterliegt sie der Besonderen Lohnsteuertabelle.

Lösung Mitarbeiter 1

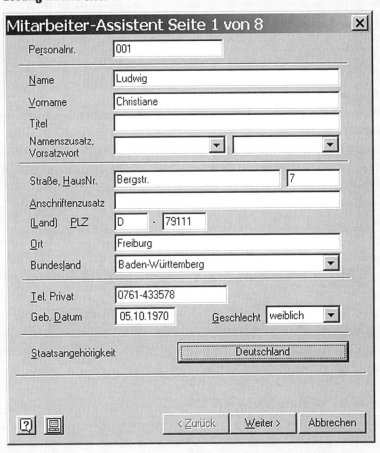

Lösung zu Übung 2

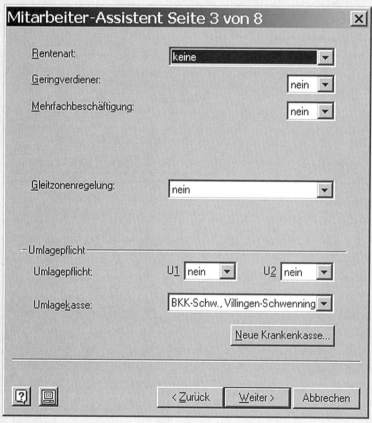

Lösung Mitarbeiter 1

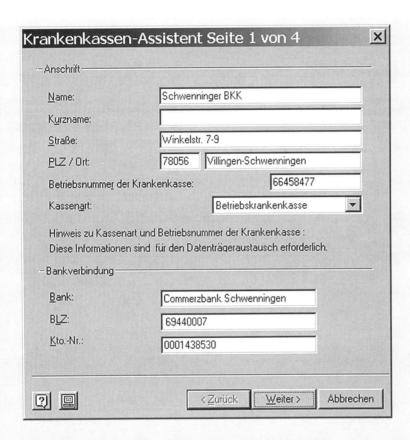

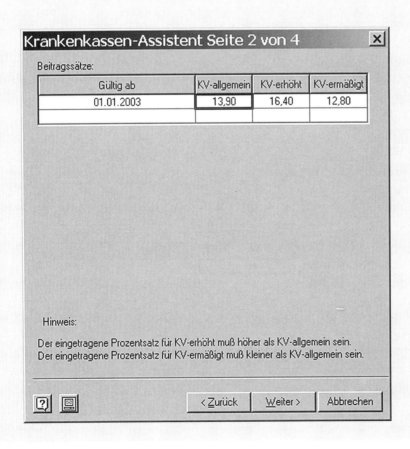

Lösung zu Übung 2

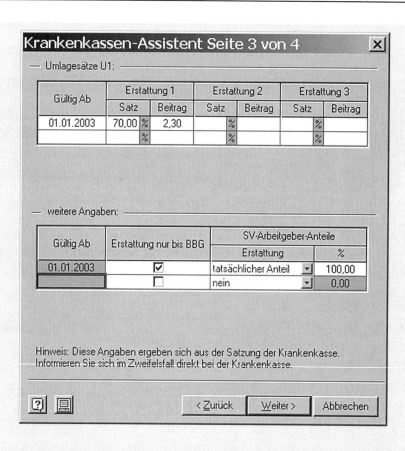

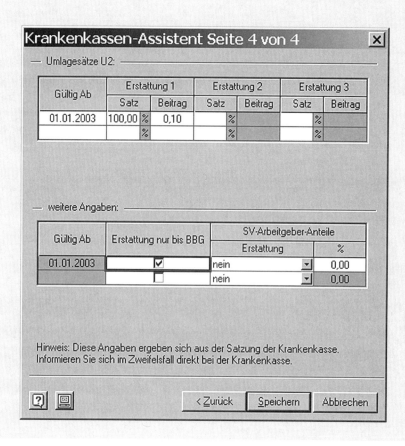

Lösung Mitarbeiter 1

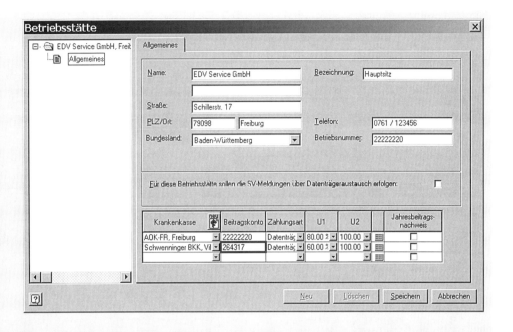

Lösung zu Übung 2

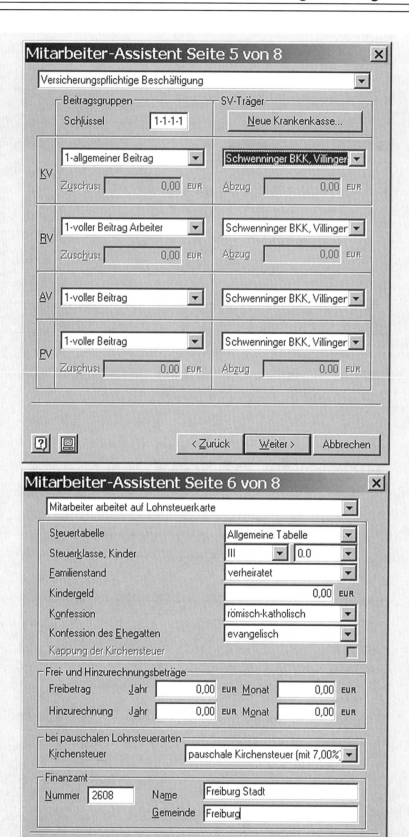

Lösung Mitarbeiter 1

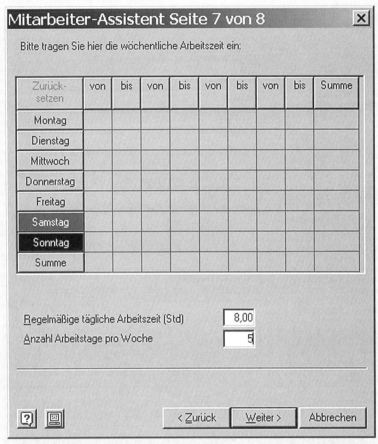

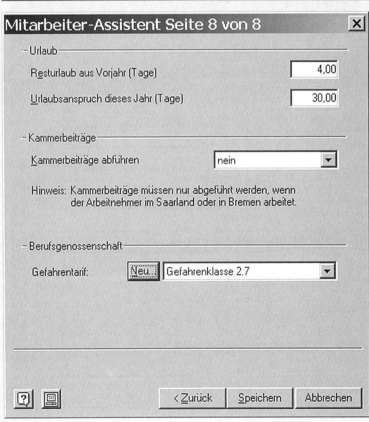

Lösung zu Übung 2

Lösung Mitarbeiter 2

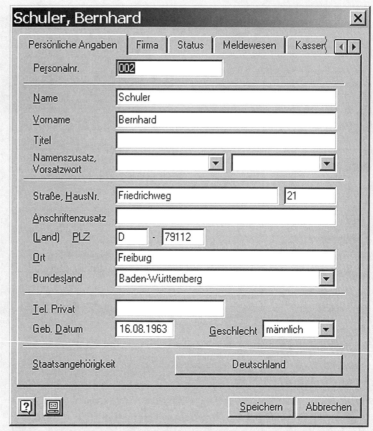

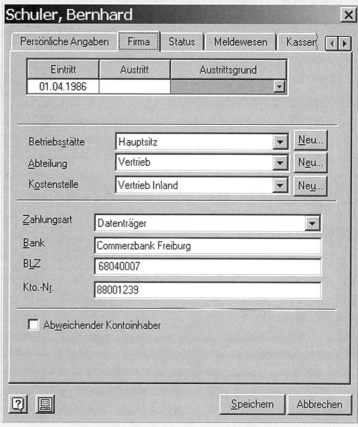

Lösung Mitarbeiter 2

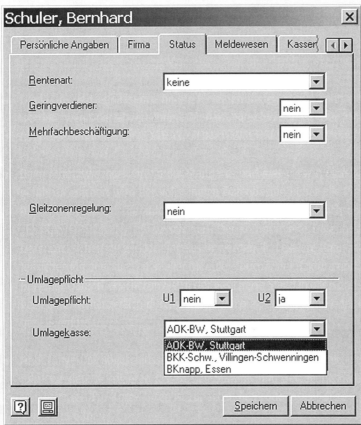

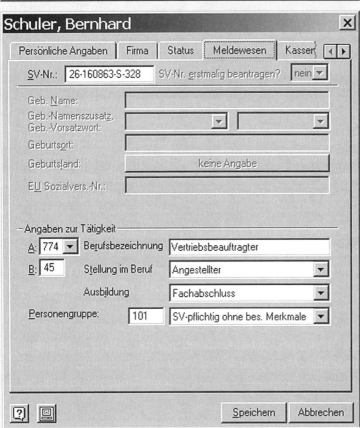

Lösung zu Übung 2

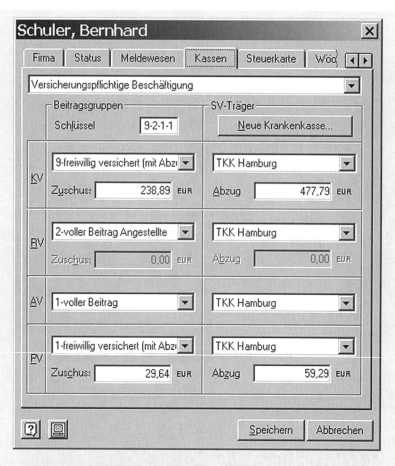

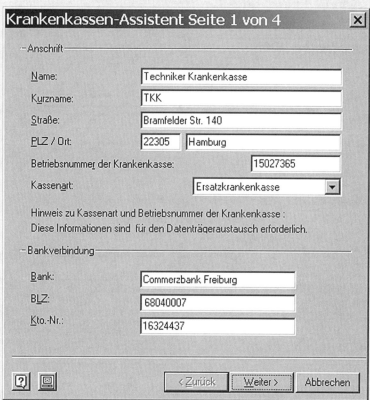

Lösung Mitarbeiter 2

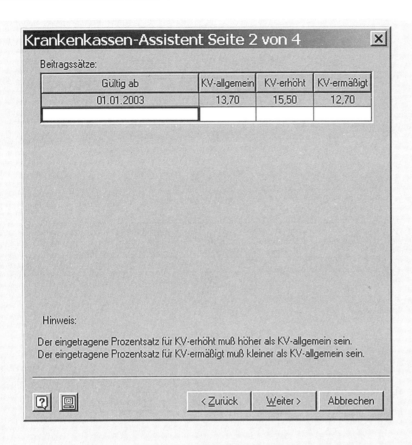

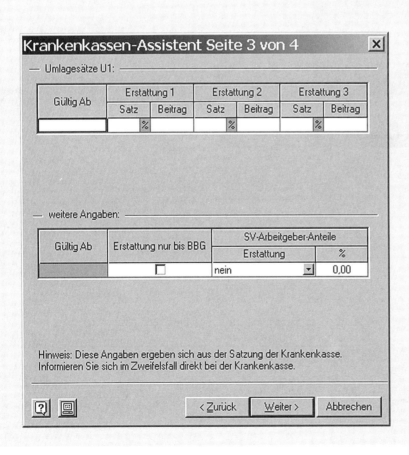

Lösung zu Übung 2

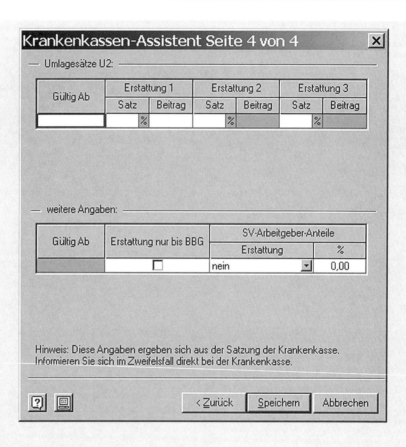

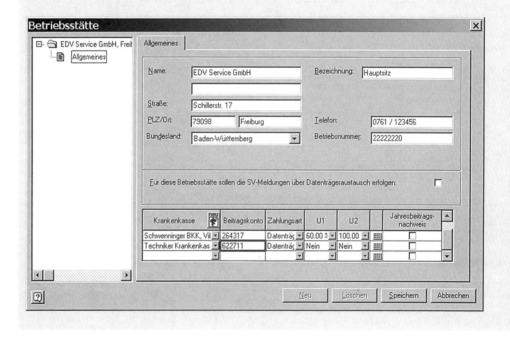

Lösung Mitarbeiter 2

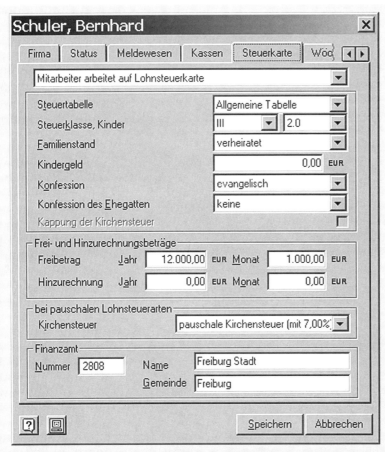

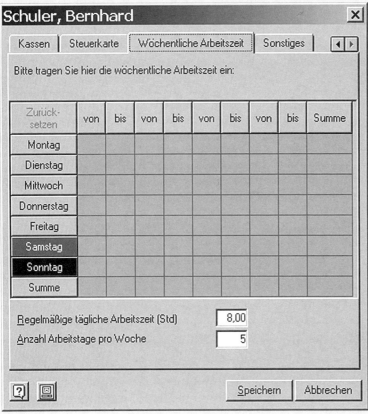

Lösung zu Übung 2

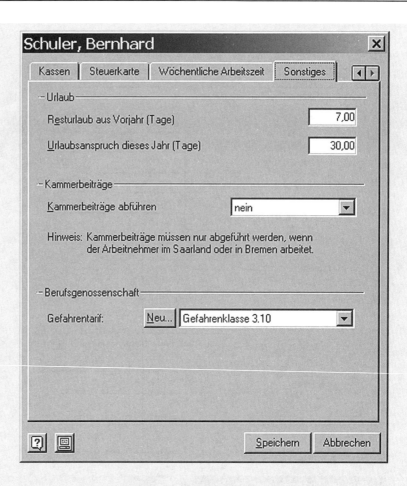

Lösung Mitarbeiter 3

Lösung Mitarbeiter 3

Lösung zu Übung 2

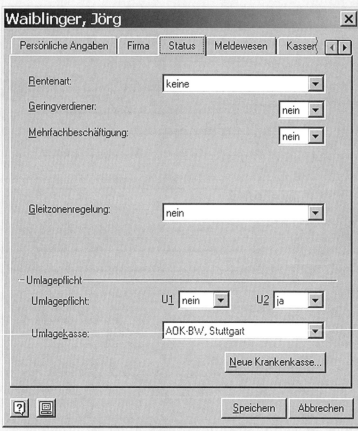

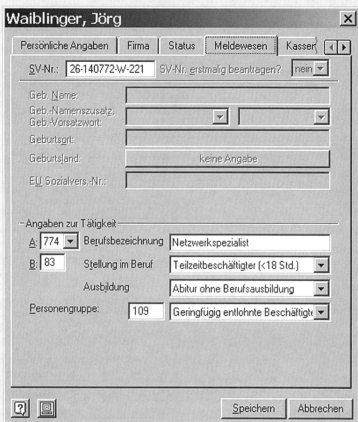

Lösung Mitarbeiter 3

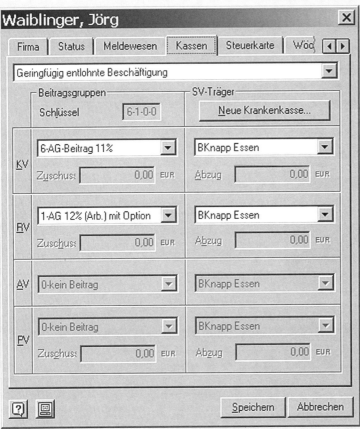

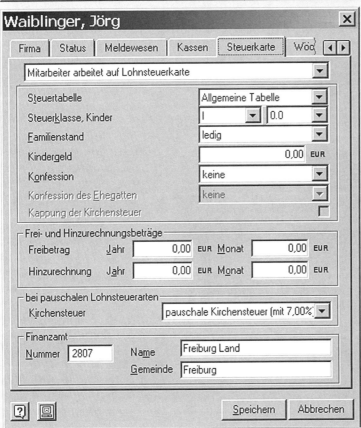

Lösung zu Übung 2

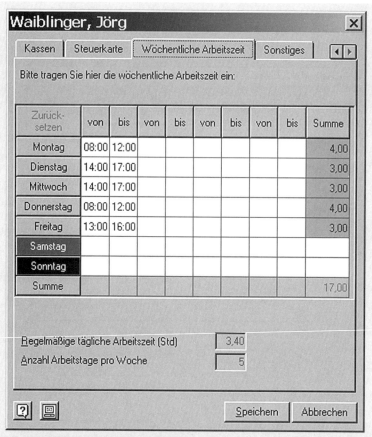

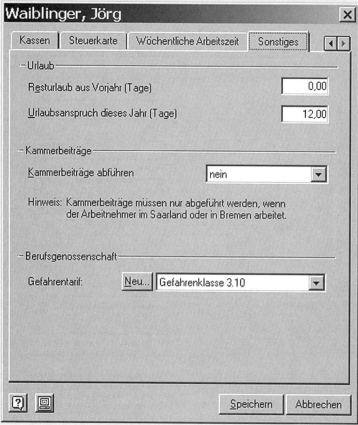

Lösung Mitarbeiter 4

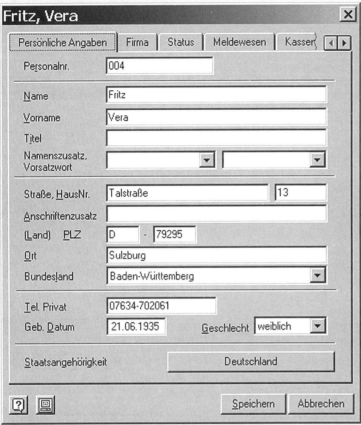
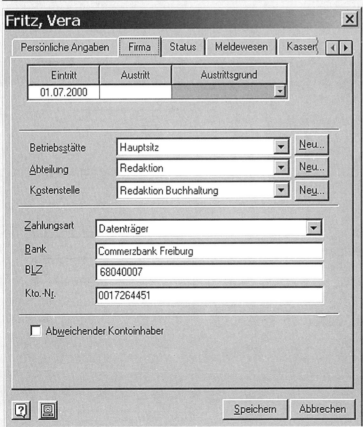

Lösung Mitarbeiter 4

Lösung zu Übung 2

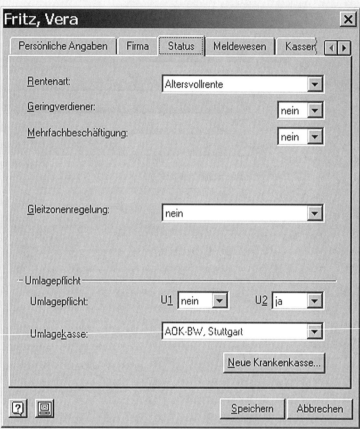

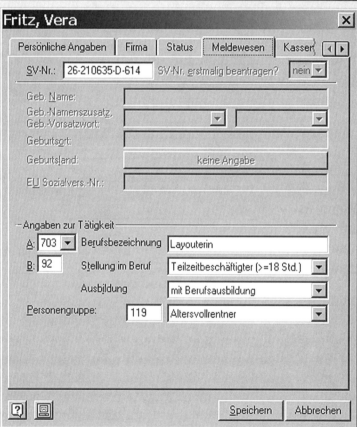

Lösung Mitarbeiter 4

Lösung zu Übung 2

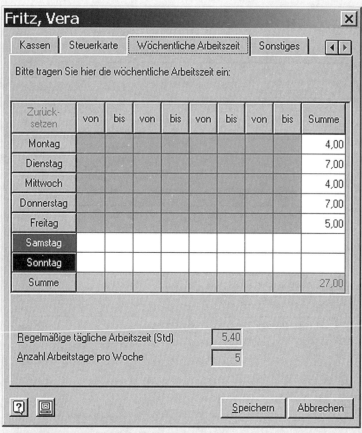

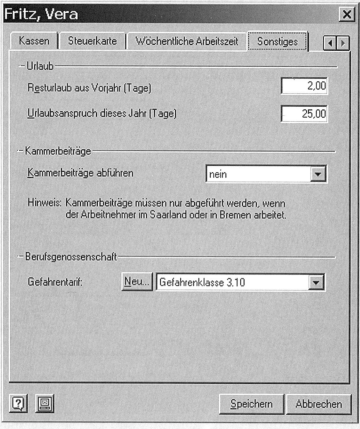

✎ Lösung zu Übung 3

Lohnart 1 – Aushilfsbezüge

Die Lohnart wird manuell angelegt. Die Bezüge sollen als Stunden x Faktor erfasst werden.
Die Steuer- und Sozialversicherungspflicht ist voreingestellt und wird übernommen.

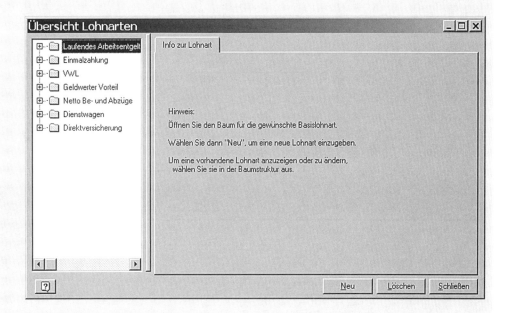

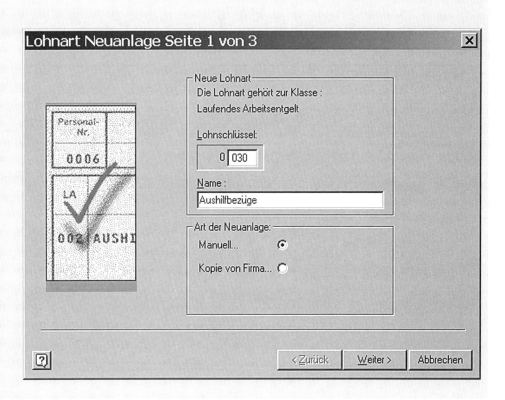

Lösung zu Übung 3

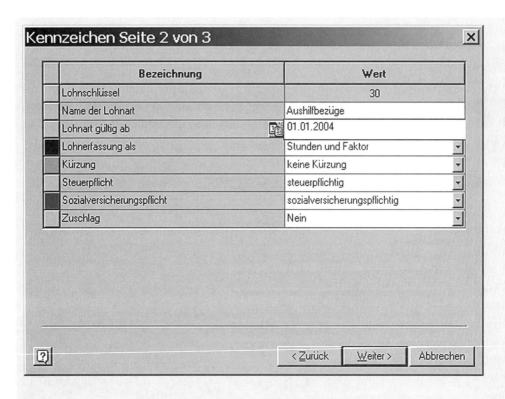

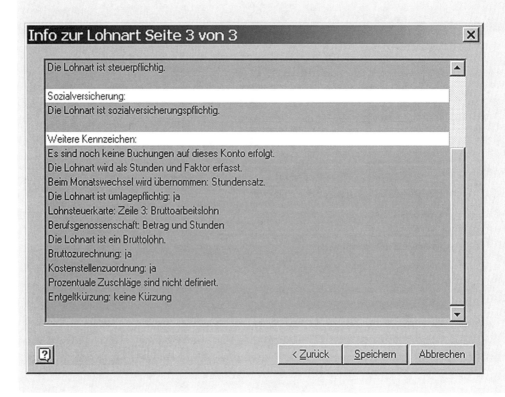

Lohnart 1 – Aushilfsbezüge

Die pauschale Versteuerung der Bezüge und ggf. die Sozialversicherungsfreiheit des Entgelts ergibt sich aus den Stammdaten des Mitarbeiters nicht aus den Angaben zur Lohnart.

Lohnart 2 – Tariferhöhung

Lösung zu Übung 3

Die Lohnart wird durch Kopieren erstellt. Als Kopiervorlage dient die Lohnart 010 Überstundenzuschlag. Diese Lohnart fließt nicht in die Kumulation der Stunden für die Berufsgenossenschaft ein und ist deshalb als Kopiervorlage geeignet.

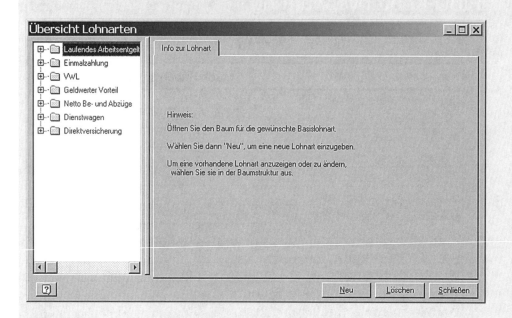

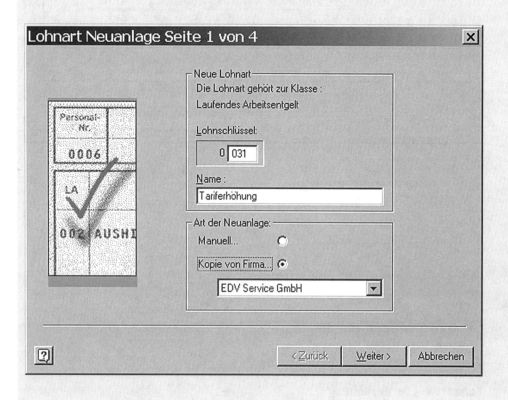

Lohnart 2 – Tariferhöhung

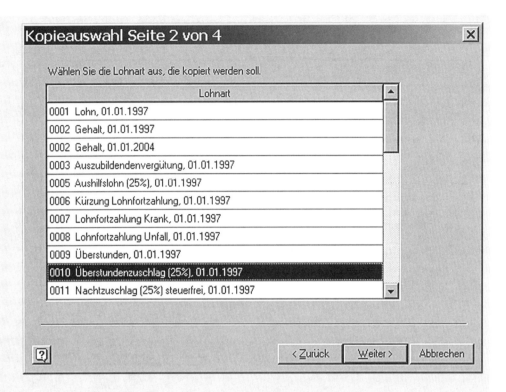

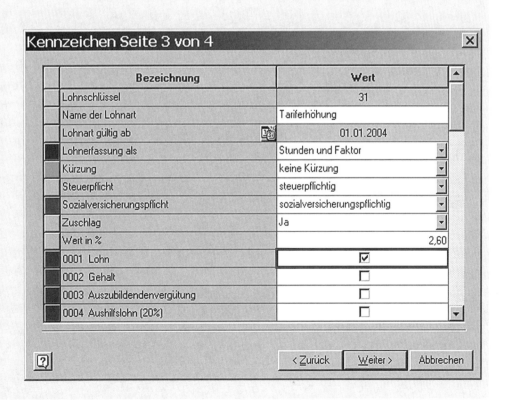

Lösung zu Übung 3

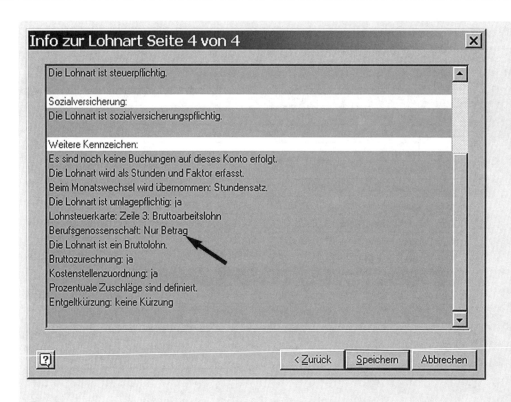

Lohnart 3 – Abänderung der Lohnart „0002 Gehalt"

Lohnart 3 – Abänderung der Lohnart „0002 Gehalt"

Die Lohnart soll so umgestellt werden, dass bei einem Eintritt/Austritt während des Abrechnungsmonats oder bei Krankheit nach dem Ende der Lohnfortzahlung eine automatisch Kürzung des Gehalts entsprechend den Kalendertagen erfolgt. Wichtig bei der Änderung der Lohnart ist, dass die Lohnangaben bis zur Datumsangabe geöffnet werden und der Mauszeiger auf dem bestehende Datum steht, bevor die Schaltfläche „Neu" mit der Maus gewählt wird.

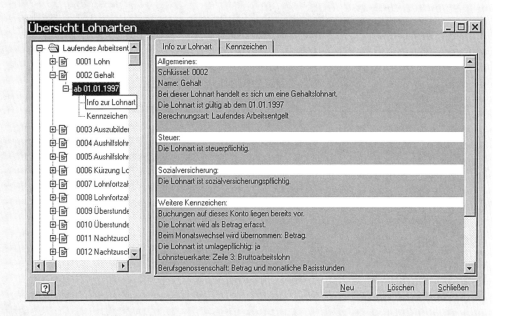

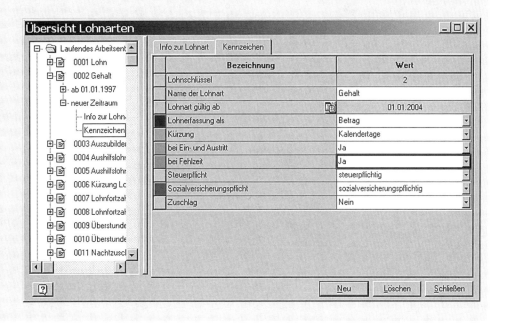

Lösung zu Übung 3

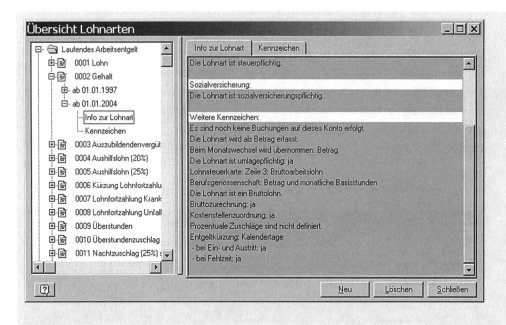

✎ Lösung zu Übung 4

Die Einzelerfassung wird über den Menüpfad „DATEI/MITARBEITER ÖFFNEN …" und doppelten Mausklick auf den Namen der Mitarbeiterin Christiane Ludwig geöffnet. Die Prämie für das Vorjahr können Sie in der Klasse „Einmalzahlung" unter der Lohnart „1004 sonstige Einmalzahlungen" eingeben oder in der Klasse „Einmalzahlung" eine neue Lohnart anlegen. Als Kopiervorlage kann die Lohnart „1004 sonstige Einmalzahlung" dienen. Die Fehlzeiten lassen sich per Mausklick auf „Sonstige Angaben" in der Baumstruktur auswählen.

Lösung zu Aufgabe 1

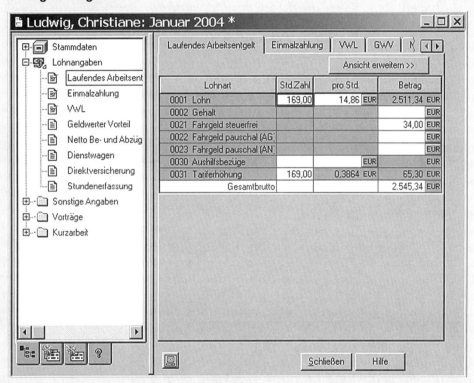

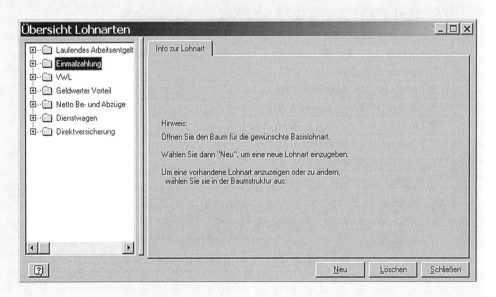

Lösung zu Übung 4

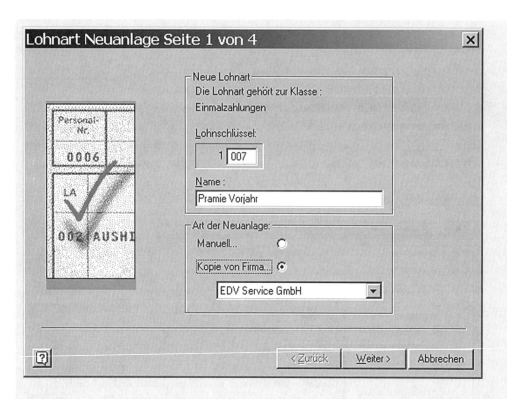

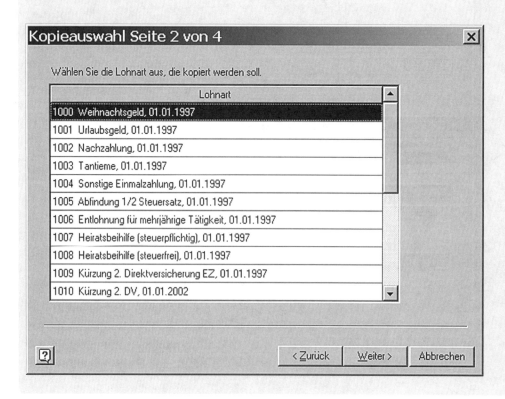

Lösung zu Aufgabe 1

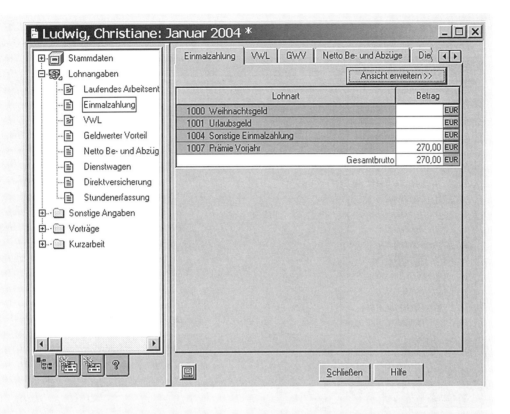

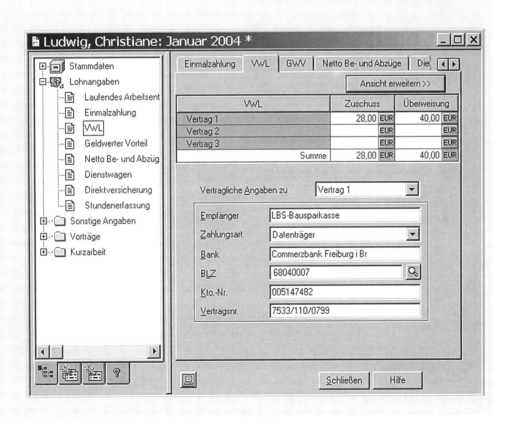

Lösung zu Übung 4

Lösung zu Aufgabe 2

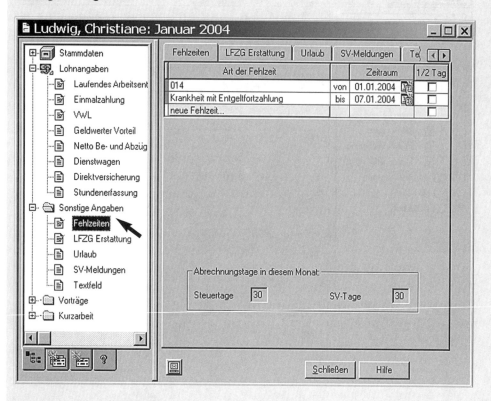

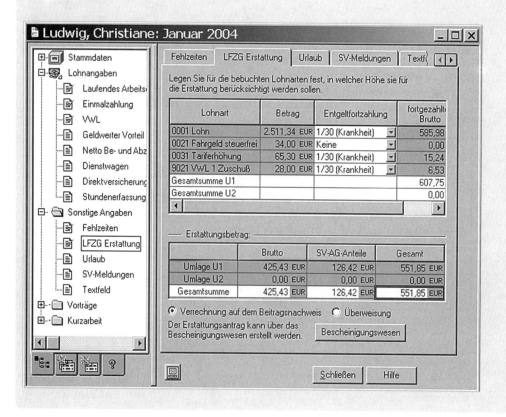

Lösung zu Aufgabe 2

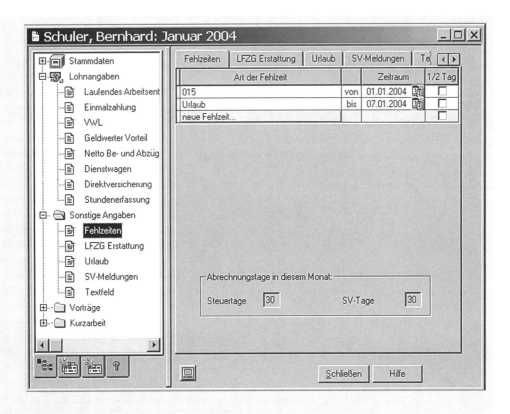

Lösung zu Aufgabe 3

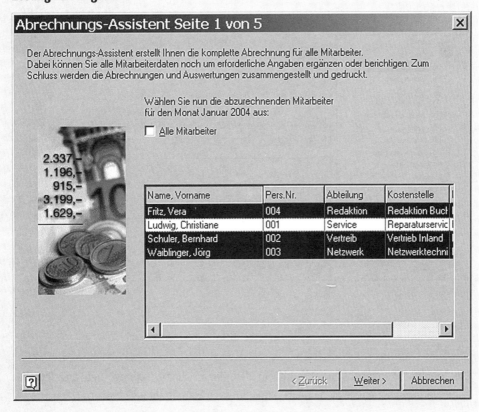

Lösung zu Übung 4

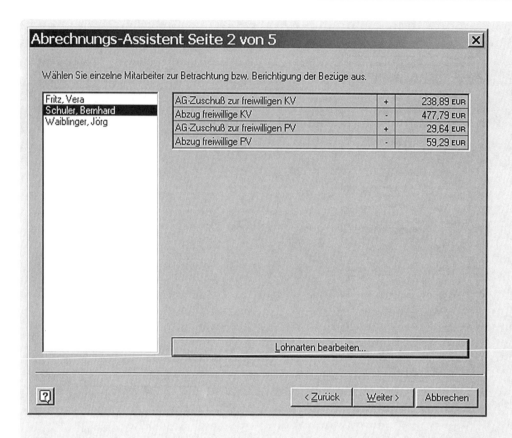

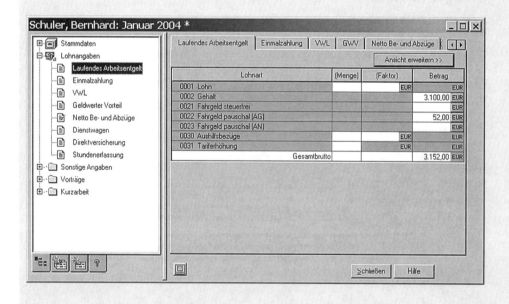

Die Lohnart „Prämienabschlag" wurde in der Klasse „Einmalzahlung" neu angelegt. Als Kopiervorlage können Sie die Lohnart „1004 Sonstige Einmalzahlung" nutzen.

Lösung zu Aufgabe 3

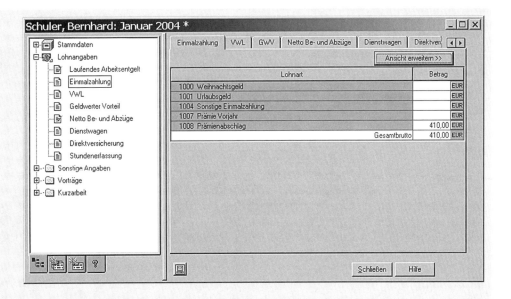

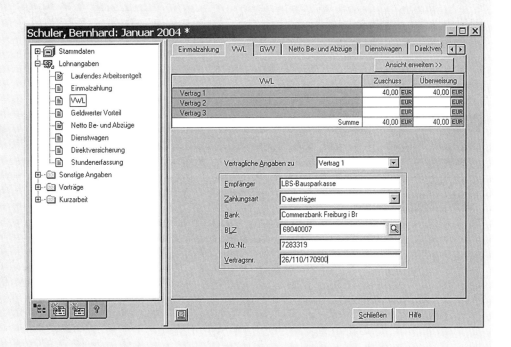

Lösung zu Übung 4

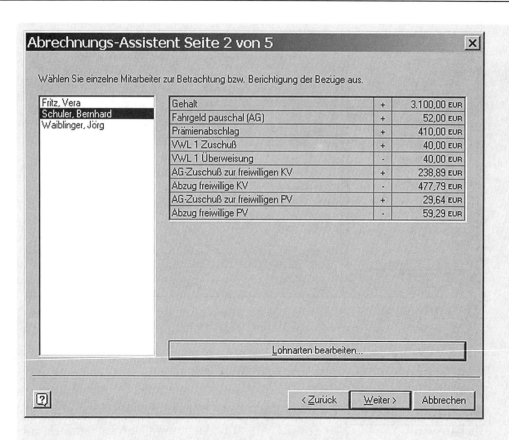

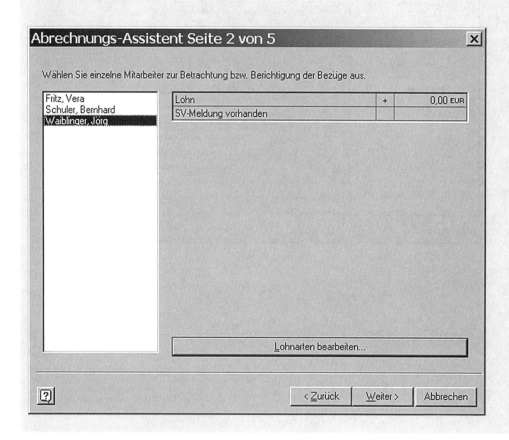

Lösung zu Aufgabe 3

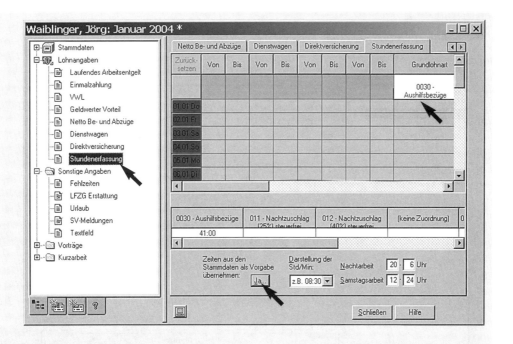

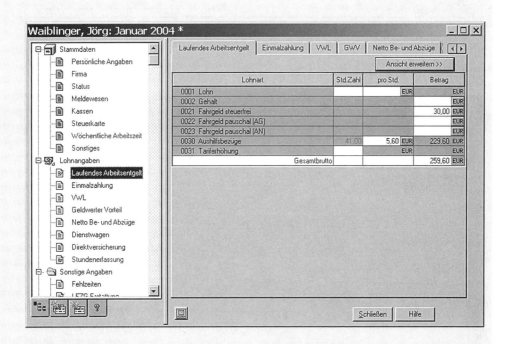

Herr Waiblinger war erst zum 15. des laufenden Monats in das Unternehmen eingetreten, somit werden nur die Stunden ab dem Eintrittsdatum übernommen und bewertet.

Lösung zu Übung 4

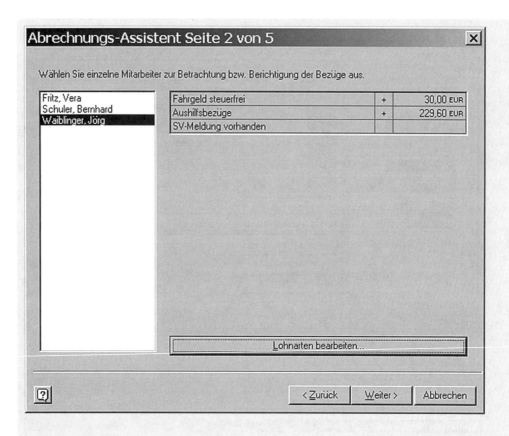

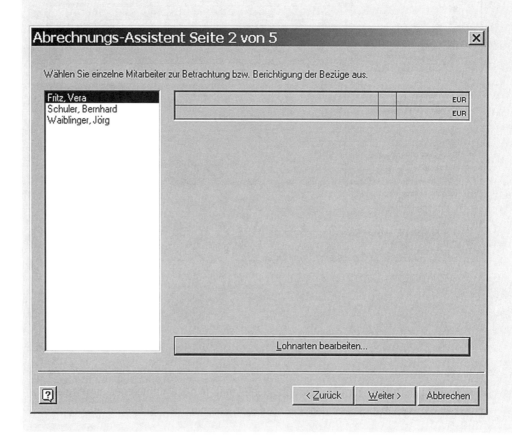

Lösung zu Aufgabe 4

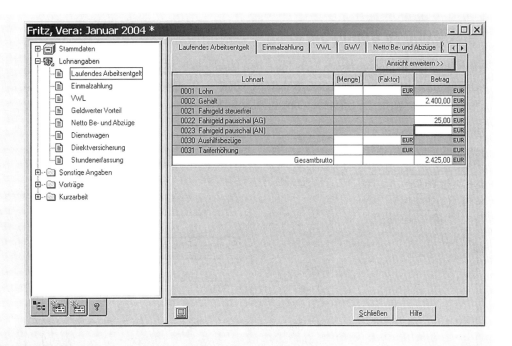

Lösung zu Aufgabe 4

Das Profil für die Ausdrucke können Sie auf der letzten Seite des Abrechnungs-Assistenten über die Schaltfläche „Speichern" sichern.

✎ Lösung zu Übung 5

Neue Bankverbindungen lassen sich über den Menüpfad „VERWALTUNG/FIRMENBANKKONTEN …" bzw. „VERWALTUNG/BANKANGABEN …" anlegen. Über die Schaltfläche „Neu" wird eine weitere Bankverbindung hinzugefügt.

Lösung zu Aufgabe 1

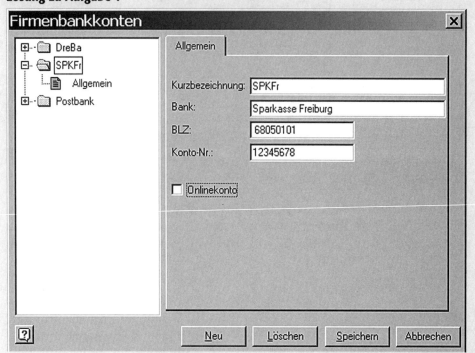

Den Zahlungslauf können Sie über den Menüpfad „EXTRAS/ZAHLUNGSVERKEHR…" starten.

Lösung zu Aufgabe 1

Lösung zu Aufgabe 2

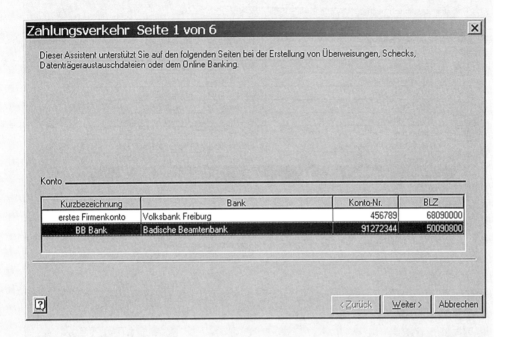

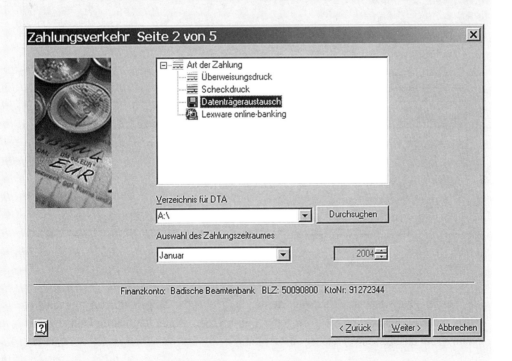

Lösung zu Übung 5

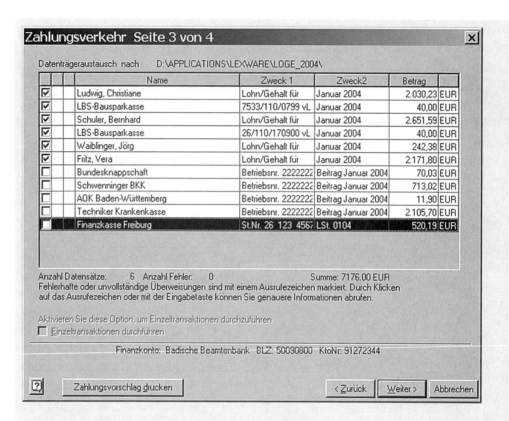

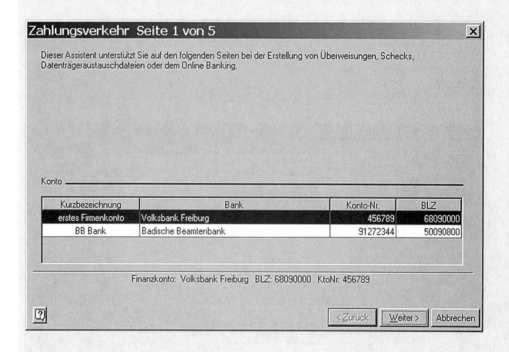

Alle bereits überwiesenen Zahlungen werden nacheinander aufgeführt und müssen mit „Nein" vom zweiten Zahlungslauf ausgenommen werden. Außerdem wurde beim zweiten Zahlungslauf die Volksbank Freiburg ausgewählt.

Lösung zu Aufgabe 1

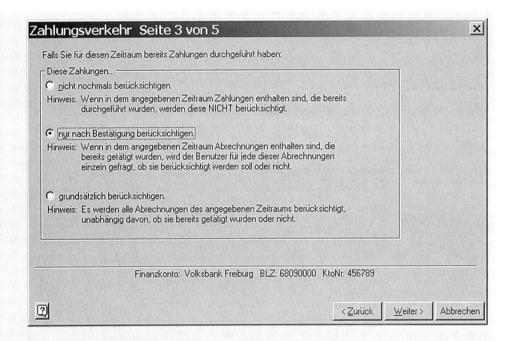

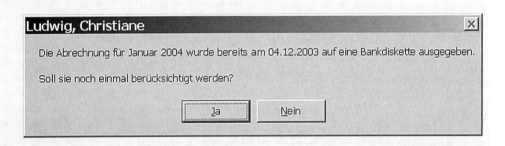

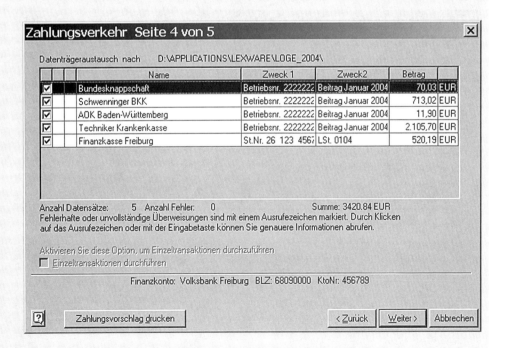

✎ Lösung zu Übung 6

Lösung zu Aufgabe 1

Den Monatswechsel können Sie über die Menüfunktion „EXTRAS/MONATSWECHSEL …" durchführen. Vor dem Monatswechsel wird in der Standard-Version eine Datensicherung in komprimierter Form über den gesamten Datenbestand durchgeführt.

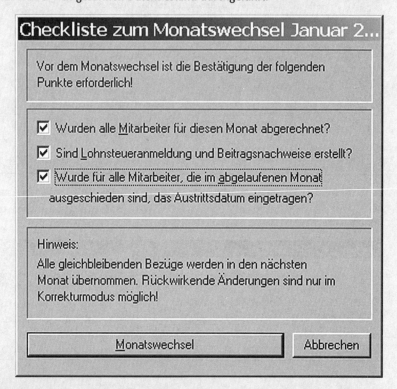

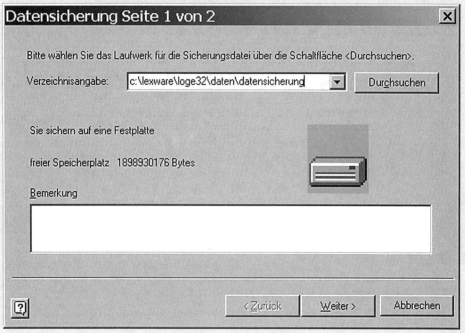

Lösung zu Aufgabe 2

Bevor Sie die Datensicherung in das angegebene Verzeichnis durchführen können, müssen Sie mit dem Windows Explorer das Verzeichnis auf der Festplatte Ihres Rechners anlegen.

In Lexware financial *office* besteht die Möglichkeit, die Daten der Entgeltabrechnung automatisch in das buch*halter*-Modul zu übertragen. Soll der Automatismus durchgeführt und für die Folgemonate beibehalten werden, ist die entsprechende Option auszuwählen.

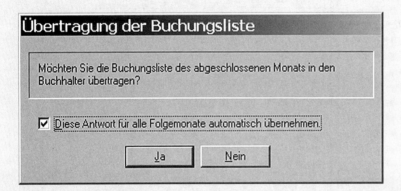

Lösung zu Aufgabe 2

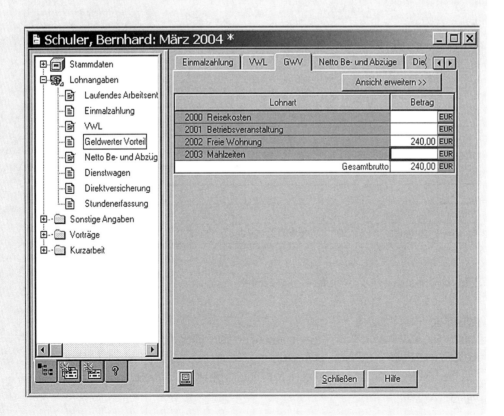

Lösung zu Übung 6

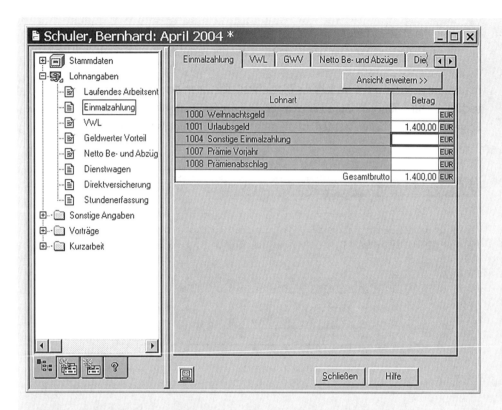

1. Durchführung der Korrektur für Herrn Schuler

Korrektur
Öffnen Sie zunächst die Bruttoansicht des Mitarbeiters über die Menüfunktion „DATEI/MITARBEITER ÖFFNEN ...". Nach der Auswahl des Mitarbeiters per doppelten Mausklick können Sie über die Menüfunktion „BEARBEITEN/KORREKTURMODUS/MÄRZ" in den Korrekturmodus verzweigen.

Lösung zu Aufgabe 2

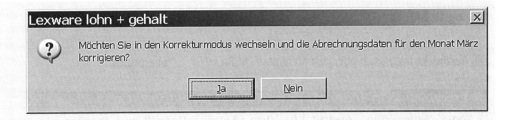

Im März können Sie den Eintrag unter „GWV" durch Anklicken des Bezugs und anschließendes Entfernen mit der <Entf>-Taste löschen. Über die Schaltfläche „Schließen" wird die Neuberechnung durchgeführt und der Korrekturmodus geschlossen.

Der Korrekturlauf für März bewirkt eine Verrechnung der korrigierten Sozialversicherungsbeiträge im Beitragsnachweis für Mai. Außerdem wird die Lohnsteueranmeldung für den Monat März korrigiert. Im April ändert sich die Bemessungsgrundlage für die Einmalzahlung, da die Berechnung der Lohnsteuer für den Einmalbezug von einem verminderten geschätzten Jahresbruttolohn vorgenommen werden muss. Ebenfalls verringert hat sich das bisherige sozialversicherungspflichtige Entgelt zur Beurteilung der anteiligen Jahresbemessungsgrenze der Sozialversicherung. Eine Neuberechnung des Einmalbezugs wird notwendig. Ergibt die Neuberechnung geänderte Steuern und Beiträge, muss auch der April korrigiert werden. Lexware lohn + gehalt erkennt dies und korrigiert automatisch die Lohnabrechnung und die Lohnsteueranmeldung für April.

Schuler, Bernhard

2004	Laufendes Arbeitsentge	Einmalzahlung	VWL	Geldwerter Vorteil	Netto Be- und	Dienstwagen	Direktversicherung	Summe
Jan	3.152,00	410,00	40,00		-268,55			3.333,45
Feb	3.152,00		40,00		-268,55			2.923,45
Mär	3.152,00		40,00		-268,55			2.923,45
Apr	3.152,00	1.400,00	40,00	240,00	-268,55			4.563,45
Mai	3.152,00		40,00	240,00	-176,27			3.255,73
Jun								
Jul								
Aug								
Sep								
Okt								
Nov								
Dez								
Summe	15.760,00	1.810,00	200,00	480,00	-1.250,47			16.999,53

Lösung zu Übung 6

Lösung zu Aufgabe 3

Die Ausdrucke lassen sich über den Menüpfad „BERICHTE/ …" überprüfen.

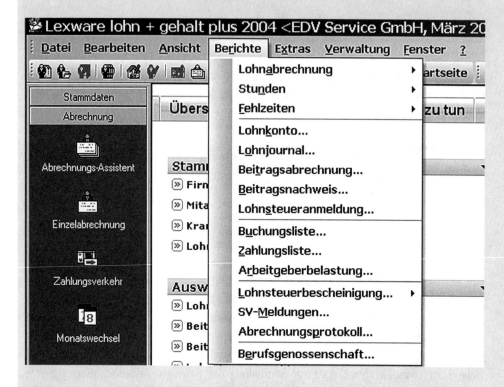

In den Berichten sollten die Korrekturen jeweils getrennt ausgewiesen sein. Die Korrekturbeträge sind auf der Entgeltabrechnung im Bereich „Netto-Be-/Netto-Abzüge" ausgewiesen.

Stichwortregister

A

Ablauf der Lohnfortzahlung 152
Abrechnung simulieren 146
Abrechnungs-Assistenten 168
Aktualisieren der Krankenkassensätze 22
Altersvollrente 76
Altersvollrentner 79
Anpassen bestehender Lohnarten 126
Arbeitnehmer, die 55 Jahre oder älter 79
Arbeitslosenversicherung 78
Arbeitszeit 97
Arbrechnungsunterlagen 165
Ausblenden von Lohnarten 133
Aushilfe 92
Austrittsgrund 60

B

Banken 12
Beamte 80, 81
Beitragskonto 43
Beitragsnachweis 167, 216
Beitragssätze 22, 37
Berlin (Ost) 34
Berufsgenossenschaft 46, 101
Berufsgenossenschaftsliste 174
Bescheinigungswesen 161
Betriebsnummer 34, 36
Betriebsstätte, Abteilung, Kostenstelle 61
Betriebsstätten 44
Bruttobezüge 138
Buchhaltungskonten 128
Buchungsliste 210
Bundesknappschaft 84
Bundesland 29, 57

C

Control Panel 8

D

Datensicherungs-Assistenten 205
Datenträger 193, 196
Datev 14
Datev-Unterstützung 11
Dienstwagen 143
Direktversicherung 144
Drucken 18

E

Ein- und Austritt 59, 118
Einblenden von Lohnarten 133
Einmalzahlung 113, 141
Elternzeit 155
Entgelthöchstgrenze 47
Erstattungsanspruch 159
Erstattungssatz 42
eService Personal 19, 37
externe Mitarbeiter 96

F

Fehlzeiten 47, 119, 150, 171
Finanzamtsnummer 31
Firmenkontenverwaltung 180
Firmenkrankenkasse 33
Firmenstammblatt 50
Firmenverwaltung 10
Formularvorlage 187
Frei- und Hinzurechnungsbeträge 90
Freiwillig Versicherte 74, 80

Stichwortregister

G

Gefahrenklassen	174
Geldwerter Vorteil	114
Geringfügig beschäftigt	82
Geringverdiener	64
Gesellschafter-Geschäftsführer	86
Gleitzonenregelung	65
Grenzgänger	95
GWV	142

H

Hauswährung	49
Heute zu tun	16

I

IBAN/BIC	14

J

Jahresbeitragsnachweis	43

K

Kammerbeiträge	101
Kirchensteuer-Kappung	90
KNE	15
know-how-box	25
Konfession	89
Kontenrahmen	131
Kontenzuweisung	129
Korrektur in Vorjahren	221
Korrekturausdrucke	217
Korrekturen	210
Krankenkassen	35
Krankenversicherung	73
Krankheit	151
Krankheit mit Entgeltfortzahlung	162
Krankheit ohne Lohnfortzahlung	146
Kurzarbeit	49
Kurzfristige Beschäftigung	85

L

Land	29
Laufendes Arbeitsentgelt	140
Lohnabrechnung	110, 166, 216
Lohnabrechnungsfenster	131
Lohnabrechnungsunterlagen	172
Lohnarten	111
Lohnartenklassen	112
Lohnartenliste	125
Lohnfortzahlung	159
Lohnsteuer	93
Lohnsteuer-Finanzamt	13
Lohnsteuer-Jahresausgleich	104
Lohnsteueranmeldung	33, 168, 173, 217
Lohnsteuerkarte	88, 173

M

Märzklausel	224
Mehrere Firmen	18
Mehrfachbeschäftigung	65, 66
Monatswechsel	204
Mutterschutzfrist	42, 154

N

Navigation	17
Nebenerwerbslandwirte	81
Nettobe- und -abzüge	143

O

Online-Banking	181, 197
Online-Konto	180, 181

P

Pauschale Kirchensteuer	94
pauschaler Lohnsteuer	84
PDF-Datei	51
Personal-Manager	56

Stichwortregister

Personengruppe 71
Pflege eines kranken Kindes 156
Pflegeversicherung 79
privat krankenversichert 75

R

Registrierungseditor 219
Rentenversicherung 76
Rücksetzen des Monatswechsels 208

S

Scheck 191
Sonderurlaub 157
Sozialversicherungen 71
Sozialversicherungsbeiträge 46
Sozialversicherungspflicht 121
Stammdaten 212
Stammdatenänderungen 213
Status 63
Steuerklasse 89
Steuernummer 32
Steuerpflicht 88
Steuertabelle 89
Steuertage 103
Streik 156
Stundenerfassung 149
SV-Meldungen 45, 214

T

Tageslohnsteuertabelle 112

U

Überweisungen 190
Überweisungsträger 185
Umlage 67
Umlage 1 39
Umlage 2 40
Umlageverfahren 38
Umsatzsteuer 11
Unterdrückung der Korrekturbuchungen 219
Unterzahlungen 216
Urlaub 100, 151, 164

V

Verbuchung der Abrechnungsbelege 209
Verrechnungskonto 128
Versorgungskasse 77
Versorgungskasse mit Option 84
Vorschau 146
Vorträge 102

W

VWL 142
Wehr- oder Zivildienst 156
Wiedereintritt 61

Z

Zahlungsart 33
Zahlungsträgern 184
Zahlweg 62
Zeilen wählen 132
Zeitdaten 14